金蝶 ERP 实验课程指定教材

供应链管理实验教程
——基于金蝶云星空 V7.5

傅仕伟　郭小娟　郑　菁◎编著

清华大学出版社
北　京

内容简介

本书以金蝶具有划时代意义的云管理平台金蝶云星空 V7.5(该平台目前在工业和信息化部企业上云的整体工作中成为主流)为蓝本,引入企业的管理案例背景,采用业务流程与管理知识相结合的模式,分章节详细介绍供应链管理中的应用知识,包括供应商评估、进销存管理、财务核算、供应商协同、分销管理等。本书充分结合企业的供应链管理的场景,有助于读者了解企业基于云管理平台进行供应链管理的创新模式,更深入地掌握企业的供应链管理业务。

本书适合作为高等院校的工商管理、信息管理、物流管理、财务会计等相关专业的教学用书,也可作为企业业务管理人员和信息化主管的参考书。

本书封面贴有清华大学出版社防伪标签,无标签者不得销售。
版权所有,侵权必究。举报:010-62782989,beiqinquan@tup.tsinghua.edu.cn

图书在版编目(CIP)数据

供应链管理实验教程:基于金蝶云星空V7.5 / 傅仕伟,郭小娟,郑菁编著. —北京:清华大学出版社,2022.5(2025.1重印)
金蝶ERP实验课程指定教材
ISBN 978-7-302-60555-3

Ⅰ.①供… Ⅱ.①傅… ②郭… ③郑… Ⅲ.①供应链管理—计算机管理系统—应用软件—教材 Ⅳ.①F252-39

中国版本图书馆CIP数据核字(2022)第064141号

责任编辑:高 屾
封面设计:周晓亮
版式设计:孔祥峰
责任校对:马遥遥
责任印制:宋 林

出版发行:清华大学出版社
网　　址:https://www.tup.com.cn,https://www.wqxuetang.com
地　　址:北京清华大学学研大厦A座　　　邮　编:100084
社 总 机:010-83470000　　　　　　　　　邮　购:010-62786544
投稿与读者服务:010-62776969,c-service@tup.tsinghua.edu.cn
质 量 反 馈:010-62772015,zhiliang@tup.tsinghua.edu.cn
印 装 者:天津安泰印刷有限公司
经　　销:全国新华书店
开　　本:185mm×260mm　　印　张:20　　字　数:586千字
版　　次:2022年6月第1版　　印　次:2025年1月第2次印刷
定　　价:58.00元

产品编号:095023-01

前言

新技术的飞速发展,尤其是互联网、移动互联网、云计算、大数据、人工智能等新技术催生了很多新兴企业,同时给传统企业的经营管理方式带来了巨大的冲击。如何运用这些新的技术提升企业的竞争实力,并预见企业经营过程中随时可能产生的各种问题,是企业经营管理者们需要面对的重要挑战。

随着"互联网+"概念的提出,中国企业向互联网及移动互联网转型的步伐进一步加快。在互联网化的产业环境下,企业的管理模式也在不断进化。

首先,企业由传统的单兵作战,转向产业链的合作与竞争。现代制造业的竞争是整个产业链之间的生存竞争,只有整条产业链具备技术领先性和成本竞争力,企业与实体才有生存的空间。因此,构建高效的协同产业链、降低产业链上每个组织单元的运作成本,成为产业链之间竞争的关键要素。

其次,企业高层对于管理的实时性、精确性要求更高了。无论何时、无论何地,企业高层都希望通过笔记本电脑、手机等移动设备随时获知企业经营的财务数据、业务数据。而经常在外联系业务的营销人员,也希望随时随地自助查询到所需要的产品报价、库存等信息,以便更有效地推进业务。这些管理需求、业务需求都是促成管理软件不断进步的重要因素。

第三,随着企业业务的逐步扩展及市场经营范围的扩大,跨地域多组织的运作模式已经成为很多企业的典型架构和管理方式。如何有效地管理不同地区的组织,如何在多地域的协作中保持高效率的运作,是企业高层关注的重点。

以上这些因素促使管理软件企业将互联网及移动互联网技术融入优秀企业的管理模式,推出创新性的管理软件。

金蝶作为国内知名的管理软件厂商,一直致力于帮助中国企业借助管理信息化提升管理水平和竞争力,并在技术创新和管理模式的融合上不断突破,目前在云 ERP 领域已经处于国内领先地位。故本书以金蝶具有划时代意义的创新产品——金蝶云星空 V7.5 为蓝本,编写"互联网+"时代下的供应链管理系统的相关案例教程。

金蝶云星空 V7.5 是金蝶采用最新的云计算技术开发的、适应在互联网商业环境和"云+端"模式下运行的新一代企业管理软件,致力于打造"开放""标准""社交"的企业管理应用架构,为中国企业提供更加开放、更加强大、更加便捷的管理软件,强化企业的管理竞争力。

在供应链管理方面,金蝶云星空 V7.5 具备了以下几个显著的新特性。

- ❏ 完整的供应链业务管理方案。金蝶云星空供应链管理提供了采购管理、销售管理、分销管理、库存管理、信用管理、组织间结算等功能,涵盖了企业内部供应链管理的全部核心业务。同时,结合商联在线,金蝶云星空电商与分销应用可打通企业供应链与外部供应商的业务协同、分销渠道业务、外部客户协同业务,并与应收应付处理和存货核算高度集成,提供面向企业供应链业务管理的完整解决方案。
- ❏ 灵活的多组织销售业务协同。系统提供了多种销售业务协同模式,包括"集中销售+分散发货+集中结算""集中销售+分散发货+分散结算""集中销售+集中发货+分散结算""集中销售+集中发货+集中结算"等模式。
- ❏ 灵活的多组织采购业务协同。系统提供了多种采购业务协同模式,包括"集中采购+分散收货+集中结算""集中采购+分散收货+分散结算""集中采购+集中收货+分散结算""集中采购+集中收货+集中结算"等模式。

❑ 可扩展的多组织结算体系。在多组织协同与精细化考核体系下,必然存在对内部组织独立核算与考核的需求。多组织结算可以灵活定义多组织内部结算关系,并支持多会计核算体系、多种价格模式的内部结算,轻松应对内部复杂多变的结算业务。

❑ 灵活丰富的存货管理维度。存货管理除了日常的仓库、批号、有效期、辅助属性、序列号等管理维度,还提供了货主、保管者、库存状态三个重要维度,帮助企业多维度、全方面了解存货的明细信息。存货管理可以灵活地支持企业的寄售、VMI、委外、受托等所有权和管理权不同的业务,通过可用、收料冻结、待检、在途、退货冻结、冻结、废品、不良等直观了解存货的具体业务状态,帮助企业及时发现存货异常。

❑ 构建基于云端的产业链协同。基于云端模式,对于多层分销渠道业务,金蝶云星空可以实现多层次的分销管理体系;同时,在外部协同上,可以在下游端提供企业与客户的业务协同平台——客户订货平台B2B解决方案,以及针对消费者/客户的B2C的电子商务解决方案;可以在上游端提供企业与供应商的供应协同解决方案,实现企业内部与外部产业链的协同,降低整个产业链的运营成本。

❑ 丰富的供应链移动应用。金蝶云星空V7.5基于金蝶的云之家平台,提供了丰富的供应链移动轻应用,包括移动下单、业务审批、销售助手、掌上订货、经营分析、掌上分销等,为基于移动互联网的管理模式创新提供了强有力的平台。

本书采用贴近企业实际业务流程处理的方式进行编写,以一个完整的企业运行案例为载体,将复杂的企业运作过程合理地细分为多个业务任务,将供应链管理相关理论与章节任务相融合,每个章节都提供该企业具体的管理和业务流程,同时提供完整的业务数据来详细介绍供应链管理系统所涉及的功能和具体操作。通过任务导入,让学生理解企业管理难题,让学生在不断的实践中逐渐深入地理解供应链相关理论知识,理解企业实际业务,同时熟练掌握软件操作,将理论和实践有机地结合。

本书共分为10章,详细介绍了系统管理、系统初始化、供应商评估、进销存管理、财务核算、供应商协同和分销管理等核心内容,每个章节提供完整的案例数据,还原真实的企业供应链管理场景,使学生掌握供应链管理的相关理论知识,培养学生的供应链管理能力和综合分析能力。

本书还提供了金蝶云星空V7.5安装盘、资源盘,便于读者操作;同时,还提供了丰富的教学资源(扫描右侧二维码即可获取),包含的内容有:

(1) 初始账套数据,便于学生练习;
(2) 教学课件(PPT格式),便于教师授课;
(3) 操作视频,便于学习时重点参考;
(4) 考题,便于教师在教完本书后,对学生进行关键知识点的考核。

教学资源

说明:

读者可登录金蝶云社区获取更多的学习资源,网址为:https://vip.kingdee.com/,选择"金蝶云·星空"。该板块提供了相关的学习内容,同时可通过社区论坛进行学习、交流,便于自助解决学习中遇到的各种问题。

本书结合了作者所在企业的多年信息化实践的经验,适合作为高等院校的工商管理、信息管理、物流管理、财务会计等相关专业的教学用书,对学生了解企业的管理与实际业务,以及如何与信息系统结合非常有帮助;当然,本书对于企业业务管理人员和信息化主管也是一本不错的参考书。

本书在编写的过程中,参考了作者所在公司的一些工作成果,也借鉴了一些企业管理和信息化建设的相关资料和文献。因人员较多,在此不一一表述。因为有了他们的辛勤劳动,才会凝结成本书的最终成果,在此,我谨向他们表示衷心的感谢!

编　者

2022年3月

目 录

第1章 系统简介 1
- 1.1 产品体系结构 1
- 1.2 整体业务架构 2

第2章 实验背景介绍 5

第3章 系统管理 9
- 任务一 金蝶云星空产品安装 9
- 任务二 新建数据中心 17
- 任务三 数据中心维护 19
- 任务四 搭建组织机构 23
- 任务五 基础资料控制 28
- 任务六 用户权限管理 29
- 任务七 基础资料维护 35

第4章 系统初始化 63
- 任务一 库存管理系统初始化 63
- 任务二 存货核算系统初始化 69
- 任务三 应收款、应付款管理系统初始化 79

第5章 供应商评估 83
- 任务一 供应商评估的必要性 83
- 任务二 制定供应商评估标准 86
- 任务三 建立评估方案 92
- 任务四 评估供应商 94
- 任务五 实施供应链合作伙伴关系 98

第6章 进销存管理 101
- 任务一 调拨销售 101
- 任务二 直运销售 111
- 任务三 智能采购 118
- 任务四 集中采购 133
- 任务五 配额采购 146
- 任务六 VMI 管理 165
- 任务七 销售退货 179
- 任务八 寄售业务 187
- 任务九 促销销售 195
- 任务十 跨境电商 205

| 任务十一 | 周期盘点 | 210 |

第7章 财务核算 ... 217
任务一	应收应付处理	217
任务二	存货核算	223
任务三	组织间结算	229

第8章 供应商协同 ... 237
任务一	基础设置	238
任务二	信息协同	241
任务三	寻源协同	243
任务四	订单协同	250
任务五	交货协同	255
任务六	库存协同	265

第9章 分销管理 ... 269
任务一	搭建分销组织机构	269
任务二	分销商基础资料维护	276
任务三	库存管理系统初始化	290
任务四	要补货管理	293
任务五	分销商调拨	298
任务六	分销商评估	300

第10章 模拟练习 ... 307
任务一	新建组织机构	307
任务二	新建用户	307
任务三	设置基础资料	307
任务四	系统初始化	309
任务五	日常业务	311

第1章 系统简介

供应链管理系统，是一门融计算机科学、管理科学、信息科学和供应链管理科学为一体的综合学科。学生通过对供应链管理系统基本理论的学习，可以为以后工作中的实际应用打下坚实的基础。随着企业市场竞争的日益激烈，越来越多的公司要求学生一上岗就能熟练操作信息化软件，光有理论的学习已远远不能满足企业用人的需要。本书就以企业的实际经营运作为蓝本，结合学校实验操作的要求，让学生通过上机实验模拟企业的真实业务场景进行相关技能的演练和提升。

依据目前国内外企业信息软件的使用情况，本书选择国内知名软件公司——金蝶国际软件集团有限公司的金蝶云星空系统作为本书的学习范本。

与国外软件相比，金蝶云星空系统更符合中国国情，适合中国企业，其优异性已通过数十万家客户的应用得到验证。

金蝶云星空系统，是第一款基于云平台的社交化 ERP 系统。它是基于 Web2.0 与云技术的一个开放式、社会化的新时代企业管理服务平台。整个产品采用 SOA 架构，完全基于 BOS 平台组建而成，业务架构上贯穿流程驱动与角色驱动思想，结合中国管理模式与中国管理实践积累，精细化支持企业财务管理、供应链管理、生产管理、供应链协同管理等核心应用。

1.1 产品体系结构

金蝶根据企业应用规模的大小开发了以下系列产品：适用于小微企业的金蝶云星辰，适用于中小型企业的 K/3 wise，适用于中大型企业的云星空，适用于大型集团型企业的 EAS，以及适用于超大型企业的金蝶云星瀚。同时，金蝶还有第一个基于服务导向架构(SOA)的商业操作系统——金蝶 Cloud-BOS，以及基于云原生架构的低代码开发平台金蝶云苍穹，作为构造金蝶企业级管理系统的基础平台。

下面以金蝶的主流产品云星空 V7.5 为蓝本，介绍金蝶软件的应用。

金蝶云星空系统，是一款云时代下诞生的新型 ERP 产品。它在功能层面上，把握住了当下中国制造企业的特性与需求，兼容多语言、多会计准则、多税制；支持多组织、多工厂应用，是一款助力企业集团化发展的产品；针对中国企业组织结构多样化、考核体系变化快等特性，能够动态构建核算与考核体系。

在软件运行模式上，金蝶云星空颠覆传统 ERP 的服务模式，免安装客户端，纯 Web 应用，更支持移动互联下的智能终端应用，用户可以在任何时间、任何地点进行管理运作，突破企业管理的办公室局限和 8 小时工作时间局限。同时对用户而言，这是一款完全社交化的 ERP 产品，用户可以一边向供应商订货，一边与同事、领导、供应商在线协调，工作首先从做朋友开始；此外，这是一款基于角色与业务的全流程驱动产品，对普通用户而言，以后不再是自己找工作做，而是"工作找人"。

金蝶云星空系统的主要功能涵盖了企业经营管理活动的各个方面。同时，它也在进一步发展中。金蝶云星空教学版是基于金蝶云星空软件系统 V7.5 来定制研发的，未来会跟随其版本同步升级发展。

目前金蝶云星空系统 V7.5 的子系统主要包括：
- 总账管理子系统
- 智能会计平台子系统
- 报表管理子系统
- 应收款管理子系统
- 应付款管理子系统
- 出纳管理子系统
- 存货核算子系统
- 产品成本核算子系统
- 标准成本分析子系统
- 固定资产管理子系统
- 发票管理子系统
- 合并报表管理子系统
- 资金管理子系统
- 网上银行管理子系统
- 费用管理子系统
- 人人报销子系统
- 预算管理子系统
- 经营会计子系统
- 采购管理子系统
- 销售管理子系统
- 信用管理子系统
- 库存管理子系统
- 组织间结算子系统
- 供应商协同子系统
- 工程数据管理子系统
- 生产管理子系统
- 委外管理子系统
- 计划管理子系统
- 车间管理子系统
- 质量管理子系统
- 质量追溯子系统
- 促销管理子系统
- 返利管理子系统
- B2B 电商中心
- 全网会员
- BBC 业务中心
- BBC 分销商门户
- BBC 门店门户

1.2 整体业务架构

金蝶云星空结合当今先进管理理论和数十万家国内客户最佳应用实践，面向多事业部、多地点、多工厂等运营协同与管控型企业及集团公司,提供一个通用的 ERP 服务平台。金蝶云星空支持的协同应用包括但不限于:集中销售、集中采购、多工厂计划、跨工厂领料、跨工厂加工、工厂间调拨、内部交易及结算等。

金蝶云星空系统整体业务架构,如图 1-1 所示。

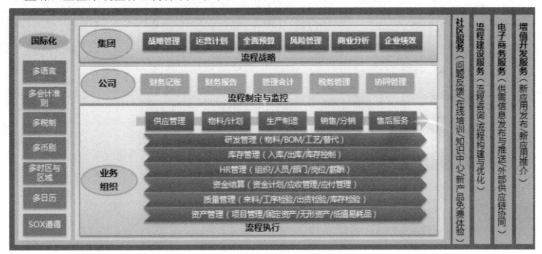

图 1-1　金蝶云星空系统整体业务架构

金蝶云星空管理信息系统涵盖了企业管理的方方面面,本书将以金蝶云星空 V7.5 为蓝本,介绍金蝶云星空供应链管理部分的相关内容。

第 2 章
实验背景介绍

本书模拟一家商贸企业——中盛智能家居有限公司的供应链管理系统从上线实施到业务应用的全过程。

中盛智能家居有限公司是 2020 年成立的新型商贸企业，注册资本 5000 万元，经营范围包括智能音箱、智能摄像机、扫地机器人等智能家居电器的分销与零售等。中盛智能家居有限公司作为总公司，主要负责采购和销售环节；其下设有北京分公司、上海分公司、成都分公司和武汉分公司，主要负责所在区域产品的销售，都有各自的分销渠道。

目前，中盛智能家居有限公司主要有以下管理模式。

(1) 管控模式：集中决策、分散经营。总公司授予分公司很大的经营自主权，使其类似独立的企业，但其并不具有法人的地位，根据市场情况自主经营、独立核算。

(2) 采购模式：主要由总公司——中盛智能家居有限公司统一进行直接采购，有些商品可直接向第三方采购。

(3) 仓储模式：自建仓储/分仓模式。总公司设立总仓，而分公司设立分仓，在物流方面上全国铺开了一张很大的网，整个公司物流的运输与配送呈现层次结构，总仓相当于全国的配送中心，而分仓则是可以覆盖到全国各地的触角。

(4) 销售模式：包括直销、分销、电商等模式。

目前，中盛智能家居有限公司应用的是统一部署的财务系统，供应链管理系统应用层次较浅，因此中盛智能家居有限公司亟须建立完善的供应链管理系统，梳理规范分公司之间的内部交易业务流程。同时，其应为总公司建设一套统一的采购标准和采购流程，提高企业议价能力、控制企业成本，打造一个统一、集成、实时共享的信息管理平台。经考察、评估后，中盛智能家居有限公司于 2021 年购买了金蝶云星空系统 V7.5，并准备于次年 1 月正式启用。

本次实施的金蝶云星空系统包括采购管理子系统、销售管理子系统、库存管理子系统、供应商协同子系统、促销管理子系统、存货核算子系统、组织间结算子系统、应收款管理子系统、应付款管理子系统。

按照软件供应商的要求，上线前要先整理公司的一些资料，如组织架构、基础资料、供应链业务等。该公司的组织架构如图 2-1 所示。

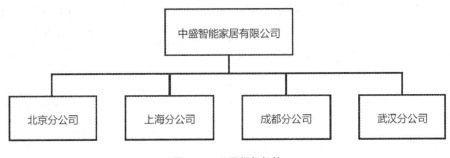

图 2-1　公司组织架构

公司各组织主要业务职责如表 2-1 所示。

表 2-1　公司各组织主要业务职责

组织	职责	组织业务职能
中盛智能家居有限公司	总公司法人，负责所有业务管理、资金管理和绩效考核，总公司期末汇总分公司报表，对外出具财务报表	・销售职能 ・采购职能 ・库存职能 ・质检职能 ・结算职能 ・资产职能 ・资金职能 ・收付职能 ・营销职能 ・服务职能
北京分公司	北京分公司非法人，负责公司销售业务，拓展市场，同时独立核算，追求销售利润最大化	・销售职能 ・库存职能 ・质检职能 ・结算职能 ・资产职能 ・资金职能 ・收付职能 ・营销职能 ・服务职能
上海分公司	上海分公司非法人，负责公司销售业务，拓展市场，同时独立核算，追求销售利润最大化	・销售职能 ・库存职能 ・质检职能 ・结算职能 ・资产职能 ・资金职能 ・收付职能 ・营销职能 ・服务职能
成都分公司	成都分公司非法人，负责公司销售业务，拓展市场，同时独立核算，追求销售利润最大化	・销售职能 ・库存职能 ・质检职能 ・结算职能 ・资产职能 ・资金职能 ・收付职能 ・营销职能 ・服务职能

(续表)

组织	职责	组织业务职能
武汉分公司	武汉分公司非法人，负责公司销售业务，拓展市场，同时独立核算，追求销售利润最大化	• 销售职能 • 库存职能 • 质检职能 • 结算职能 • 资产职能 • 资金职能 • 收付职能 • 营销职能 • 服务职能

中盛智能家居有限公司的其他基础资料在后面章节的操作中将逐一介绍。

第 3 章 系统管理

系统管理既是系统运行的基础,又是支撑业务运作的基石。为了保证业务的正常运转,企业在正式使用 ERP 系统之前需要进行系统管理设置,即搭建企业的组织架构、设置用户权限、根据企业的具体情况设置基础资料等。这些操作需要由不同权限的管理员来进行设置。具体的系统管理操作流程如图 3-1 所示。

操作视频

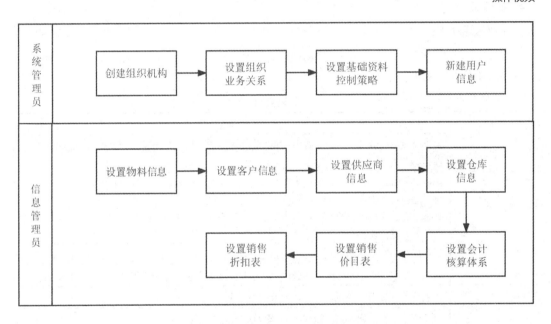

图 3-1 系统管理操作流程

> **注意:**
> 如已经部署并恢复数据中心,可直接跳过任务一~任务三,从任务四开始操作。

任务一 金蝶云星空产品安装

↗ 任务描述

中盛智能家居有限公司购买了金蝶云星空软件,并准备于 2022 年 1 月正式使用,信息部主管收到软件供应商提供的软件安装包后,开始安装系统。

↗ 任务分析

当企业购买了软件后,就要开始安装工作。与普通应用软件不同的是,ERP 软件的安装相对复杂,需要考虑的因素更多。根据使用人数的多少、数据量的大小等,ERP 软件的安装布局也有不同的解决方案。在安装金蝶云星空软件前,需要统计企业的业务流量、数据大小、用户数等,据以分析计算机及网络等的配置标准。

一般情况下，中型应用企业客户需要准备两台部门级服务器及若干台计算机(根据用户数确定计算机数量)。

金蝶云星空以 B/S 架构为基础。B/S 架构是一种典型的三层结构。其中：以浏览器为支撑的客户端负责与用户交互；业务服务器层进行业务逻辑处理；数据服务器层采用关系数据库进行业务数据的持久化存储。

对于数据库，应安装数据库产品和金蝶云星空数据库服务部件。目前，金蝶云星空系统同时支持数据库产品 Microsoft SQL Server 和 Oracle，所有的业务数据都存储在这里。

Web 服务层包括所有业务系统的业务逻辑组件，这些组件会被客户端所调用，是金蝶云星空系统的核心部分。

➚ 任务实施

1. 系统部署角色

金蝶云星空系统的部署角色分为应用服务器、管理中心、管理数据库、账套数据库、管理员、用户。系统角色的定义如表 3-1 所示。

表 3-1　系统角色定义

角色	定义
应用服务器	提供"系统业务站点"，一般用户通过访问应用服务器来使用系统；应用服务器可访问的数据中心列表、用户许可都是管理中心提供的
管理中心	提供"系统管理站点"，仅供管理员访问，用于管理数据中心数据库和应用服务器，用户许可管理也在管理中心进行 管理中心和应用服务器是一对多的关系，即一个管理中心可管理多个应用服务器，每个应用服务器只能注册到一个管理中心
管理数据库	提供"管理数据"给管理中心；该角色不需安装任何金蝶组件，仅有数据库系统即可
账套数据库	提供"数据中心"给应用服务器访问；该角色不需安装任何金蝶组件，仅有数据库系统即可
管理员	"系统管理员"，通过浏览器访问管理中心进行系统管理
用户	"一般用户"，通过浏览器或 WPF 客户端访问应用服务器

2. 基本部署策略

1) 生产环境部署方案

数据库服务器、应用服务器(管理中心)分别单独部署在专用服务器上，如图 3-2 所示，适合于金蝶云星空系统大多数部署场景。

为保证系统性能，在客户生产环境，应用服务器和数据库服务器必须分开单独部署，并且建议这些服务器专用于金蝶云星空服务，不建议用其他企业的应用服务器(如 AD、DNS、Mail 等)兼任。这样做才能保证不会发生多种服务争抢服务器运算资源，严重影响金蝶云星空系统运行性能的情况。从网络安全角度考虑，管理员可能对数据库服务器、应用服务器采用不同的安全策略，例如将数据库隔离在单独 VLAN、将应用服务器放在 DMZ 等，服务器分开部署更能满足网络安全方面的要求。

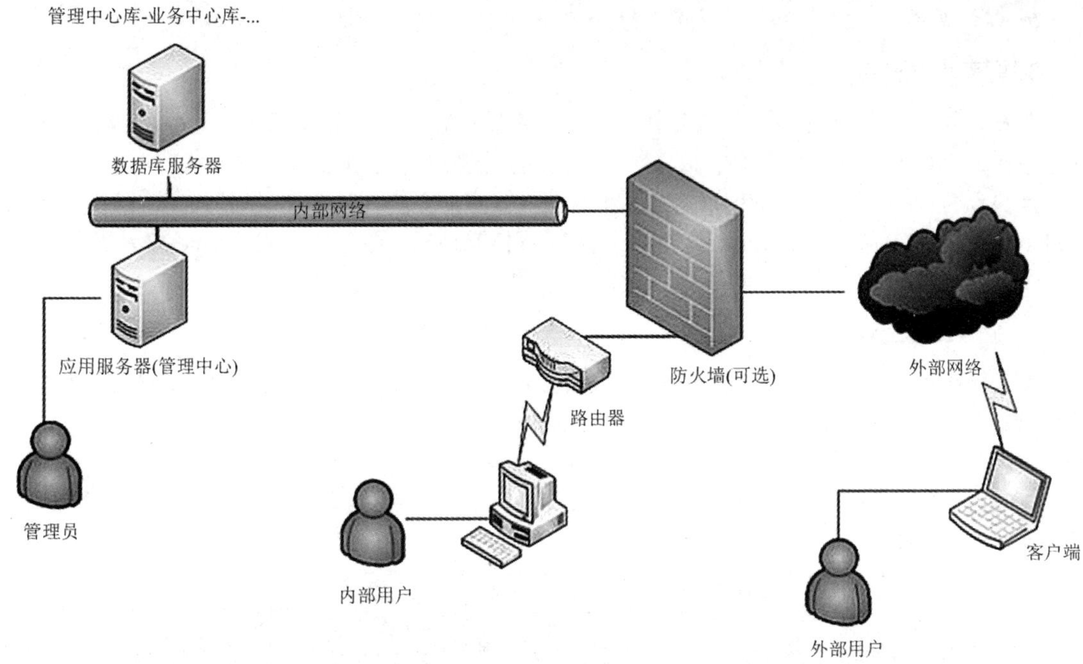

图 3-2　生产环境部署方案

2) 非生产环境部署方案

数据库和管理中心都要装在同一服务器上，适用于金蝶云星空系统演示、练习等应用场景，如图 3-3 所示。

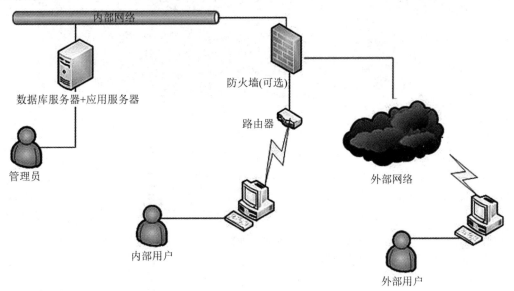

图 3-3　非生产环境部署方案

对于系统演示、测试或开发等小型的应用场景，业务量较小，可以将数据库服务器、管理中心和应用服务器安装在同一台服务器上。为保证系统性能，在客户生产环境严禁采用这种部署方式。

⤴ 任务实施

3. 配套软件安装

在安装金蝶云星空软件之前,建议在数据库服务器上先安装数据库,金蝶云星空支持 Microsoft SQL Server 和 Oracle 两种数据库软件。本书安装的配套数据库是 SQL Server 2008 R2。

金蝶云星空访问支持 Silverlight 和 HTML5 两种模式。支持 Silverlight 插件的浏览器有 Internet Explorer 8.0 ~11.0 版本和 Chrome 44 及以上版本。支持 HTML5 的浏览器有 Chrome 37 及以上版本,IE 浏览器 11.0 及以上版本。

4. 金蝶云星空软件安装

配套软件及设备准备好后,接下来开始安装金蝶云星空产品,下面所有安装都以本机系统管理员身份登录,在安装之前退出正在运行的其他第三方软件,特别是杀毒软件和相关防火墙。

用户在新环境上安装金蝶云星空时,请按如下顺序操作。

(1) 打开【金蝶云星空安装盘】文件夹,双击 SETUP.exe 图标,首先出现金蝶云星空的安装程序界面,如图 3-4 所示。

图 3-4　金蝶云星空安装程序界面

(2) 单击【开始】按钮,进入许可协议界面,如图 3-5 所示,认真阅读许可说明后,勾选"本人已阅读并接受上述软件许可协议"。

图 3-5　许可协议界面

(3) 单击【下一步】按钮，进入产品功能选择界面，如图 3-6 所示，本书选择非生产环境的部署方式，因此选择"全部"；在该界面还可以修改安装位置，单击界面上的【浏览】按钮就可以修改安装位置。

图 3-6　功能选择界面

(4) 单击【下一步】按钮，进入环境检测界面，如图 3-7 所示。

图 3-7 环境检测界面

(5) 环境检测之后会提示需要修复的问题，如图 3-8 所示，单击【自动修复】按钮后，可自动安装和启用产品依赖的 Windows 组件和服务。

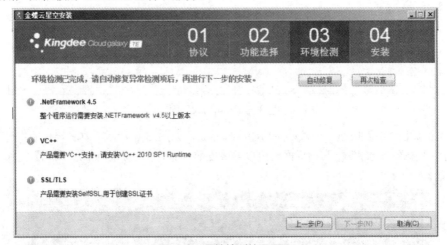

图 3-8 环境检测结果界面

(6) 自动修复结束后，单击【再次检查】按钮，若通过环境检测，界面如图 3-9 所示。

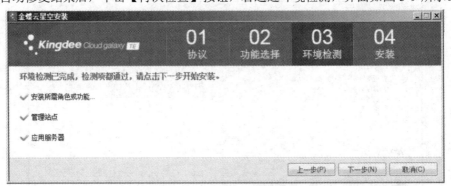

图 3-9 检测通过界面

(7) 单击【下一步】按钮，进入安装等待界面，如图 3-10 所示。

图 3-10　安装等待界面

(8) 安装完成后跳转到安装完成界面，如图 3-11 所示，单击【完成】按钮，成功完成金蝶云星空软件的安装。

图 3-11　安装完成界面

(9) 安装完成后，默认打开管理站点，单击【创建】按钮，右边显示 SQL Server 管理中心，如图 3-12 所示，在该界面填写数据库服务相关信息，管理员为"sa"，密码可自行设置。"数据库文件路径""数据库日志文件路径"一定要存在，填写完成后单击【测试连接】按钮，测试连接成功后，单击【完成】按钮进行管理中心创建。

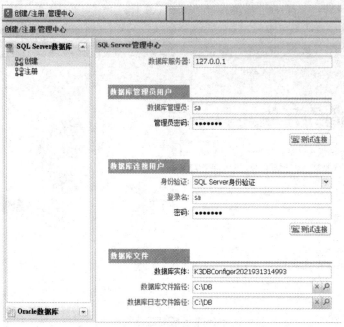

图 3-12　管理中心向导

(10) 完成管理中心数据库创建后,系统提示创建完成,如图 3-13 所示。

图 3-13　管理中心创建完成

(11) 打开管理中心登录界面,如图 3-14 所示,默认管理员用户名为 Administrator,默认密码为 888888。

图 3-14　管理中心登录界面

(12) 完成产品安装后，在桌面会出现"金蝶云星空"和"金蝶云星空管理中心"两个桌面快捷方式图标，如图 3-15 所示。后续要进行数据中心管理维护时，双击打开"金蝶云星空管理中心"登录；要进行业务处理时，双击打开"金蝶云星空"即可。

图 3-15　快捷方式图标

任务二　新建数据中心

↗ 任务描述

中盛智能家居有限公司已经安装好金蝶云星空系统，在开始使用金蝶云星空系统前，需要先建立存储业务数据的数据中心。

↗ 任务分析

数据中心是业务数据的载体，支持 Microsoft SQL Server 和 Oracle 两种数据库类型，并可以按数据中心设置系统时区。数据中心可以理解成是一个"数据库"，存储了企业在金蝶云星空系统里记录的所有经营数据，因此企业在使用金蝶云星空系统之前，必须先建立存储业务数据的数据中心。

↗ 任务实施

新建数据中心

(1) 双击安装后生成的桌面快捷图标"金蝶云星空管理中心"，打开金蝶云星空管理中心登录界面，默认管理员用户名为 Administrator，默认密码为 888888，单击【登录】按钮后，进入管理中心界面。在管理中心界面，单击左上角的"所有功能"图标，可以打开管理中心的功能菜单，如图 3-16 所示。

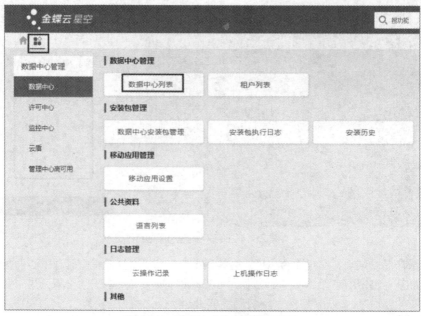

图 3-16　管理中心的功能菜单界面

（2）在功能菜单中，执行【数据中心】—【数据中心列表】命令，打开数据中心列表界面，可看到目前管理中心管理的全部数据中心记录。

（3）执行【创建】—【创建 SQL Server 数据中心】命令，打开创建 SQL Server 数据中心向导界面，如图 3-17 所示，根据数据库服务器填写信息。

图 3-17　创建数据中心向导界面 1

（4）单击【下一步】按钮，进入数据中心信息填写界面，如图 3-18 所示，填写完成后单击【创建】按钮即可完成数据中心创建。

第3章 系统管理

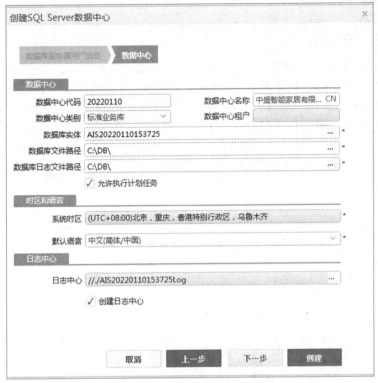

图 3-18 创建数据中心向导界面 2

(5) 数据中心创建完毕后，在【金蝶云星空管理中心】中的【数据中心列表】中，可以找到新增的数据中心，如图 3-19 所示。

图 3-19 数据中心列表界面

任务三　数据中心维护

➹ 任务描述

中盛智能家居有限公司建立数据中心后，需要定期对数据中心进行维护，避免数据中心出现故障。

➹ 任务分析

为了确保数据安全性或为了在灾难发生时把数据丢失的损害降到最低限度，需要定期将业务操作过程中的各种数据进行备份，一旦数据中心被破坏，可以通过恢复功能将备份的数据中心恢复成一个新的数据中心继续进行业务处理。

⬈ 任务实施

1. 数据中心备份与恢复

(1) 双击桌面快捷图标"金蝶云星空管理中心",打开金蝶云星空管理中心登录界面,默认管理员用户名为 Administrator,默认密码为 888888,单击【登录】按钮后,进入管理中心界面。

当需要备份数据中心时,执行【数据中心】—【数据中心列表】命令,打开数据中心列表,选择需要备份的数据中心后,单击【备份】按钮,打开数据中心备份界面,在备份界面填写备份文件名称、数据库管理员、密码及备份路径后,单击【执行备份】按钮,完成数据中心的备份,如图 3-20 所示。

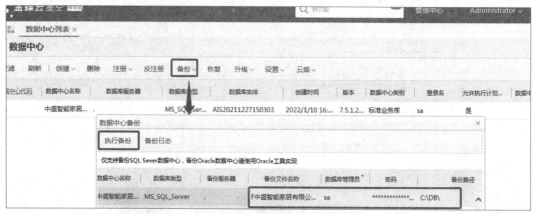

图 3-20　数据中心备份界面

(2) 当需要恢复数据中心时,执行【数据中心】—【数据中心列表】命令,打开数据中心列表,单击【恢复】按钮,打开数据中心恢复界面,如图 3-21 所示。在数据中心恢复界面,根据具体情况填写数据库服务器、数据库管理员、密码及备份文件路径等信息后,单击【执行恢复】按钮,完成数据中心的恢复。

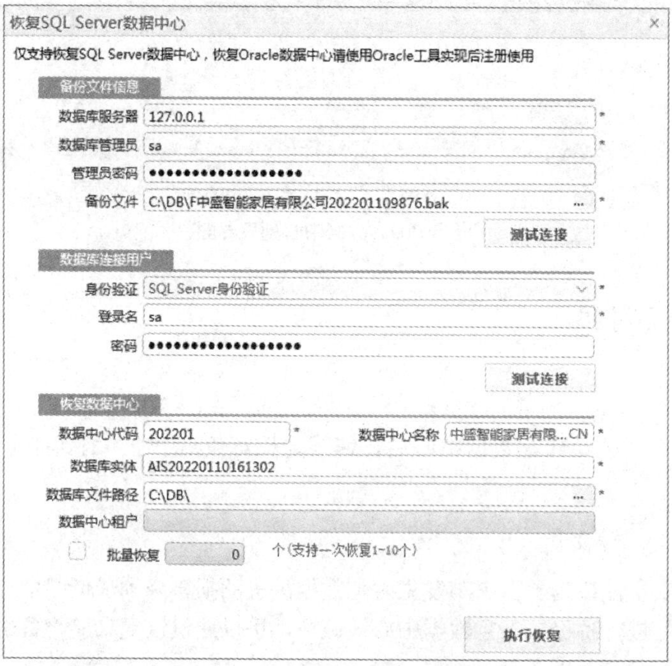

图 3-21　数据中心恢复界面

恢复界面字段说明如表 3-2 所示。

表 3-2　恢复界面字段说明

字段名称	说明
数据库服务器	存放备份文件的数据库服务器
数据库管理员	输入数据库服务器管理员名称
管理员密码	输入数据库服务器管理员密码
备份文件	选择数据库文件的备份路径
身份验证	支持 Windows 身份验证和 SQL Server 身份验证：若选择 Windows 身份验证，默认从数据中心站点的应用程序池获取运行账户，数据中心站点的运行账户在产品安装过程中进行设置，在安装后也可在 IIS 数据中心站点的应用程序池中修改；若选择 SQL Server 身份验证，则输入 SQL Server 数据库用户名和密码
登录名	输入数据连接用户的账号
密码	输入数据连接用户的密码，使用 Windows 身份验证不需要输入密码，但是数据库服务器中必须存在这个账户
数据中心名称	输入 1~80 个字符
数据库文件路径	选择数据库文件的恢复路径

❖ 注意：

数据中心备份和恢复的时候，目前仅支持备份和恢复 SQL Server 数据中心，如果要备份和恢复 Oracle 数据中心，请使用 Oracle 工具实现。

2. 数据中心云备份

在服务器硬盘空间不够大的情况下，可以通过数据中心云备份的方式将数据中心备份到金蝶云盘中，后续要恢复时到云盘获取恢复即可，这种方式可以最大化地节省数据库服务器的硬盘空间。云备份的内容介绍仅供参考，不用操作。

当需要云备份时，登录管理中心执行【数据中心】—【数据中心列表】命令，打开数据中心列表界面，执行【云盾】—【云备份】命令，打开云备份数据中心界面，在界面中填写数据中心信息、数据库管理员用户、云备份信息等内容。如果对备份文件要求加密，则勾选"文件加密"，然后输入安全密钥，如图 3-22 所示，单击【执行云备份】按钮，系统就开始备份数据中心，并将备份文件保存到云端。

当需要云恢复时，执行【云盾】—【云恢复】命令，打开云恢复数据中心界面，在界面中选择之前备份在云盘上的数据中心备份文件，并填写对应的数据库服务器信息，以及恢复数据中心信息。如果之前使用的云盘文件是加密过的，则勾选"文件加密"，并输入安全密钥，如图 3-23 所示，单击【执行云恢复】按钮，系统就开始恢复数据中心。

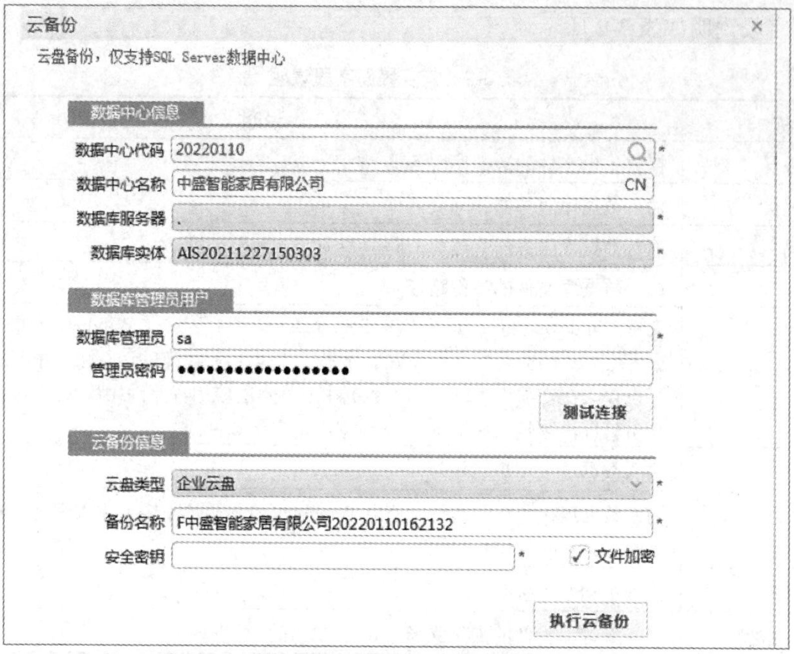

图 3-22　云备份数据中心界面

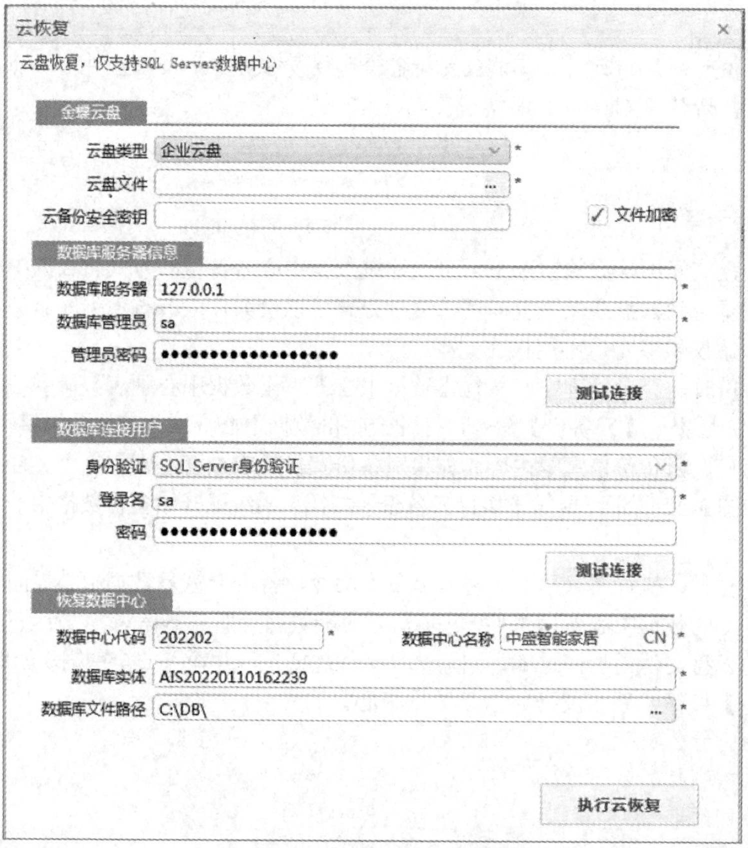

图 3-23　云恢复数据中心界面

◆ 注意：

云备份除了提供基本的备份恢复功能外，还提供云盘账套维护和云操作记录查看功能。用户可用云盘账套维护来删除保存在云盘中的废弃文件，还可使用云操作记录来查看所有云备份和云恢复的操作记录，以提高管理的安全性。

任务四　搭建组织机构

↗ 任务描述

在进行业务操作之前，需要根据企业的真实情况创建组织机构并设置组织业务关系。

↗ 任务分析

金蝶云星空产品通过构建多地点、多工厂、多事业部的动态业务模型和定义简约的组织间业务关系，支持多组织企业内各公司或事业部之间的协同作业，尤其是上下级组织间的战略协同及业务汇总。组织机构的搭建是多组织应用模式的基石，也是数据隔离的基本设置和前提。通过定义组织业务关系，可以灵活便捷地实现跨组织协同应用。

中盛智能家居有限公司是2020年成立的新型商贸企业，注册资本5000万元，经营范围包括智能家居电器的分销与零售。中盛智能家居有限公司作为总公司，主要负责采购和销售，在全国各区域设立了几个分公司，主要负责所在区域商品的销售，都有各自的分销渠道。组织架构如图3-24所示。

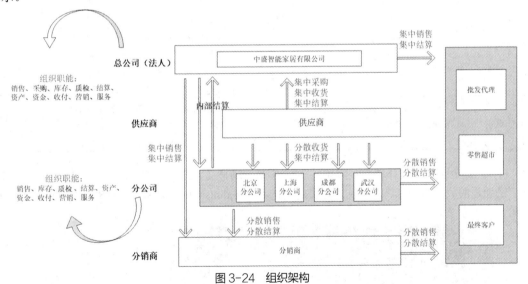

图3-24　组织架构

中盛智能家居有限公司作为总公司，是独立的企业法人，而分公司不具有法人资格，其民事责任由总公司承担；分公司虽然受到总公司财务、人员等方面的控制，但也具备部分控制权。分公司主要负责所在区域商品的销售和营销推广，既要对成本负责又要对收入负责，可以根据其利润的多少来评价该分公司的业绩，因此分公司是一个利润中心。

中盛智能家居有限公司采取的是集中采购的模式，能够充分发挥总公司和分公司各自的核心能力，减少流动资金占用，增加资金周转率，减少交易费用和时间，从而降低采购成本。因此，总公司和分公司是一种委托采购的关系，这将决定着总分公司之间的采购业务流程运转。

↗ **任务实施**

❖ **注意：**

(1) 开始任务实施前，请在管理中心恢复数据中心，备份文件名为"0-中盛智能家居有限公司初始账套"(可在资源盘进行下载)。该初始账套已设置好一些参数设置，请在该账套的基础上完成本书所有章节练习。

(2) 本书在数据中心为"供应链课程"下进行操作，并以学号"2022001"的学生为例，执行后续全部任务。

1. 创建组织机构

中盛智能家居有限公司的组织机构信息如表 3-3 所示。

表 3-3 组织机构信息

组织编码	组织名称	组织形态	核算组织类型	业务组织类型	所属法人
学号	中盛智能家居有限公司_学号	总公司	法人	销售职能、采购职能、库存职能、质检职能、结算职能、资产职能、资金职能、收付职能、营销职能、服务职能	无
学号.001	北京分公司_学号	分公司	利润中心	销售职能、库存职能、质检职能、结算职能、资产职能、资金职能、收付职能、营销职能、服务职能	中盛智能家居有限公司_学号
学号.002	上海分公司_学号	分公司	利润中心	销售职能、库存职能、质检职能、结算职能、资产职能、资金职能、收付职能、营销职能、服务职能	中盛智能家居有限公司_学号
学号.003	成都分公司_学号	分公司	利润中心	销售职能、库存职能、质检职能、结算职能、资产职能、资金职能、收付职能、营销职能、服务职能	中盛智能家居有限公司_学号
学号.004	武汉分公司_学号	分公司	利润中心	销售职能、库存职能、质检职能、结算职能、资产职能、资金职能、收付职能、营销职能、服务职能	中盛智能家居有限公司_学号

(1) 打开金蝶云星空登录界面，如图 3-25 所示。选择【金蝶云星空账号】进行登录，选择对应供应链课程的数据中心，输入系统管理员的用户名"administrator"，密码"888888"，单击【登录】按钮，进入系统。

图 3-25 金蝶云星空登录界面

(2) 单击左上角的"所有功能"图标，进入功能菜单界面，执行【系统管理】—【组织机构】—【组织机构】—【组织机构】命令，如图 3-26 所示，进入组织机构界面并单击【新增】按钮，如图 3-27 所示。

图 3-26　功能菜单界面

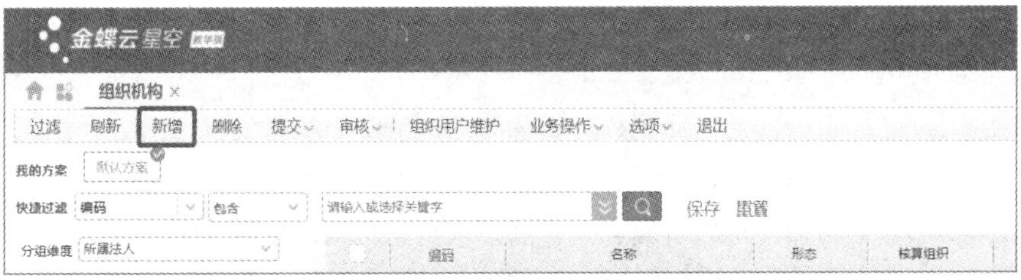

图 3-27　组织机构界面

(3) 进入组织机构的新增界面后，输入组织编码为"2022001"、组织名称为"中盛智能家居有限公司_2022001"并选择组织形态为"总公司"。在"组织分类"页签下，勾选"业务组织"并在下方依次勾选"销售职能""结算职能""服务职能""采购职能""资产职能""库存职能""资金职能""收付职能""质检职能"和"营销职能"这几类业务组织类型；最后确认信息无误后，依次单击【保存】【提交】【审核】按钮，完成组织机构的新增并审核，如图 3-28 所示。

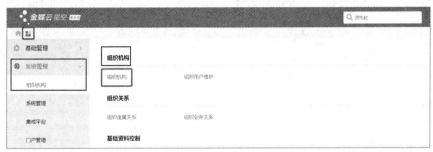

图 3-28　组织机构新增界面 1

(4) 参考上述步骤，根据组织机构实验数据新增其他组织机构。注意：组织形态为"分公司"时核算组织类型选择"利润中心"，并在"组织属性"页签下选择所属法人为"中盛智能家居有限公司_2022001"，如图 3-29 所示。

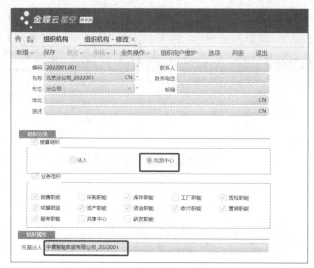

图 3-29　组织机构新增界面 2

(5) 完成所有组织机构新增后，返回组织机构查询界面，设置过滤条件为"编码""包含""2022001"，单击查询按钮，可以查询到创建的 5 家组织机构，如图 3-30 所示。

图 3-30　组织机构查询界面

2. 设置组织业务关系

中盛智能家居有限公司和其分公司的组织业务关系如表 3-4 所示。

表 3-4　组织业务关系

业务关系类型	委托方	受托方
委托采购	北京分公司_学号	中盛智能家居有限公司_学号
	上海分公司_学号	中盛智能家居有限公司_学号
	成都分公司_学号	中盛智能家居有限公司_学号
	武汉分公司_学号	中盛智能家居有限公司_学号

❖ 注意：

金蝶云星空系统已内置多种业务关系类型，由于该设置是系统全局设置，因此多人同时操作会引起冲突，建议该操作由一人实施。

(1) 登录 administrator 账号，执行【系统管理】—【组织机构】—【组织关系】—【组织业务关系】，单击【新增】按钮后即打开组织业务关系新增界面，在"基本信息"页签下，选择业务关系类型为"委托采购(需求-采购)-受托采购(采购-需求)"，如图 3-31 所示。

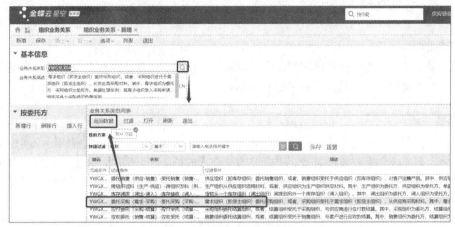

图 3-31　组织业务关系新增界面 1

(2) 在"按委托方"页签下，单击委托方查询按钮打开组织机构列表，设置过滤条件为"编码""包含""2022001"，可以查询到创建的 5 家组织机构，依次勾选"北京分公司_2022001""上海分公司_2022001""成都分公司_2022001""武汉分公司_2022001"并单击【返回数据】按钮，如图 3-32 所示。

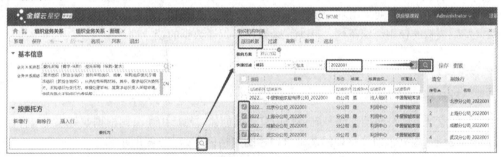

图 3-32　组织业务关系新增界面 2

(3) 所有委托方的受托方均选择"中盛智能家居有限公司_2022001"，如图 3-33 所示，最后单击【保存】按钮，完成组织业务关系新增。

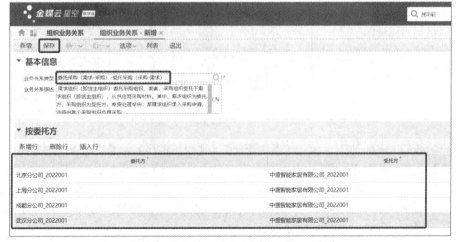

图 3-33　组织业务关系新增界面 3

任务五　基础资料控制

↗ 任务描述

为了实现基础资料的统一管理和数据的有效隔离，帮助中盛智能家居有限公司实现不同程度的集权管理，需要根据企业的具体管控模式设置基础资料在多个组织之间的共享和隔离关系。

↗ 任务分析

在多组织企业中，使用基础资料控制策略，可以定义基础资料在不同级别的组织间控制方式。基础资料分为不受控和受控两种类型。不受控的基础资料是全局可用的，任意组织可随意进行定义和修改；而受控的基础资料是根据基础资料控制类型来进行统一管理的，以此来保证最基本、最重要的数据的统一。

受控的基础资料根据控制的级别，又细分为三种类型：私有型、共享型、分配型。私有型无须定义基础资料控制策略，此时基础资料只能由创建组织维护和使用，其他的组织不能维护和使用；共享型的基础资料可以由定义的创建组织维护和使用，其他组织只能使用；分配型的基础资料可以由定义的创建组织维护和使用，并可分配到定义的目标组织下进行受限维护和使用。

为了减少多个组织同时维护相同基础信息的工作量，也避免一些数据无法进行统一管理，供应商和物料这两个基础资料统一由中盛智能家居有限公司进行管理维护，然后根据业务需要选择性地分配给分公司使用，即企业采用基础资料控制策略。通过控制策略定义创建组织及目标分配组织，可以保证基础资料的使用组织范围，减少冗余数据，保证数据的统一性。

↗ 任务实施

设置基础资料控制策略

中盛智能家居有限公司的部分基础资料由总公司创建，然后由总公司根据业务需要选择性地分配给分公司使用，根据该情况整理的基础资料控制策略信息如表 3-5 所示。

表 3-5　基础资料控制策略

基础资料	创建组织	目标分配组织
供应商	中盛智能家居有限公司_学号	北京分公司_学号 上海分公司_学号 成都分公司_学号 武汉分公司_学号
物料	中盛智能家居有限公司_学号	北京分公司_学号 上海分公司_学号 成都分公司_学号 武汉分公司_学号

（1）登录 administrator 账号，执行【系统管理】—【组织机构】—【基础资料控制】—【基础资料控制策略】命令，单击【新增】按钮后即打开基础资料控制策略新增界面，基础资料选择"供应商"，创建组织选择"中盛智能家居有限公司_2022001"。在分配目标组织下选择"北京分公司_2022001""上海分公司_2022001""成都分公司_2022001"和"武汉分公司_2022001"。最后，保存该基础资料控制策略，如图 3-34 所示。

图 3-34 基础资料控制策略新增界面

(2) 参考上述步骤，根据基础资料控制策略实验数据，再新增一个基础资料为"物料"的基础资料控制策略并保存。最后，回到基础资料控制策略界面，通过设置过滤条件为"创建组织.编码""包含""2022001"，可以查询到刚刚新增的两个控制策略，如图 3-35 所示。

图 3-35 基础资料控制策略查询界面

任务六　用户权限管理

➚ 任务描述

使用系统的用户很多，系统的功能很丰富，出于不同用户对系统功能需求的差异性和企业信息的安全性、保密性等考虑，中盛智能家居有限公司需要明确每一个用户的权限范围并维护用户信息。

➚ 任务分析

金蝶云星空系统的用户权限管理是通过角色进行授权，能够灵活处理企业内部多组织下的用户权限体系。中盛智能家居有限公司系统管理员采用"组织+角色"的授权方式展开用户权限管理，以明确每位用户在每个组织下的业务操作范围。

➚ 任务实施

新建用户信息

用户信息如表 3-6 所示。

表 3-6 用户信息

用户名称	组织	角色
信息管理员_学号	中盛智能家居有限公司_学号	administrator 全功能角色
	北京分公司_学号	
	上海分公司_学号	
	成都分公司_学号	
	武汉分公司_学号	
总公司采购员_学号	中盛智能家居有限公司_学号	采购员
	北京分公司_学号	
	上海分公司_学号	
	成都分公司_学号	
	武汉分公司_学号	
总公司采购主管_学号	中盛智能家居有限公司_学号	采购主管
	北京分公司_学号	
	上海分公司_学号	
	成都分公司_学号	
	武汉分公司_学号	
总公司销售员_学号	中盛智能家居有限公司_学号	销售员
总公司销售主管_学号	中盛智能家居有限公司_学号	销售主管
总公司仓管员_学号	中盛智能家居有限公司_学号	仓管员
总公司仓库主管_学号	中盛智能家居有限公司_学号	仓库主管
总公司质检员_学号	中盛智能家居有限公司_学号	质检员
总公司会计_学号	中盛智能家居有限公司_学号	会计
	北京分公司_学号	
	上海分公司_学号	
	成都分公司_学号	
	武汉分公司_学号	
北京分公司销售员_学号	北京分公司_学号	销售员
北京分公司销售主管_学号	北京分公司_学号	销售主管
北京分公司仓管员_学号	北京分公司_学号	仓管员
北京分公司仓库主管_学号	北京分公司_学号	仓库主管
北京分公司质检员_学号	北京分公司_学号	质检员
北京分公司会计_学号	北京分公司_学号	会计
上海分公司销售员_学号	上海分公司_学号	销售员
上海分公司销售主管_学号	上海分公司_学号	销售主管
上海分公司仓管员_学号	上海分公司_学号	仓管员
上海分公司仓库主管_学号	上海分公司_学号	仓库主管
上海分公司质检员_学号	上海分公司_学号	质检员

(续表)

用户名称	组织	角色
上海分公司会计_学号	上海分公司_学号	会计
成都分公司销售员_学号	成都分公司_学号	销售员
成都分公司销售主管_学号	成都分公司_学号	销售主管
成都分公司仓管员_学号	成都分公司_学号	仓管员
成都分公司仓库主管_学号	成都分公司_学号	仓库主管
成都分公司质检员_学号	成都分公司_学号	质检员
成都分公司会计_学号	成都分公司_学号	会计
武汉分公司销售员_学号	武汉分公司_学号	销售员
武汉分公司销售主管_学号	武汉分公司_学号	销售主管
武汉分公司仓管员_学号	武汉分公司_学号	仓管员
武汉分公司仓库主管_学号	武汉分公司_学号	仓库主管
武汉分公司质检员_学号	武汉分公司_学号	质检员
武汉分公司会计_学号	武汉分公司_学号	会计

(1) 登录 administrator 账号，打开功能菜单，执行【系统管理】—【系统管理】—【用户管理】—【查询用户】命令，单击【新增】按钮后即打开用户新增界面。在"基本信息"页签，填写用户名称为"信息管理员_2022001"。

在"组织角色"页签下，依次选择"中盛智能家居有限公司_2022001""北京分公司_2022001""上海分公司_2022001""成都分公司_2022001"和"武汉分公司_2022001"。单击左侧"武汉分公司_2022001"这一行，在右侧分别添加"全功能角色"和"administrator"这两个角色，如图3-36所示。

图3-36 用户新增界面1

(2) 单击"全功能角色"一行,再单击【批量添加】按钮,勾选其余 4 个组织后单击【确定】按钮,此时通过批量添加,将"全功能角色"应用到其余组织,如图 3-37 所示。同理,参考上述步骤将"administrator"应用到其余组织,如图 3-38 所示。

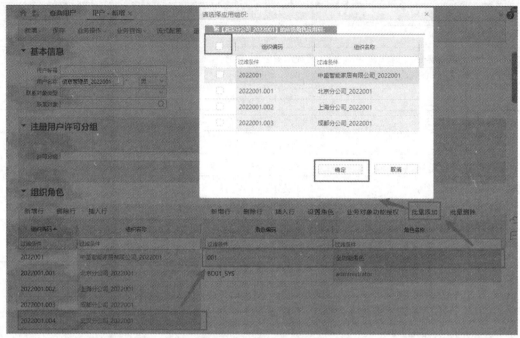

图 3-37 用户新增界面 2

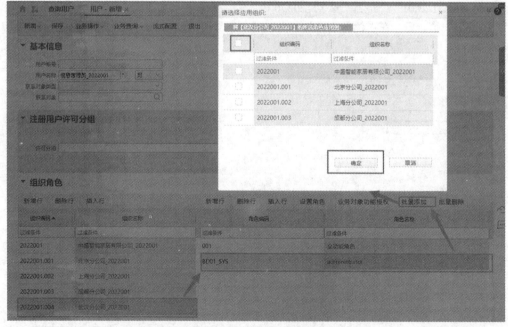

图 3-38 用户新增界面 3

(3) 最后,检查每个组织都选择到"全功能角色"和"administrator"两个角色,再单击【保存】按钮,完成用户新增,如图 3-39 所示。

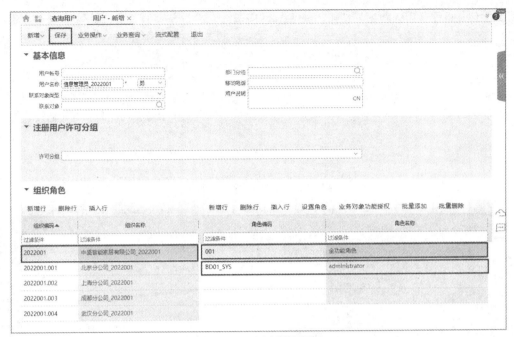

图 3-39 用户新增界面 4

(4) 系统除了可以单个手动新增用户数据，还可以通过引入方式快速新增所有用户信息，一般在企业上线系统也是采用这种便捷方式。本书提供了一个用户引入模板，由于前面系统管理员已录入一条用户信息，因此模板里只预置了其余的用户实验数据。但是用户引入模板不可直接引入，会导致数据重复引入失败，因此需要将模板里的学号替换为自己的学号。打开用户引入模板，单击【查找和选择】按钮，在弹出的"查找和替换"窗口中单击【替换】页签，在"查找内容"栏输入"学号"，在"替换为"栏输入自己的学号，本书以学号"2022001"为例，单击【全部替换】按钮，系统提示共替换了 164 处，替换完成后保存文件，如图 3-40 所示。

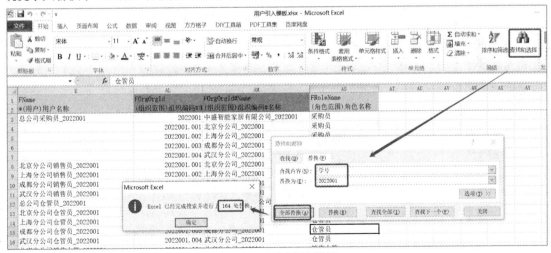

图 3-40 用户引入模板

(5) 以 administrator 账号登录金蝶云星空系统，打开功能菜单，执行【系统管理】—【系统管理】—【用户管理】—【查询用户】命令，单击【选项】按钮，选择【引入】—【引入】，如图 3-41 所示。在弹出的"数据引入"窗口中，选择引入模式为"追加"，引入的数据文件选择"用户引入模板"文件,单击【引入数据】按钮,如图3-42所示。

图3-41 用户信息引入界面1

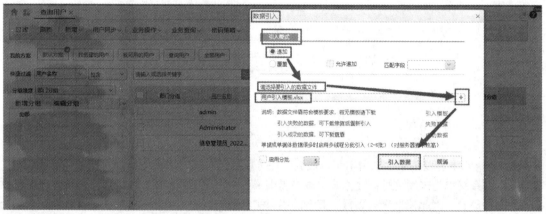

图3-42 用户信息引入界面2

(6) 数据引入成功后,返回到查询用户界面,设置快速过滤条件为"用户名称""包含""2022001",单击搜索图标,可以查询到共新增33个用户,如图3-43所示。

图3-43 查询用户信息界面

> ❖ **注意:**
>
> 所有新建用户的初始密码都为"888888",如想更改密码,可在查询用户界面上先单击选中用户,再单击【密码策略】按钮,选择【重置密码】,即可更改密码。

任务七 基础资料维护

⤴ 任务描述

"基础资料"是在系统中使用的各种基础数据的总称,可以说所有的凭证、单据都是由这些基础资料信息和具体的数量信息构成的。企业在使用系统前,需要整理企业当前所有的基础资料并在系统中进行基础资料的维护,为后续业务流转做准备。

⤴ 任务分析

基础资料可分为主数据、公共资料、财务会计、供应链等几类。中盛智能家居有限公司基础资料的设置由企业的信息管理员完成。其中,主数据为物料、客户、供应商,供应链涉及的基础资料为仓库、销售价目表和销售折扣表,财务会计涉及的基础资料为会计核算体系。

⤴ 任务实施

1. 设置物料信息

物料信息均由中盛智能家居有限公司创建,根据业务需求分配给所有分公司使用,全部物料的税率均为13%,其他详细信息如表3-7所示。

表3-7 物料信息

创建组织	物料编码	物料名称	物料属性	存货类别	安全库存	固定提前期	固定/经济批量	是否VMI业务	分配组织
中盛智能家居有限公司_学号	学号.001	智能音箱	外购	产成品	300	6	50	勾选	所有分公司
中盛智能家居有限公司_学号	学号.002	智能门锁	外购	产成品	150	8	30	-	所有分公司
中盛智能家居有限公司_学号	学号.003	智能摄像机	外购	产成品	250	8	40	-	所有分公司
中盛智能家居有限公司_学号	学号.004	智能投影仪	外购	产成品	120	8	20	-	所有分公司
中盛智能家居有限公司_学号	学号.005	智能电动按摩椅	外购	产成品	0(不启用安全库存预警)	12	1	-	所有分公司
中盛智能家居有限公司_学号	学号.006	智能台灯	外购	产成品	400	6	80	勾选	所有分公司
中盛智能家居有限公司_学号	学号.007	扫地机器人	外购	产成品	150	8	20	-	所有分公司

(续表)

创建组织	物料编码	物料名称	物料属性	存货类别	安全库存	固定提前期	固定/经济批量	是否VMI业务	分配组织
中盛智能家居有限公司_学号	学号.008	自动洗碗机	外购	产成品	100	8	20	-	所有分公司
中盛智能家居有限公司_学号	学号.009	自动洗手机	外购	产成品	250	6	60	-	所有分公司
中盛智能家居有限公司_学号	学号.010	无线充电宝	外购	产成品	300	5	50	-	所有分公司
中盛智能家居有限公司_学号	学号.011	无线吸尘器	外购	产成品	200	9	25	-	所有分公司
中盛智能家居有限公司_学号	学号.012	空气净化器	外购	产成品	250	8	35	-	所有分公司
中盛智能家居有限公司_学号	学号.013	抑菌洗手液	外购	产成品	250	5	60	-	所有分公司
中盛智能家居有限公司_学号	学号.014	充电套装	外购	产成品	300	6	60	-	所有分公司
中盛智能家居有限公司_学号	学号.015	电池	外购	产成品	200	5	100	-	所有分公司

(1) 以用户名"信息管理员_2022001"，密码"888888"登录金蝶云星空系统，选择组织"中盛智能家居有限公司_2022001"，执行【基础管理】—【基础资料】—【主数据】—【物料列表】命令，单击【新增】按钮进入物料新增界面。输入物料编码"2022001.001"，输入名称为"智能音箱"。在"基本信息"页签下，选择物料属性为"外购"。在"财务信息"页签下，选择存货类别为"产成品"，如图3-44所示。

图3-44 新增物料界面"基本"页签

(2) 在"库存计划"页签中输入安全库存为"300"，如图3-45所示。

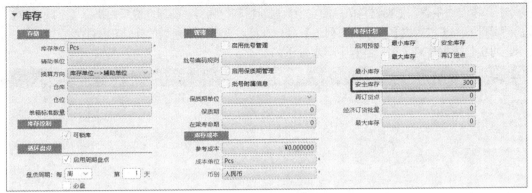

图 3-45　新增物料界面"库存"页签

(3) 在"采购"页签中勾选"是否 VMI 业务",如图 3-46 所示。

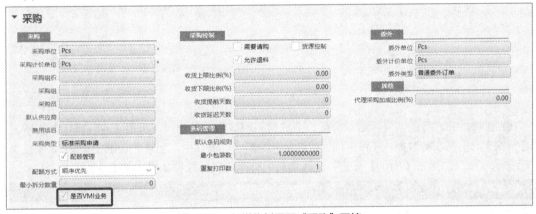

图 3-46　新增物料界面"采购"页签

(4) 在"计划属性"页签下输入固定提前期为"6",固定/经济批量为"50",如图 3-47 所示。输入完成后依次单击【保存】【提交】【审核】按钮。

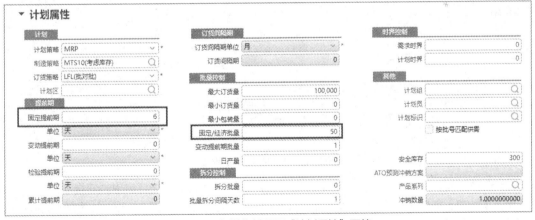

图 3-47　新增物料界面"计划属性"页签

(5) 参考上述步骤,根据物料信息的实验数据新增其他物料。新增完成后,执行【基础管理】—【基础资料】—【主数据】—【物料列表】命令,可以查看刚刚新增的 15 条物料信息,如图 3-48 所示。与实验数据核对无误后进行下一步操作。

图 3-48　物料列表界面

(6) 在物料列表界面,进行组织分配,全选已新增好的所有物料,单击【业务操作】按钮,选择【分配】。根据实验数据,在弹出的"请选择分配组织"窗口中,全选"待分配组织",勾选"分配后自动审核"。单击【确定】按钮,完成物料的分配,具体操作如图 3-49 所示。

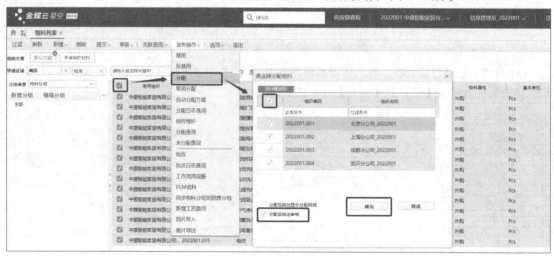

图 3-49　物料分配组织界面

(7) 在物料列表界面,单击【过滤】按钮,在弹出的"列表过滤"窗口中,勾选所有组织,单击【确定】按钮,如图 3-50 所示。即可查询出每个分公司都有分配好的 15 条物料数据,共有 75 条已审核的物料数据,如图 3-51 所示。

图 3-50 物料列表过滤界面

图 3-51 所有分公司已分配的物料数据

2. 设置客户信息

客户信息由中盛智能家居有限公司和 4 家分公司各自维护，客户信息如表 3-8 所示。

表 3-8 客户信息

创建组织	客户编码	客户名称	客户类别	对应组织
中盛智能家居有限公司_学号	学号.001	北京分公司_学号	内部结算客户	北京分公司_学号
中盛智能家居有限公司_学号	学号.002	上海分公司_学号	内部结算客户	上海分公司_学号
中盛智能家居有限公司_学号	学号.003	成都分公司_学号	内部结算客户	成都分公司_学号
中盛智能家居有限公司_学号	学号.004	武汉分公司_学号	内部结算客户	武汉分公司_学号
中盛智能家居有限公司_学号	学号.005	广州逸品商贸有限公司	普通销售客户	-
中盛智能家居有限公司_学号	学号.006	深圳佳晨电子商贸有限公司	寄售客户	-
中盛智能家居有限公司_学号	学号.007	佛山顺乐电器股份有限公司	普通销售客户	-
中盛智能家居有限公司_学号	学号.008	东莞皓然电子产品有限公司	普通销售客户	-

(续表)

创建组织	客户编码	客户名称	客户类别	对应组织
北京分公司_学号	学号.009	中盛智能家居有限公司_学号	内部结算客户	中盛智能家居有限公司_学号
北京分公司_学号	学号.010	上海分公司_学号	内部结算客户	上海分公司_学号
北京分公司_学号	学号.011	成都分公司_学号	内部结算客户	成都分公司_学号
北京分公司_学号	学号.012	武汉分公司_学号	内部结算客户	武汉分公司_学号
北京分公司_学号	学号.013	北京诚志商贸有限公司	普通销售客户	-
北京分公司_学号	学号.014	长春金大商贸有限公司	普通销售客户	-
北京分公司_学号	学号.015	天津冠韵商贸有限公司	普通销售客户	-
北京分公司_学号	学号.016	吉林德祥电子科技有限公司	普通销售客户	-
上海分公司_学号	学号.017	中盛智能家居有限公司_学号	内部结算客户	中盛智能家居有限公司_学号
上海分公司_学号	学号.018	北京分公司_学号	内部结算客户	北京分公司_学号
上海分公司_学号	学号.019	成都分公司_学号	内部结算客户	成都分公司_学号
上海分公司_学号	学号.020	武汉分公司_学号	内部结算客户	武汉分公司_学号
上海分公司_学号	学号.021	杭州特悦商贸有限公司	普通销售客户	-
上海分公司_学号	学号.022	上海锭捷电子产品有限公司	普通销售客户	-
上海分公司_学号	学号.023	南京永浩商贸有限公司	普通销售客户	-
上海分公司_学号	学号.024	苏州雷克电器有限公司	普通销售客户	-
成都分公司_学号	学号.025	中盛智能家居有限公司_学号	内部结算客户	中盛智能家居有限公司_学号
成都分公司_学号	学号.026	北京分公司_学号	内部结算客户	北京分公司_学号
成都分公司_学号	学号.027	上海分公司_学号	内部结算客户	上海分公司_学号
成都分公司_学号	学号.028	武汉分公司_学号	内部结算客户	武汉分公司_学号
成都分公司_学号	学号.029	成都鑫宏智能家居公司	普通销售客户	-
成都分公司_学号	学号.030	昆明翔宇科技有限公司	普通销售客户	-
成都分公司_学号	学号.031	贵阳远达商贸有限公司	普通销售客户	-
成都分公司_学号	学号.032	重庆佰盛商贸有限公司	普通销售客户	-
武汉分公司_学号	学号.033	中盛智能家居有限公司_学号	内部结算客户	中盛智能家居有限公司_学号
武汉分公司_学号	学号.034	北京分公司_学号	内部结算客户	北京分公司_学号
武汉分公司_学号	学号.035	上海分公司_学号	内部结算客户	上海分公司_学号
武汉分公司_学号	学号.036	成都分公司_学号	内部结算客户	成都分公司_学号
武汉分公司_学号	学号.037	武汉速木商贸有限公司	普通销售客户	-
武汉分公司_学号	学号.038	武汉韶盛电器有限公司	普通销售客户	-
武汉分公司_学号	学号.039	南昌天健智能有限公司	普通销售客户	-
武汉分公司_学号	学号.040	长沙立星商贸有限公司	普通销售客户	-

(1) 以用户名"信息管理员_2022001",密码"888888"登录金蝶云星空系统,选择组织"中盛智能家居有限公司_2022001",执行【基础管理】—【基础资料】—【主数据】—【客户列表】命令,单击【新增】按钮进入客户新增界面。根据实验数据,创建组织选择"中盛智能家居有限公司_2022001",输入客户编码"2022001.001",客户名称为"北京分公司_2022001"。在"基本信息"页签下,选择客户类别为"内部结算客户",选择对应组织为"北京分公司_2022001",如图3-52所示。

图3-52 新增客户界面1

(2) 在商务信息页签下选择结算币别为"人民币",核对实验数据后依次单击【保存】【提交】【审核】按钮,如图3-53所示。

图3-53 新增客户界面2

(3) 由于客户的数据量过多,为了节省时间,下面采用引入的方式快速完成客户数据的新增。本书提供了一个客户引入模板,由于前面系统管理员已手动录入了一条客户数据,因此模板里只预置了其余的客户实验数据。先对客户引入模板进行修改,打开客户引入模板,单击【查找与选择】按钮,在弹出的"查找和替换"窗口中单击【替换】页签,在"查找内容"栏输入"学号",在"替换为"栏输入自己的学号,本书以学号"2022001"为例,单击【全部替换】按钮,系统提示共替换了271处,确认替换无误后保存文件,如图3-54所示。

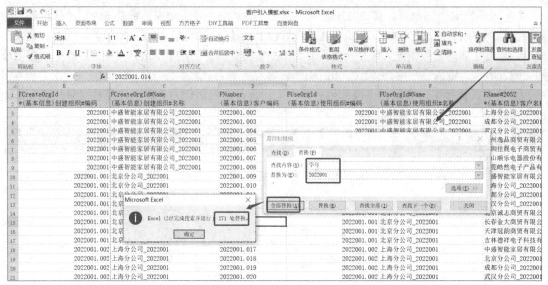

图 3-54　客户引入模板界面

(4) 以"信息管理员_2022001"账号登录金蝶云星空系统，打开功能菜单，执行【基础管理】—【基础资料】—【主数据】—【客户列表】命令，单击【选项】按钮，选择【引入】—【引入】，在弹出的"数据引入"窗口中，选择引入模式为"追加"，引入的数据文件选择"客户引入模板"文件，之后单击【引入数据】按钮，如图 3-55 所示。

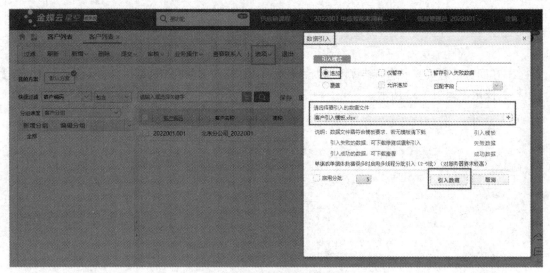

图 3-55　客户数据引入界面

(5) 由于通过文件引入的数据状态均显示为"创建"，为了能一次性将数据进行提交和审核，可通过设置过滤条件完成。返回到客户列表界面，单击【过滤】按钮，在"列表过滤"窗口的"条件"选项中勾选"所有组织"，单击【确定】按钮，如图 3-56 所示，即可查看新建的 40 条客户数据，如图 3-57 所示。

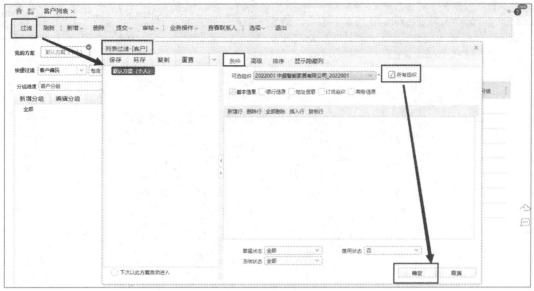

图 3-56　客户列表过滤界面

图 3-57　客户列表查询界面

(6) 对引入数据进行审核，全选所有客户信息，因为前面已审核一条客户数据，所以取消勾选 "北京分公司_2022001"，对其余 39 条客户信息进行审核即可，如图 3-58 所示。依次单击【提交】【审核】按钮，审核完成后如图 3-59 所示。

图 3-58 客户信息提交审核界面

图 3-59 客户信息审核完成界面

3. 设置供应商信息

供应商信息均由中盛智能家居有限公司创建，根据业务需求分配给分公司使用。全部供应商的结算币别均为人民币。其他详细的供应商信息如表 3-9 所示。

表 3-9 供应商信息

创建组织	供应商编码	供应商名称	供应类别	对应组织	VMI业务	分配组织
中盛智能家居有限公司_学号	学号.001	广州君信电子科技有限公司	采购	-	勾选	所有分公司
中盛智能家居有限公司_学号	学号.002	佛山丰德科技有限公司	采购	-	勾选	所有分公司
中盛智能家居有限公司_学号	学号.003	深圳富翰电子科技有限公司	采购	-	-	所有分公司
中盛智能家居有限公司_学号	学号.004	深圳杰胜科技有限公司	采购	-	-	所有分公司
中盛智能家居有限公司_学号	学号.005	中山邦德科技有限公司	采购	-	-	所有分公司
中盛智能家居有限公司_学号	学号.006	上海智海科技有限公司	采购	-	-	所有分公司
中盛智能家居有限公司_学号	学号.007	深圳嘉跃智能科技有限公司	采购	-	-	所有分公司
中盛智能家居有限公司_学号	学号.008	武汉浩想智能科技有限公司	采购	-	-	所有分公司
中盛智能家居有限公司_学号	学号.009	深圳亿讯科技有限公司	采购	-	-	所有分公司
中盛智能家居有限公司_学号	学号.010	北京瑞安科技有限公司	采购	-	-	所有分公司
中盛智能家居有限公司_学号	学号.011	上海宇兴科技有限公司	采购	-	-	所有分公司
中盛智能家居有限公司_学号	学号.012	深圳蓝思科技有限公司	采购	-	-	所有分公司
中盛智能家居有限公司_学号	学号.013	中盛智能家居有限公司_学号	采购	中盛智能家居有限公司_学号	-	所有分公司
中盛智能家居有限公司_学号	学号.014	北京分公司_学号	采购	北京分公司_学号	-	所有分公司
中盛智能家居有限公司_学号	学号.015	上海分公司_学号	采购	上海分公司_学号	-	所有分公司
中盛智能家居有限公司_学号	学号.016	成都分公司_学号	采购	成都分公司_学号	-	所有分公司
中盛智能家居有限公司_学号	学号.017	武汉分公司_学号	采购	武汉分公司_学号	-	所有分公司
中盛智能家居有限公司_学号	学号.018	深圳纽派国际物流供应链管理有限公司	服务	-	-	所有分公司

(1) 以用户名"信息管理员_2022001",密码"888888"登录金蝶云星空系统,选择组织"中盛智能家居有限公司_2022001",执行【基础管理】—【基础资料】—【主数据】—【供应商列表】命令,单击【新增】按钮,进入供应商新增界面。输入编码为"2022001.001",供应商名称为"广州君信电子科技有限公司"。在"基本信息"页签下,选择供应类别为"采购",如图3-60所示。在"商务信息"页签下,勾选"VMI业务";在"财务信息"页签下,选择结算币别为"人民币",如图3-61所示。输入完成后依次单击【保存】【提交】【审核】按钮完成该供应商的新增及审核。

图3-60 新增供应商界面1

图3-61 新增供应商界面2

(2) 由于供应商的数据量过多,为了节省时间,下面采用引入的方式快速完成供应商数据的新增。本书提供了一个供应商引入模板,由于前面系统管理员已手动录入了一条供应商数据,因此模板里只预置了其余的供应商实验数据。先对供应商引入模板进行修改,打开供应商引入模板,单击【查找与选择】按钮,在弹出的"查找和替换"窗口中单击【替换】页签,在"查找内容"栏输入"学号",在"替换为"栏输入自己的学号,本书以学号"2022001"为例,单击【全部替换】按钮,系统提示共替换了115处,确认替换无误后保存文件,如图3-62所示。

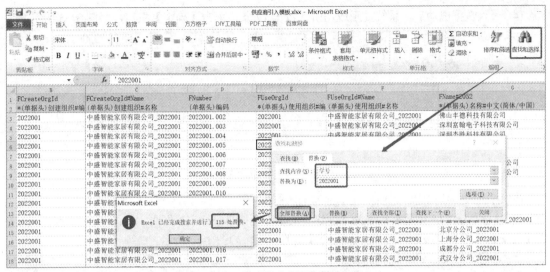

图 3-62 修改供应商引入模板界面

(3) 以"信息管理员_2022001"账号登录金蝶云星空系统，打开功能菜单，执行【基础管理】—【基础资料】—【主数据】—【供应商列表】命令，单击【选项】按钮，选择【引入】—【引入】，如图 3-63 所示。在弹出的"数据引入"窗口，选择引入模式为"追加"，要引入的数据文件选择"供应商引入模板"文件，单击【引入数据】按钮，如图 3-64 所示。

图 3-63 供应商数据引入界面 1

图 3-64 供应商数据引入界面 2

(4) 引入数据成功后，系统提示成功引入数据 17 条，单击【确定】按钮，如图 3-65 所示。

图 3-65 查看供应商数据界面

(5) 对引入的数据进行审核，先全部勾选所有供应商信息，再取消勾选"广州君信电子科技有限公司"，对其余 17 条数据状态为"创建"的供应商信息进行审核即可，如图 3-66 所示。依次单击【提交】【审核】按钮，完成对供应商数据的审核，如图 3-67 所示。

图 3-66 新增供应商数据审核界面 1

图 3-67 新增供应商数据审核界面 2

(6) 在供应商列表界面，进行组织分配，全选"所有供应商"，单击【业务操作】按钮，选择【分配】。在弹出的"请选择分配组织"窗口中，根据实验数据，全选"待分配组织"，勾选"分配后自动审核"。单击【确定】按钮，完成供应商的分配，具体操作如图3-68所示。

图3-68 供应商分配组织界面

(7) 在供应商列表界面，单击【过滤】按钮，在弹出的"列表过滤"窗口的"条件"选项中勾选"所有组织"，单击【确定】按钮，如图3-69所示。即可查询出所有公司共有90条已审核的供应商数据，如图3-70所示。

图3-69 供应商列表过滤界面

图 3-70　供应商列表查询界面

4. 设置仓库信息

仓库信息由中盛智能家居有限公司和 4 家分公司各自创建，具体仓库信息如表 3-10 所示。

表 3-10　仓库信息

创建组织	仓库编码	仓库名称	仓库属性
中盛智能家居有限公司_学号	学号.001	华南总仓	普通仓库
中盛智能家居有限公司_学号	学号.002	客户仓库	客户仓库
中盛智能家居有限公司_学号	学号.003	供应商仓库	供应商仓库
中盛智能家居有限公司_学号	学号.004	海外仓	第三方仓储
北京分公司_学号	学号.005	华北仓	普通仓库
上海分公司_学号	学号.006	华东仓	普通仓库
成都分公司_学号	学号.007	华西仓	普通仓库
武汉分公司_学号	学号.008	华中仓	普通仓库

(1) 以用户名"信息管理员_2022001"，密码"888888"登录金蝶云星空系统，选择组织"中盛智能家居有限公司_2022001"，执行【基础管理】—【基础资料】—【供应链】—【仓库列表】命令，单击【新增】按钮进入仓库新增界面。输入编码为"2022001.001"，名称为"华南总仓"。在"基本信息"页签下，选择仓库属性为"普通仓库"，如图 3-71 所示。输入完成后依次单击【保存】【提交】【审核】按钮完成该仓库的新增及审核。

(2) 按照上述步骤新增完成其他三个由"中盛智能家居有限公司_2022001"创建的仓库，如图 3-72 所示。

图 3-71　中盛智能家居有限公司新增仓库界面 1

图 3-72　中盛智能家居有限公司新建仓库界面 2

(3) 选择创建组织为"北京分公司_2022001",执行【基础管理】—【基础资料】—【供应链】—【仓库列表】命令,单击【新增】按钮进入仓库新增界面。输入编码为"2022001.005",名称为"华北仓"。在"基本信息"页签下,选择仓库属性为"普通仓库",如图 3-73 所示。输入完成后单击【保存】【提交】【审核】完成该仓库的新增及审核。

图 3-73　北京分公司新增仓库界面

(4) 参考上述步骤,根据仓库的实验数据新增其他仓库。

(5) 为了能快速查看已创建的仓库信息,可以设置过滤方案。在仓库列表界面,单击【过滤】按钮,在弹出的"列表过滤"窗口的"条件"选项中勾选"所有组织",单击【确定】按钮,如图 3-74 所示。即可查询出刚刚新增的所有仓库,如图 3-75 所示。

图 3-74　仓库列表过滤界面

图 3-75　仓库列表查询界面

5. 设置会计核算体系

由于总公司和分公司的核算方式不同，因此需要建立两套会计核算体系进行核算，会计核算体系信息如表 3-11 所示。

表 3-11　会计核算体系信息

编码	名称	核算组织	适用会计政策	默认会计政策	下级组织
KJHSTX01_SYS	财务会计核算体系	中盛智能家居有限公司_学号	中国准则会计政策	中国准则会计政策	中盛智能家居有限公司_学号
			中国准则会计政策	中国准则会计政策	北京分公司_学号
			中国准则会计政策	中国准则会计政策	上海分公司_学号
			中国准则会计政策	中国准则会计政策	成都分公司_学号
			中国准则会计政策	中国准则会计政策	武汉分公司_学号
学号	利润中心核算体系	北京分公司_学号	中国准则会计政策	中国准则会计政策	北京分公司_学号
		上海分公司_学号	中国准则会计政策	中国准则会计政策	上海分公司_学号
		成都分公司_学号	中国准则会计政策	中国准则会计政策	成都分公司_学号
		武汉分公司_学号	中国准则会计政策	中国准则会计政策	武汉分公司_学号

❖ 注意：

金蝶云星空系统已内置"KJHSTX01_SYS"财务会计核算体系，该会计核算体系是默认的、唯一的法人体系，在系统中仅有一个，通过追加核算组织、下级组织的方式实现财务会计核算体系的纳入。由于多人同时操作会引起冲突，因此建议该操作由一人实施。

(1) 以用户名"信息管理员_2022001",密码"888888"登录金蝶云星空系统,选择组织"中盛智能家居有限公司_2022001",执行【基础管理】—【基础资料】—【财务会计】—【会计核算体系】命令,可以看到系统已经创建了"财务会计核算体系",单击编码为"KJHSTX01_SYS"的会计核算体系,进入会计核算体系修改界面。在"核算组织"页签,单击【新增行】按钮,单击核算组织查询按钮打开组织机构列表,设置快捷过滤条件为"编码""包含""2022001",勾选"中盛智能家居有限公司_2022001",单击【返回数据】按钮,如图3-76所示。

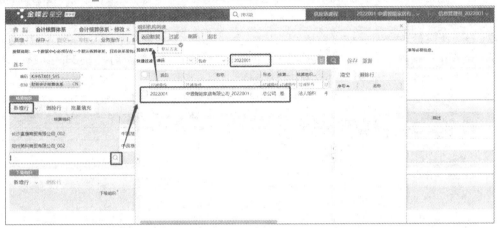

图3-76 财务会计核算体系新增界面"核算组织"页签

(2) 在核算组织选好"中盛智能家居有限公司_2022001"之后,适用会计政策选择"中国准则会计政策"。在下级组织页签,单击下级组织查询按钮打开组织机构列表,设置过滤条件为"编码""包含""2022001",勾选"中盛智能家居有限公司_2022001""北京分公司_2022001""上海分公司_2022001""成都分公司_2022001""武汉分公司_2022001",单击【返回数据】按钮,如图3-77所示。单击【保存】按钮,在弹出的"确认增加"窗口中单击【是】按钮,如图3-78所示。

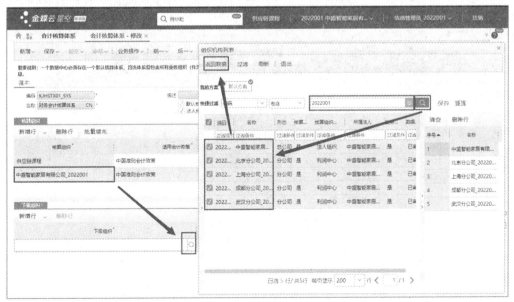

图3-77 财务会计核算体系新增界面"下级组织"页签

图 3-78 财务会计核算体系新增界面确认增加

(3) 在会计核算体系界面单击【新增】按钮进入会计核算体系新增界面,输入编码为"2022001",名称为"利润中心核算体系"。在"核算组织"页签下,单击核算组织查询按钮打开组织机构列表,设置过滤条件为"编码""包含""2022001",勾选"北京分公司_2022001""上海分公司_2022001""成都分公司_2022001""武汉分公司_2022001",单击【返回数据】按钮,如图 3-79 所示。

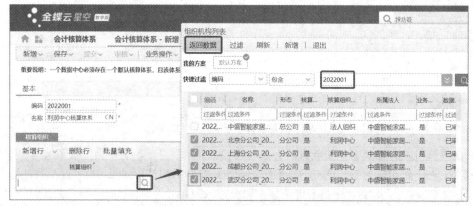

图 3-79 利润中心核算体系新增界面"核算组织"页签

(4) 先单击"北京分公司_2022001"一行,再单击适用会计政策查询按钮打开会计政策列表,选择"中国准则会计政策",之后单击【批量填充】按钮,可以看到余下的分公司都填充了"中国准则会计政策",操作如图 3-80 所示。

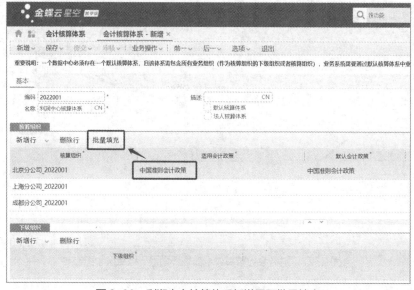

图 3-80 利润中心核算体系新增界面批量填充

(5) 在"核算组织"页签下，先单击"北京分公司_2022001"一行，之后在"下级组织"页签下单击下级组织查询按钮打开组织机构列表，选择"北京分公司_2022001"，如图3-81所示。参考上述步骤，将其余分公司的下级组织维护好。完成后依次单击【保存】【提交】【审核】按钮，完成该会计核算体系的新增及审核，如图3-82所示。

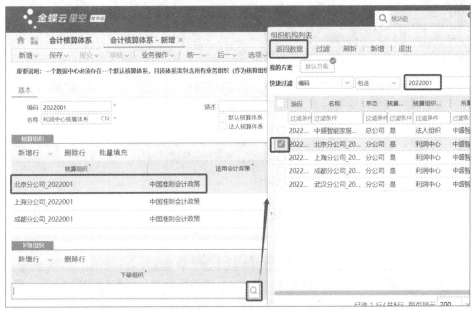

图3-81 新增利润中心核算体系界面"下级组织"页签1

图3-82 新增利润中心核算体系界面"下级组织"页签2

(6) 在会计核算体系界面，设置快捷过滤条件为"核算组织.编码""包含""2022001"，单击查询按钮后可以查询到刚刚新增的财务会计核算体系和利润中心核算体系，如图3-83所示。

图3-83 会计核算体系界面

6. 设置销售价目表

由中盛智能家居有限公司统一维护销售价目表，并分发给所有分公司使用，具体销售价目表信息如表3-12所示。

表3-12 销售价目表信息

编号	名称	生效日	失效日	限定客户类别	默认价目表
学号.001	标准销售价目表	2022/1/1	2023/12/31	普通销售客户	勾选
物料编码		物料名称		价格	最低限价
学号.001		智能音箱		500	450
学号.002		智能门锁		1 500	1 400
学号.003		智能摄像机		400	350
学号.004		智能投影仪		2 500	2 300
学号.005		智能电动按摩椅		8 000	7 500
学号.006		智能台灯		150	140
学号.007		扫地机器人		2 500	2 300
学号.008		自动洗碗机		4 500	4 200
学号.009		自动洗手机		100	90
学号.010		无线充电宝		99	85
学号.011		无线吸尘器		1 200	1 100
学号.012		空气净化器		800	750
学号.014		充电套装		60	55
学号.015		电池		5	4

(1) 以用户名"信息管理员_2022001"，密码"888888"登录金蝶云星空系统，选择销售组织"中盛智能家居有限公司_2022001"，执行【供应链】—【销售管理】—【价格管理】—【销售价目表列表】命令，单击【新增】按钮，进入销售价目表新增界面。输入编号为"2022001.001"，名称为"标准销售价目表"，生效日为"2022/1/1"，失效日为"2023/12/31"，限定客户选择"客户

类别",在"适用客户"页签下,单击客户类别查询按钮打开客户类别选择列表,选择"普通销售客户",勾选"默认价目表",如图3-84所示。

图3-84 新增销售价目表界面"适用客户"页签

(2) 在"价格明细"页签下,单击物料编码查询按钮打开物料列表,勾选除抑菌洗手液外的全部物料,单击【返回数据】按钮,根据销售价目表信息,输入智能音箱的价格为"¥500",最低限价为"¥450"。参考上述步骤,输入其余物料的价格和最低限价,如图3-85所示。输入完成后,依次单击【保存】【提交】【审核】按钮,完成该销售价目表的新增及审核。

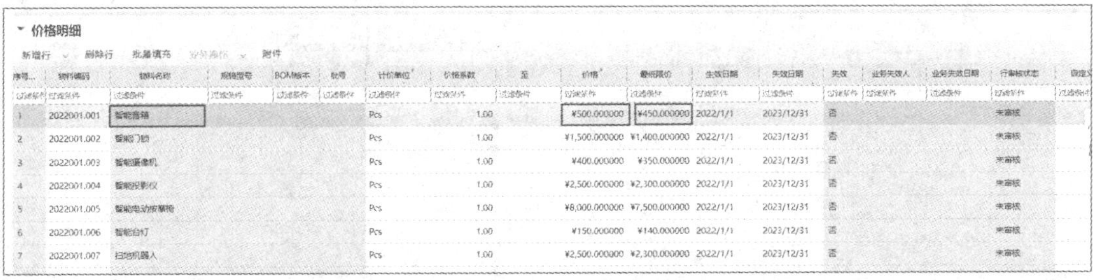

图3-85 新增销售价目表界面"价格明细"页签

(3) 新增完成后,返回销售价目表列表界面,可以查看刚刚新增的销售价目表,如图3-86所示。

图3-86 销售价目表列表界面

(4) 在销售价目表列表界面，进行销售价目表分发，勾选已新增好的销售价目表，单击【业务操作】按钮，选择【分发】。在弹出的"业务资料分发向导"窗口中，单击【下一步】按钮，如图3-87所示。

图3-87 销售价目表分发界面权限检查

(5) 在"选择分发组织"页签下，全选所有组织，单击【下一步】按钮，如图3-88所示。

图3-88 销售价目表分发界面选择分发组织

(6) 在"分发结果"页签下，可看到"成功分发"的信息，单击【完成】按钮，完成销售价目表的分发，如图3-89所示。

图3-89 销售价目表分发界面分发结果

7. 设置销售折扣表

由中盛智能家居有限公司统一维护销售折扣表，并分发给所有分公司使用，具体销售折扣表信息如表 3-13 所示。

表 3-13 销售折扣表信息

名称	生效日	失效日	适用价目表
标准销售折扣表	2022/1/1	2023/12/31	标准销售价目表
物料名称	折扣依据	从	至	折扣率(%)
智能音箱	数量折扣	200	600	10
智能门锁	数量折扣	200	600	10
智能摄像机	数量折扣	200	600	10
智能投影仪	数量折扣	200	600	10
智能电动按摩椅	数量折扣	200	600	10
智能台灯	数量折扣	200	600	10
扫地机器人	数量折扣	200	600	10
自动洗碗机	数量折扣	200	600	10
自动洗手机	数量折扣	200	600	10
无线充电宝	数量折扣	200	600	10
无线吸尘器	数量折扣	200	600	10
空气净化器	数量折扣	200	600	10
充电套装	数量折扣	200	600	10
电池	数量折扣	200	600	10

(1) 以用户名"信息管理员_2022001",密码"888888"登录金蝶云星空系统,选择组织"中盛智能家居有限公司_2022001",执行【供应链】—【销售管理】—【价格管理】—【销售折扣表列表】命令,单击【新增】按钮,进入销售折扣表新增界面。输入名称为"标准销售折扣表",生效日为"2022/1/1",失效日为"2023/12/31"。在"折扣明细"页签下,单击物料编码查询按钮打开物料列表,勾选除"抑菌洗手液"外的所有物料,单击【返回数据】按钮,如图 3-90 所示。

图 3-90 新增销售折扣表界面"折扣明细"页签

(2) 对第一行数据进行录入，先在折扣起始数量输入"200"，再单击【批量填充】按钮，可以看到余下所有行的折扣起始数量都填充了"200"，按照此方法完成折扣终止数量和折扣率的录入，如图 3-91 所示。

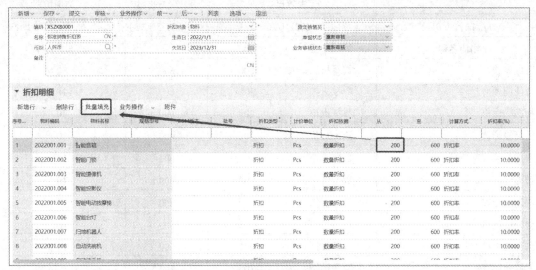

图 3-91　新增销售折扣表界面批量填充

(3) 打开界面右边的隐藏页签，勾选【适用价目表】，在弹出的"适用价目表"页签下，选择前面新增好的标准销售价目表作为适用价目表，如图 3-92 所示。

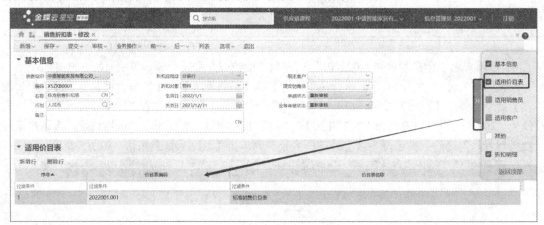

图 3-92　选择适用价目表

(4) 所有数据填写完毕并确认无误后，依次单击【保存】【提交】【审核】按钮完成该销售折扣表的新增及审核，如图 3-93 所示。

(5) 打开销售折扣表列表界面，进行销售折扣表分发，勾选已新增好的销售折扣表，单击【业务操作】按钮，选择【分发】。在弹出的"业务资料分发向导"窗口中，单击【下一步】按钮，如图 3-94 所示。

图 3-93　销售折扣表新增完成并审核界面

图 3-94　销售折扣表分发界面"权限检查"页签

(6) 在"选择分发组织"页签下，全选所有组织，单击【下一步】按钮，如图 3-95 所示。

图 3-95　销售折扣表分发界面"选择分发组织"页签

(7) 在"分发结果"页签下可看到"成功分发"的信息,单击【完成】按钮,完成销售折扣表的分发,如图 3-96 所示。

图 3-96　销售折扣表分发界面"分发结果"页签

第4章

系统初始化

系统初始化是系统首次使用时，根据企业的实际情况进行参数设置，并录入基础资料与初始数据的过程。系统初始化是系统运行的基础，进行系统日常业务操作之前，需要完成对各系统的初始化操作。完成各系统初始化之后，才可以进行系统的日常业务处理。系统初始化的基本流程如下：设置系统参数及基础资料—启用系统—初始数据录入—结束初始化。

操作视频

任务一　库存管理系统初始化

↗ 任务描述

中盛智能家居有限公司上线云星空系统后，在开始日常业务前需要先将库存管理系统进行初始化，将期初库存数据录入到系统中，之后通过公司业务流转让数据流动起来，从而实现仓储信息化建设。

↗ 任务分析

在供应链管理系统中，进销存模块是个完整的业务体系，所有的业务都是相关联的，没有库存初始化，系统中的业务单据就失去了运行基础。因此，库存初始化是使用供应链管理系统的第一步，也是关键的一步，需要做到数据准确，否则接下来供应链管理系统的操作无论多正确，结果也是错误的。

在对库存管理系统进行初始化操作之前，需要暂停仓库内一切进出活动，开始对仓库内货物进行盘点并进行记录。统计好数据之后，将表格交给信息管理员进行录入，完成库存初始化工作。

云星空库存管理系统初始化流程如图 4-1 所示。

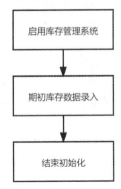

图 4-1　库存管理系统初始化流程

↗ 任务实施

1. 启用库存管理系统

中盛智能家居有限公司从 2022 年 1 月起开始实施上线金蝶云星空系统，于 2022 年 1 月 1 日对公司各组织启用了库存管理系统，具体实验数据如表 4-1 所示。

表 4-1　库存管理系统启用信息

库存组织名称	启用时间
中盛智能家居有限公司_学号	2022/1/1
北京分公司_学号	2022/1/1
上海分公司_学号	2022/1/1
成都分公司_学号	2022/1/1
武汉分公司_学号	2022/1/1

以用户名"信息管理员_2022001",密码"888888"登录金蝶云星空系统,选择组织"中盛智能家居有限公司_2022001",执行【供应链】—【库存管理】—【初始化】—【启用库存管理】命令,全选库存组织,库存启用日期设置为"2022/1/1",输入完成后,单击【保存】按钮,如图 4-2 所示。

图 4-2　启用库存管理界面

2. 期初库存数据录入

中盛智能家居有限公司华南总仓、海外仓和供应商仓库的初始库存信息如表 4-2 所示。

表 4-2　中盛智能家居有限公司初始库存

库存组织	仓库	物料	期初数量
中盛智能家居有限公司_学号	华南总仓	智能音箱	534
中盛智能家居有限公司_学号	华南总仓	智能门锁	384
中盛智能家居有限公司_学号	华南总仓	智能摄像机	302
中盛智能家居有限公司_学号	华南总仓	智能投影仪	297
中盛智能家居有限公司_学号	华南总仓	智能台灯	409
中盛智能家居有限公司_学号	华南总仓	扫地机器人	373
中盛智能家居有限公司_学号	华南总仓	自动洗碗机	380
中盛智能家居有限公司_学号	华南总仓	自动洗手机	431
中盛智能家居有限公司_学号	华南总仓	无线充电宝	477
中盛智能家居有限公司_学号	华南总仓	无线吸尘器	421
中盛智能家居有限公司_学号	华南总仓	空气净化器	352
中盛智能家居有限公司_学号	华南总仓	抑菌洗手液	462
中盛智能家居有限公司_学号	华南总仓	充电套装	598
中盛智能家居有限公司_学号	华南总仓	电池	584
中盛智能家居有限公司_学号	供应商仓库 (货主:广州君信电子科技有限公司)	智能台灯	100

(续表)

库存组织	仓库	物料	期初数量
中盛智能家居有限公司_学号	海外仓	智能音箱	64
中盛智能家居有限公司_学号	海外仓	智能台灯	85

北京分公司华北仓初始库存信息如表4-3所示。

表4-3 北京分公司华北仓初始库存

库存组织	仓库	物料	期初数量
北京分公司_学号	华北仓	智能音箱	344
北京分公司_学号	华北仓	智能门锁	574
北京分公司_学号	华北仓	智能摄像机	265
北京分公司_学号	华北仓	智能投影仪	469
北京分公司_学号	华北仓	智能台灯	782
北京分公司_学号	华北仓	扫地机器人	454
北京分公司_学号	华北仓	自动洗碗机	467
北京分公司_学号	华北仓	自动洗手机	571
北京分公司_学号	华北仓	无线充电宝	583
北京分公司_学号	华北仓	无线吸尘器	445
北京分公司_学号	华北仓	空气净化器	529
北京分公司_学号	华北仓	抑菌洗手液	547
北京分公司_学号	华北仓	充电套装	553
北京分公司_学号	华北仓	电池	589

上海分公司华东仓初始库存信息如表4-4所示。

表4-4 上海分公司华东仓初始库存

库存组织	仓库	物料	期初数量
上海分公司_学号	华东仓	智能音箱	732
上海分公司_学号	华东仓	智能门锁	431
上海分公司_学号	华东仓	智能摄像机	691
上海分公司_学号	华东仓	智能投影仪	337
上海分公司_学号	华东仓	智能台灯	751
上海分公司_学号	华东仓	扫地机器人	321
上海分公司_学号	华东仓	自动洗碗机	379
上海分公司_学号	华东仓	自动洗手机	416
上海分公司_学号	华东仓	无线充电宝	408
上海分公司_学号	华东仓	无线吸尘器	435
上海分公司_学号	华东仓	空气净化器	492
上海分公司_学号	华东仓	抑菌洗手液	393
上海分公司_学号	华东仓	充电套装	603
上海分公司_学号	华东仓	电池	681

成都分公司华西仓初始库存信息如表 4-5 所示。

表 4-5　成都分公司华西仓初始库存

库存组织	仓库	物料	期初数量
成都分公司_学号	华西仓	智能音箱	515
成都分公司_学号	华西仓	智能门锁	507
成都分公司_学号	华西仓	智能摄像机	284
成都分公司_学号	华西仓	智能投影仪	516
成都分公司_学号	华西仓	智能台灯	853
成都分公司_学号	华西仓	扫地机器人	501
成都分公司_学号	华西仓	自动洗碗机	435
成都分公司_学号	华西仓	自动洗手机	445
成都分公司_学号	华西仓	无线充电宝	520
成都分公司_学号	华西仓	无线吸尘器	500
成都分公司_学号	华西仓	空气净化器	434
成都分公司_学号	华西仓	抑菌洗手液	453
成都分公司_学号	华西仓	充电套装	788
成都分公司_学号	华西仓	电池	608

武汉分公司华中仓初始库存信息如表 4-6 所示。

表 4-6　武汉分公司华中仓初始库存

库存组织	仓库	物料	期初数量
武汉分公司_学号	华中仓	智能音箱	466
武汉分公司_学号	华中仓	智能门锁	459
武汉分公司_学号	华中仓	智能摄像机	481
武汉分公司_学号	华中仓	智能投影仪	341
武汉分公司_学号	华中仓	智能台灯	662
武汉分公司_学号	华中仓	扫地机器人	435
武汉分公司_学号	华中仓	自动洗碗机	413
武汉分公司_学号	华中仓	自动洗手机	425
武汉分公司_学号	华中仓	无线充电宝	470
武汉分公司_学号	华中仓	无线吸尘器	433
武汉分公司_学号	华中仓	空气净化器	522
武汉分公司_学号	华中仓	抑菌洗手液	425
武汉分公司_学号	华中仓	充电套装	435
武汉分公司_学号	华中仓	电池	544

(1) 由于公司期初库存的数据量过多，为了节省时间，下面采用引入的方式快速完成期初库存数据的新增。本书提供了一个初始库存引入模板，模板里预置了所有公司的期初库存数据。先对初始库存引入模板进行修改，打开初始库存引入模板，单击【查找和选择】按钮，在弹出的"查找和替换"窗口中单击【替换】页签，在"查找内容"栏输入"学号"，在"替换为"栏输入自己的学号，本书以学号"2022001"为例，单击【全部替换】按钮，系统提示共替换了 437 处，确认替换无误后保存文件。初始库存引入模板的修改操作如图 4-3 所示。

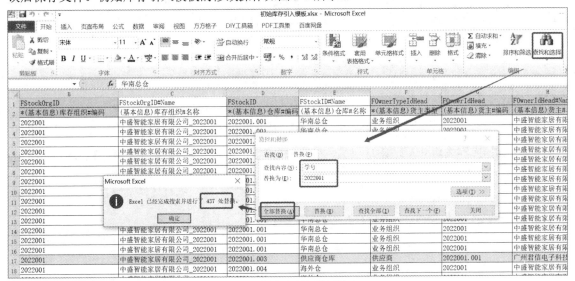

图 4-3　初始库存引入模板修改

(2) 修改好初始库存引入模板后，用"信息管理员_2022001"的账号登录系统，执行【供应链】—【库存管理】—【初始化】—【初始库存列表】命令，单击【选项】按钮，选择【引入】—【引入】，如图 4-4 所示。

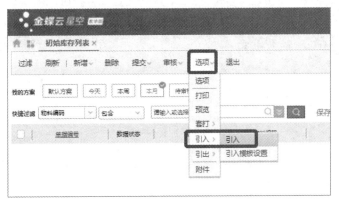

图 4-4　初始库存列表界面

(3) 在弹出的"数据引入"窗口中，单击【+】按钮，选择要导入的数据文件，单击【引入数据】按钮，如图 4-5 所示。

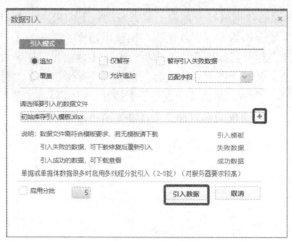

图 4-5　初始库存列表数据引入界面 1

（4）初始库存成功引入数据 73 条后，在弹出的"数据引入"窗口中单击【确定】按钮，如图 4-6 所示。

图 4-6　初始库存列表数据引入界面 2

（5）由于通过文件引入的数据状态均显示为"创建"，为了能一次性将数据进行提交和审核，可通过设置过滤条件完成。在初始库存列表界面，单击【过滤】按钮，在弹出的"列表过滤"窗口的"条件"选项中，勾选"所有组织"后，单击【确定】按钮，如图 4-7 所示。

图 4-7　初始库存列表过滤界面

（6）可查询共有 73 条初始库存数据，所有组织的期初总数量为 34,365，全选初始库存数据，依次单击【提交】【审核】按钮，如图 4-8 所示。

图 4-8 初始库存列表查询

3. 库存管理系统结束初始化

以用户名"信息管理员_2022001",密码"888888"登录金蝶云星空系统,执行【供应链】—【库存管理】—【初始化】—【库存管理结束初始化】命令,全选库存组织,单击【结束初始化】按钮,如图4-9所示。

图 4-9 库存管理系统结束初始化

任务二 存货核算系统初始化

❖ 注意:

该任务不是必做!若采购和销售业务无须涉及财务核算,该任务可以不做,且对应的第7章财务核算也可不用做。

➤ 任务描述

为了能够实现账物相符、便于统计存货,中盛智能家居有限公司需要完成存货核算系统初始化操作。在库存管理系统初始化完成之后,信息管理员需要进行核算范围的设置,并相应地将期初的存货价值数据录入系统。

➤ 任务分析

存货核算是指对企业存货成本的计量。存货核算系统初始化是存货核算系统运行的基础。如果没有设置正确的核算范围及录入与库存相应的初始核算数据,进行存货成本核算时就会出现错误。

在对存货核算系统进行初始化操作时,需要确定组织的核算范围,包括核算体系、核算组织、会计政策和计价方法的确定,然后信息管理员根据已统计好的库存数据进行期初存货核算数据的录入。

常见的计价方法有 4 种,如表 4-7 所示。

表 4-7 常见的计价方法

计价方法	含义
先进先出法	以先购入的存货应先发出(即用于销售或耗用)这样一种存货,实物流动假设为前提,对发出存货进行计价的一种方法
移动平均法	以每次进货成本加上原有库存存货的成本,除以每次进货数量加上原有库存存货的数量,据此计算加权平均单位成本
个别计价法	将每一种存货的实际成本作为计算发出存货成本和期末存货成本的基础
加权平均法	以本月全部进货数量加上月初存货数量作为权数,去除本月全部进货成本加上月初存货成本,计算出存货的加权平均单位成本,以此为基础计算本月发出存货的成本和期末存货的成本

加权平均法只在月末一次计算加权平均单价,比较简单,而且在市场价格上涨或下跌时所计算出来的单位成本平均化,对存货成本的分摊较为折中,因此中盛智能家居有限公司是采用加权平均法进行存货核算的。

云星空存货核算系统初始化流程如图 4-10 所示。

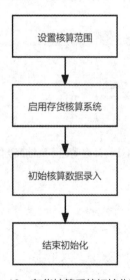

图 4-10 存货核算系统初始化流程

➤ 任务实施

1. 设置核算范围

中盛智能家居有限公司为了对企业存货价值(即成本)进行计量,在存货核算系统启用前对存货核算范围进行设置。中盛智能家居有限公司存货核算范围信息如表 4-8 所示。

表 4-8 存货核算范围信息

核算体系	核算组织	会计政策	核算范围名称	计价方法	划分依据	核算范围
财务会计核算体系	中盛智能家居有限公司_学号	中国准则会计政策	中盛智能家居有限公司核算范围_学号	加权平均法	货主+库存组织	货主：中盛智能家居有限公司_学号 库存：中盛智能家居有限公司_学号 货主：中盛智能家居有限公司_学号 库存：北京分公司_学号 货主：中盛智能家居有限公司_学号 库存：上海分公司_学号 货主：中盛智能家居有限公司_学号 库存：成都分公司_学号 货主：中盛智能家居有限公司_学号 库存：武汉分公司_学号 货主：北京分公司_学号 库存：中盛智能家居有限公司_学号 货主：北京分公司_学号 库存：北京分公司_学号 货主：北京分公司_学号 库存：上海分公司_学号 货主：北京分公司_学号 库存：成都分公司_学号 货主：北京分公司_学号 库存：武汉分公司_学号 货主：上海分公司_学号 库存：中盛智能家居有限公司_学号 货主：上海分公司_学号 库存：北京分公司_学号 货主：上海分公司_学号 库存：上海分公司_学号 货主：上海分公司_学号 库存：成都分公司_学号 货主：上海分公司_学号 库存：武汉分公司_学号 货主：成都分公司_学号 库存：中盛智能家居有限公司_学号 货主：成都分公司_学号 库存：北京分公司_学号 货主：成都分公司_学号 库存：上海分公司_学号 货主：成都分公司_学号 库存：成都分公司_学号 货主：成都分公司_学号 库存：武汉分公司_学号 货主：武汉分公司_学号 库存：中盛智能家居有限公司_学号 货主：武汉分公司_学号 库存：北京分公司_学号 货主：武汉分公司_学号 库存：上海分公司_学号 货主：武汉分公司_学号 库存：成都分公司_学号 货主：武汉分公司_学号 库存：武汉分公司_学号

(续表)

核算体系	核算组织	会计政策	核算范围名称	计价方法	划分依据	核算范围
利润中心核算体系	北京分公司_学号	中国准则会计政策	北京分公司核算范围_学号	加权平均法	货主+库存组织	货主：北京分公司_学号 库存：北京分公司_学号
利润中心核算体系	上海分公司_学号	中国准则会计政策	上海分公司核算范围_学号	加权平均法	货主+库存组织	货主：上海分公司_学号 库存：上海分公司_学号
利润中心核算体系	成都分公司_学号	中国准则会计政策	成都分公司核算范围_学号	加权平均法	货主+库存组织	货主：成都分公司_学号 库存：成都分公司_学号
利润中心核算体系	武汉分公司_学号	中国准则会计政策	武汉分公司核算范围_学号	加权平均法	货主+库存组织	货主：武汉分公司_学号 库存：武汉分公司_学号

(1) 以用户名"信息管理员_2022001"，密码"888888"登录金蝶云星空系统，选择组织"中盛智能家居有限公司_2022001"，执行【成本管理】—【存货核算】—【基础资料】—【核算范围】命令，单击【新增】按钮进入核算范围新增界面。在"基本"页签下，核算体系名称选择"财务会计核算体系"，核算组织名称选择"中盛智能家居有限公司_2022001"，会计政策名称选择"中国准则会计政策"，核算范围名称为"中盛智能家居有限公司核算范围_2022001"，计价方法选择"加权平均法"，划分依据选择"货主+库存组织"。在"核算范围"页签下，单击货主编码查询按钮打开组织机构列表，货主名称选择"中盛智能家居有限公司_2022001"，单击库存组织编码查询按钮打开组织机构列表，库存组织名称选择"中盛智能家居有限公司_2022001"。参考上述步骤，根据存货核算范围信息，新增其余核算范围，信息输入完成后依次单击【保存】【提交】【审核】按钮完成该核算范围的新增及审核，如图4-11所示。

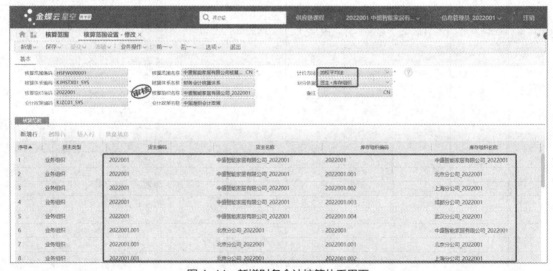

图4-11　新增财务会计核算体系界面

(2) 切换组织"北京分公司_2022001"，执行【成本管理】—【存货核算】—【基础资料】—【核算范围】命令，单击【新增】按钮进入核算范围新增界面。在"基本"页签下，核算体系名称选择"利润中心核算体系"，核算组织名称选择"北京分公司_2022001"，会计政策名称选择"中国准则会计政策"，核算范围名称为"北京分公司核算范围_2022001"，计价方法选择"加权平均法"，划分依据选择"货主+库存组织"。在"核算范围"页签下，单击货主编码查询按钮打开组织机构列表，货主名称选择"北京分公司_2022001"，单击库存组织编码查询按钮打开组织机构列表，库存组织名称选择"北京分公司_2022001"。信息输入完成后依次单击【保存】【提交】【审核】按钮完成该核算范围的新增及审核，如图4-12所示。

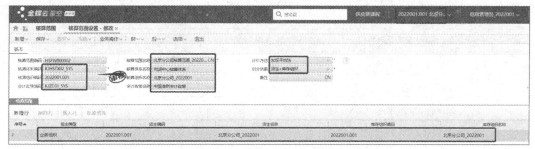

图4-12　新增利润中心核算体系界面

(3) 参考上述步骤，根据存货核算范围信息新增其他利润中心核算体系。新增完成后，执行【成本管理】—【存货核算】—【基础资料】—【核算范围】命令，可以查看刚刚新增的5个核算范围，如图4-13所示。

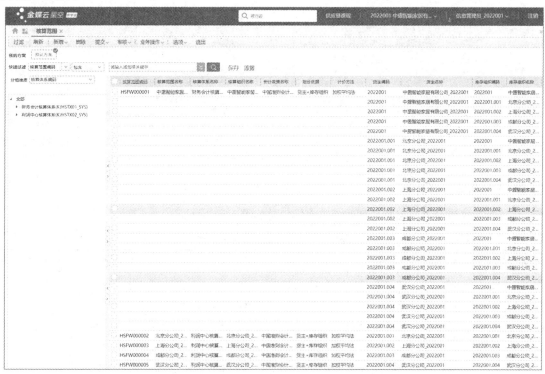

图4-13　查询核算范围界面

2. 启用存货核算系统

中盛智能家居有限公司从2022年1月起开始实施上线金蝶云星空系统，于2022年1月1日对公司各组织启用了存货核算系统，具体实验数据如表4-9所示。

表4-9 存货核算系统启用时间信息

核算组织名称	启用时间
中盛智能家居有限公司_学号	2022/1/1
北京分公司_学号	2022/1/1
上海分公司_学号	2022/1/1
成都分公司_学号	2022/1/1
武汉分公司_学号	2022/1/1

选择组织"中盛智能家居有限公司_2022001",执行【成本管理】—【存货核算】—【初始化】—【启用存货核算系统】命令,全选核算组织,启用会计年度为"2022",启用会计期间为"1",输入完成后,单击【启用】按钮,如图4-14所示。

图4-14 启用存货核算系统界面

3. 初始核算数据录入

中盛智能家居有限公司物料初始成本单价信息如表4-10所示。

表4-10 物料初始成本单价信息

物料名称	智能音箱	智能门锁	智能摄像机	智能投影仪	智能台灯	扫地机器人	自动洗碗机
期初单价(元)	250	700	120	1200	80	1100	2700
物料名称	自动洗手机	无线充电宝	无线吸尘器	空气净化器	抑菌洗手液	充电套装	电池
期初单价(元)	60	45	650	450	20	35	3

(1) 以用户名"信息管理员_2022001",密码"888888"登录金蝶云星空系统,选择组织"中盛智能家居有限公司_2022001",执行【成本管理】—【存货核算】—【初始化】—【初始核算数据录入】命令,单击【新增】按钮进入初始核算数据录入新增界面。在该界面下,核算体系选择"财务会计核算体系",核算组织选择"中盛智能家居有限公司_2022001",单击【业务操作】按钮,选择【获取库存期初数据】,库存期初数据成功获取后单击【保存】按钮,如图4-15所示。

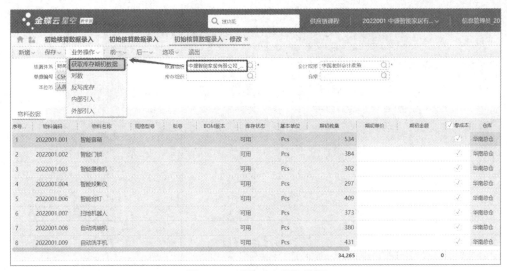

图 4-15　获取库存期初数据

注：由于总公司的核算范围包含了分公司，所以库存期初数据也包含了分公司的库存期初数据，为防止数据过多录错物料的期初单价，所以暂时保存零成本数据，下面采用外部引入的方式引入物料的期初单价。

(2) 关闭初始核算数据录入修改界面，返回到初始核算数据录入界面，勾选核算组织为"中盛智能家居有限公司_2022001"的初始核算数据单据，单击【选项】按钮，选择【引出】—【按引入模板引出数据】，文件生成成功后单击【下载】按钮，如图 4-16 所示。

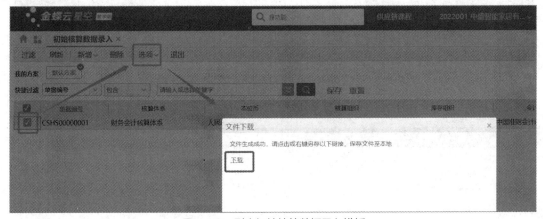

图 4-16　引出初始核算数据录入模板

(3) 打开下载的 Excel 表格，找到"期初单价"一列，根据表 4-10 物料初始成本单价信息填写期初单价，填写完成后保存文件，如图 4-17 所示。

(4) 在初始核算数据录入界面，打开核算组织为"中盛智能家居有限公司_2022001"的初始核算数据单据，单击【业务操作】按钮，选择【外部引入】，在弹出的"数据引入"窗口中单击【+】按钮，选择刚刚修改的数据文件，单击【引入数据】按钮，如图 4-18 所示。一共成功引入了 72 条数据，存货期初总额为 15,989,423 元，核对金额无误后单击【保存】按钮，完成初始核算数据录入，如图 4-19 所示。

FMaterEntity	FMATERIALID	FMATERIALID#Name	FINITPRICE
(物料数据)(序号)	(物料数据)物料编码#编	(物料数据)物料编码#名	(物料数据)期初单价
100001	2022001.001	智能音箱	250
100002	2022001.002	智能门锁	700
100003	2022001.003	智能摄像机	120
100004	2022001.004	智能投影仪	1200
100005	2022001.006	智能台灯	80
100006	2022001.007	扫地机器人	1100
100007	2022001.008	自动洗碗机	2700
100008	2022001.009	自动洗手机	60
100009	2022001.010	无线充电宝	45
100010	2022001.011	无线吸尘器	650
100011	2022001.012	空气净化器	450
100012	2022001.013	抑菌洗手液	20
100013	2022001.014	充电套装	35
100014	2022001.015	电池	3
100015	2022001.001	智能音箱	250
100016	2022001.006	智能台灯	80
100017	2022001.001	智能音箱	250
100018	2022001.002	智能门锁	700
100019	2022001.003	智能摄像机	120
100020	2022001.004	智能投影仪	1200
100021	2022001.006	智能台灯	80

图 4-17　填写期初单价

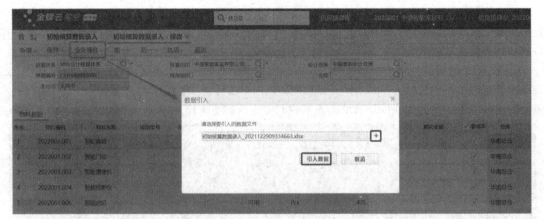

图 4-18　引入外部文件

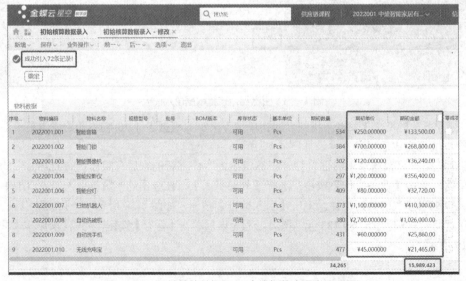

图 4-19　初始核算数据录入(中盛智能家居有限公司)

(5) 切换组织为"北京分公司_2022001",执行【成本管理】—【存货核算】—【初始化】—【初始核算数据录入】命令,单击【新增】按钮进入初始核算数据录入新增界面,核算体系选择"利润中心核算体系",核算组织选择"北京分公司_2022001",单击【业务操作】按钮,选择【获取库存期初数据】,按照表 4-10 物料初始成本单价信息录入物料的期初单价,所有单价信息录入完成后,核对存货期初总金额为 3,525,117 元,核对无误后单击【保存】按钮,如图 4-20 所示。

图 4-20 初始核算数据录入(北京分公司)

(6) 参考上述步骤,完成其余分公司的初始核算数据录入。上海分公司的存货期初总额为 2,986,978 元,如图 4-21 所示。成都分公司的存货期初总额为 3,539,634 元,如图 4-22 所示。武汉分公司的存货期初总额为 3,139,637 元,如图 4-23 所示。

图 4-21 初始核算数据录入(上海分公司)

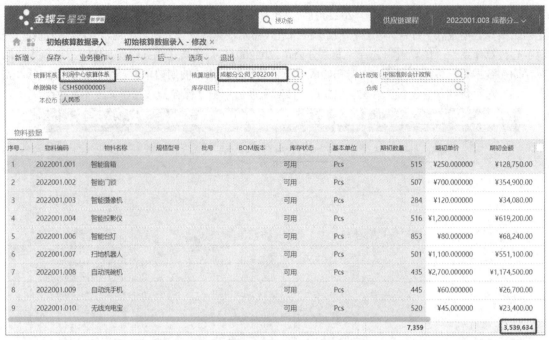

图 4-22　初始核算数据录入(成都分公司)

图 4-23　初始核算数据录入(武汉分公司)

4. 存货核算系统结束初始化

以用户名"信息管理员_2022001",密码"888888"登录金蝶云星空系统,选择组织"中盛智能家居有限公司_2022001",执行【成本管理】—【存货核算】—【初始化】—【存货核算初始化】命令。勾选全部核算体系,单击【结束初始化】按钮,如图 4-24 所示。

图 4-24 存货核算系统结束初始化

任务三　应收款、应付款管理系统初始化

❖ 注意：

该任务不是必做！若采购和销售业务无须涉及财务核算，该任务可以不做；同时，对应的第 7 章财务核算也可不用做。

➤ 任务描述

应收款和应付款业务的处理通常处于完整销售业务和采购业务的末端，为了实现财务核算和管理往来账款，并且能结合供应链模块实现业财融合，中盛智能家居有限公司需要对应收款管理系统和应付款管理系统进行初始化。

➤ 任务分析

在应收款管理系统及应付款管理系统中，通过应收单、应付单等单据的录入，对企业的往来账款进行综合管理。如果不对应收款管理及应付款管理系统进行初始化操作，则系统上的财务数据与企业实际情况不一致，就无法准确地提供企业的往来账款增减变动，也无法进行正确的财务核算。

在对应收款、应付款管理系统进行初始化操作前，先将上期账户结转至本期，得到本期期初已存在的应收款、应付款后，再将信息录入到期初应收单和期初应付单中。

云星空应收款、应付款管理系统初始化流程如图 4-25 所示。

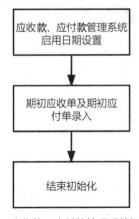

图 4-25　应收款、应付款管理系统初始化流程

任务实施

1. 启用应收款管理系统

中盛智能家居有限公司从 2022 年 1 月起开始实施上线金蝶云星空系统,于 2022 年 1 月 1 日对公司各组织启用了应收款管理系统,具体实验数据如表 4-11 所示。

表 4-11 应收款管理系统启用信息

结算组织名称	启用时间
中盛智能家居有限公司_学号	2022-01-01
北京分公司_学号	2022-01-01
上海分公司_学号	2022-01-01
成都分公司_学号	2022-01-01
武汉分公司_学号	2022-01-01

以用户名"信息管理员_2022001",密码"888888"登录金蝶云星空系统,选择组织"中盛智能家居有限公司_2022001",执行【财务会计】—【应收款管理】—【初始化】—【启用日期设置】命令。勾选全部结算组织,启用日期设置为"2022-01-01",设置完成后,单击【启用】按钮,如图 4-26 所示。

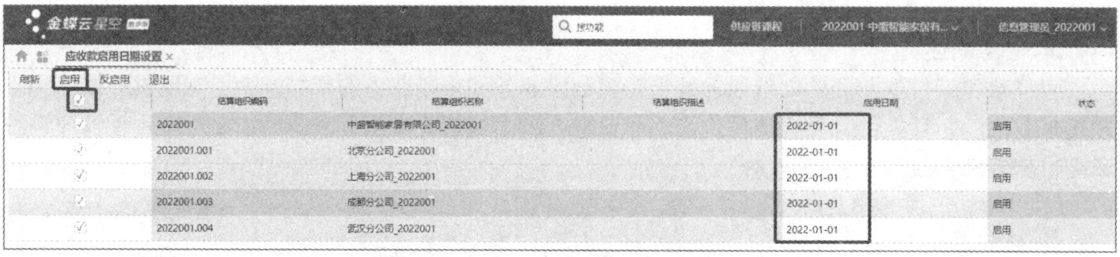

图 4-26 应收款管理系统启用日期设置

2. 应收款管理系统结束初始化

由于公司各组织在期初没有数据,因此启用应收款管理系统后可以直接进行结束初始化操作。执行【财务会计】—【应收款管理】—【初始化】—【应收款结束初始化】命令。勾选全部结算组织,单击【结束初始化】按钮,如图 4-27 所示。

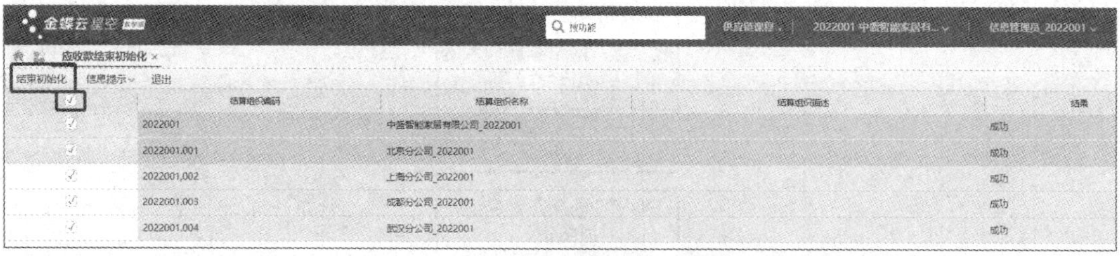

图 4-27 应收款管理系统结束初始化

3. 启用应付款管理系统

中盛智能家居有限公司从 2022 年 1 月起开始实施上线金蝶云星空系统,于 2022 年 1 月 1 日对公司各组织启用了应付款管理系统,具体实验数据如表 4-12 所示。

表 4-12 应付款管理系统启用信息

结算组织名称	启用时间
中盛智能家居有限公司_学号	2022-01-01
北京分公司_学号	2022-01-01
上海分公司_学号	2022-01-01
成都分公司_学号	2022-01-01
武汉分公司_学号	2022-01-01

以用户名"信息管理员_2022001",密码"888888"登录金蝶云星空系统,选择组织"中盛智能家居有限公司_2022001",执行【财务会计】—【应付款管理】—【初始化】—【启用日期设置】命令。勾选全部结算组织,启用日期设置为"2022-01-01",设置完成后,单击【启用】按钮,如图 4-28 所示。

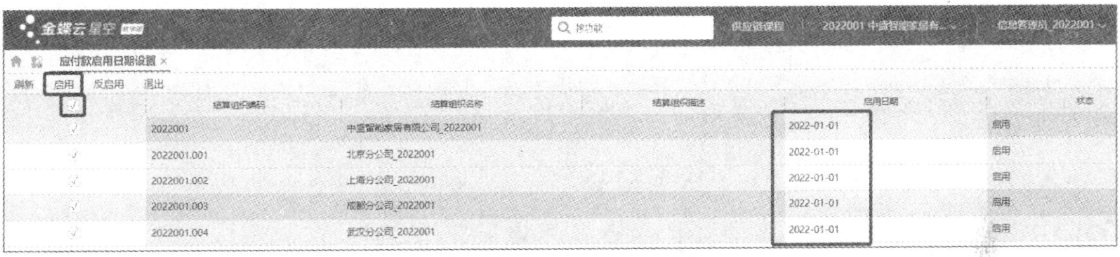

图 4-28 应付款管理系统启用日期设置

4. 应付款管理系统结束初始化

由于公司各组织在期初没有数据,因此启用应付款管理系统后可以直接进行结束初始化操作。执行【财务会计】—【应付款管理】—【初始化】—【应付款结束初始化】命令。勾选全部结算组织,单击【结束初始化】按钮,如图 4-29 所示。

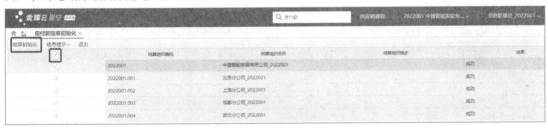

图 4-29 应付款管理系统结束初始化

第 5 章 供应商评估

在市场竞争日益激烈的大环境下,对供应商进行考核评估,改善供应商在质量、成本、交付、服务、技术等多方面的工作,有利于建立双赢的合作伙伴关系。供应商评估一般有如下步骤:

(1) 分析市场环境,考察合作供应商的现状,明确供应商评估的重要性。
(2) 制定供应商评估标准,建立供应商综合评估指标体系。
(3) 建立供应商评估方案。
(4) 评估供应商。
(5) 划分供应商合作关系类型,实施供应链合作伙伴关系。

具体流程如图 5-1 所示。

操作视频

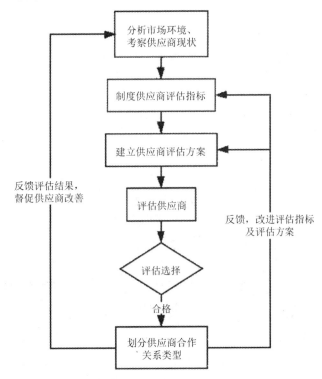

图 5-1 供应商评估流程

任务一 供应商评估的必要性

➤ 任务描述

中盛智能家居有限公司与 12 家供应商均有合作关系,2022 年年初,距离上次对供应商进行评估已经过去一个季度的时间,企业需求发生了变化,供应商的情况也发生了改变。企业管理者与采购部门需要思考自身需求、考察供应商现状,通过制作本季度供应商考察表并与上季度供应商考察表中的结果作对比,分析重新评估供应商等级的必要性。

↗ 任务分析

供应商对于企业的作用越来越大,与高品质供应商的紧密合作在当前激烈竞争的商业环境下至关重要。对于已建立合作关系的供应商,必须先分析市场竞争环境、明确企业自身需求、考察供应商现状,从而确认是否有改变与供应商的合作关系、对供应商重新评估选择的必要性。

企业希望通过供应商管理,在采购环节实现以下目的:
- ☐ 降低部分物料的成本,抵制不合理的价格上涨以控制费用的攀升;
- ☐ 降低库存水平,缩短交货提前期;
- ☐ 提高采购物料和投入部件的质量水平,以确保最终产品的质量和一致性得到改善;
- ☐ 通过扩大采购者与供应商之间的交流,来改进产品和业务流程,以便为双方的相互利益服务。

针对企业在采购环节的需求,主要对供应商进行价格、质量、交货、服务 4 个方面的考察,除此之外,还需要对供应商的财务状况进行分析,以期正确地调整与供应商的合作关系。

↗ 任务实施

1. 本季度供应商考察表制作

本季度供应商考察的相关数据文件可扫描右侧二维码获取,其中财务相关的数据由供应商所提供的财务报表得到,其余部分由中盛智能家居有限公司的内部数据计算得出。

本季度供应商考察相关数据

以上海宇兴科技有限公司为例,根据所提供的供应商考察数据计算产品合格率、退货返修率、准时交货率等来量化考察指标的结果,填写 2022 年第一季度的供应商考察表,如表 5-1 所示。

表 5-1 本季度上海宇兴科技有限公司考察表

供应商考察表	
考评期:2022 年第一季度	
供应商基本资料	
名称:上海宇兴科技有限公司　法人代表:李宇炫	地址:上海市嘉定工业区叶城路
联系人:余西　联系电话:15026681811	主营产品:电子产品
详细考察指标	
具体内容	考察结果
一、质量	
产品合格情况	产品合格率=合格件数/抽样件数×100%=91%
退货返修情况	退货返修率=退货返修数量/总交货数量×100%=12%
二、交货	
交货是否准时	准时交货率=准时交货次数/总交货次数×100%=90%
交货数量是否正确	交货数量错误率=交货数量错误次数/总交货次数×100%=10%

(续表)

三、服务	
沟通是否配合	沟通联络人员对沟通配合度评价为低
四、价格	
平均价格与行业对比情况	平均价格比率=[(供应商价格－市场平均价格)/市场平均价格]×100%=9%
折扣水平	采购人员对折扣水平评价为低
五、财务状况	
负债状况	资产负债率=总负债/总资产×100%=48%
盈利状况	净资产收益率=净利润/净资产×100%=13%
资产周转是否良好	总资产周转率=销售收入/总资产×100%=72%
考察人：采购员_学号	

参照表 5-1 中的计算公式，请计算出其余供应商考察指标，完成本季度所有供应商考察表。

2. 与上季度供应商考察表中的结果作对比

上一季度的供应商考察表文件可扫描右侧二维码获取，其中上海宇兴科技有限公司 2021 年第四季度考察表如表 5-2 所示。

上季度供应商考察相关数据

表 5-2　上季度上海宇兴科技有限公司考察表

供应商考察表		
考评期：2021 年第四季度		
供应商基本资料		
名称：上海宇兴科技有限公司	法人代表：李宇炫	地址：上海市嘉定工业区叶城路
联系人：余西	联系电话：15026681811	主营产品：电子产品
详细考察指标		
具体内容	考察结果	
一、质量		
产品合格情况	产品合格率为91%	
退货返修情况	退货返修率为8%	
二、交货		
交货是否准时	准时交货率为90%	
交货数量是否正确	交货数量错误率为10%	
三、服务		
沟通是否配合	沟通联络人员对沟通配合度评价为中	
四、价格		
平均价格与行业对比情况	平均价格比率为9%	
折扣水平	采购人员对折扣水平评价为中	

(续表)

五、财务状况	
负债状况	资产负债率为48%
盈利状况	净资产收益率为13%
资产周转是否良好	总资产周转率为72%
考察人：采购员_学号	

由表 5-1、表 5-2 可知，相较于上一季度，本季度上海宇兴科技有限公司的退货返修率上升、沟通配合度评价降低、折扣水平评价降低，说明该供应商在质量、服务、价格三方面都朝不好的方向发生了改变。从这样的结果看来，中盛智能家居有限公司认为有必要尽快调整与供应商的合作关系。

任务二　制定供应商评估标准

任务描述

在明确供应商评估的必要性后，中盛智能家居有限公司决定对如表 5-3 所示的已有合作关系的 12 家供应商进行 2022 年第一季度的评估。公司首先需要划分评估等级，并建立起具体的评估指标体系。

表 5-3　需要评估的供应商

考评期	供应商名称	评估组织
2022 年第一季度	广州君信电子科技有限公司	中盛智能家居有限公司
	佛山丰德科技有限公司	中盛智能家居有限公司
	深圳富翰电子科技有限公司	中盛智能家居有限公司
	深圳杰胜科技有限公司	中盛智能家居有限公司
	中山邦德科技有限公司	中盛智能家居有限公司
	上海智海科技有限公司	中盛智能家居有限公司
	深圳嘉跃智能科技有限公司	中盛智能家居有限公司
	武汉浩想智能科技有限公司	中盛智能家居有限公司
	深圳亿讯科技有限公司	中盛智能家居有限公司
	北京瑞安科技有限公司	中盛智能家居有限公司
	上海宇兴科技有限公司	中盛智能家居有限公司
	深圳蓝思科技有限公司	中盛智能家居有限公司

任务分析

评价供应商有很多方法，不同的方法适用于不同的场景：
- 德尔菲法采用向专家发出问卷、专家匿名发表意见的方式，通过多轮次调查专家对问卷所提问题的看法，最后汇总成专家基本一致的看法作为评价结果；
- 层次分析法建立"目标—评估指标—备选方案"的多层次结构以进行分析计算；

❑ 加权平均法是给每个评估指标分配一个权重，每个供应商的评估结果为该供应商各项指标的得分与相应的权重的乘积之和，通过对各供应商加权后结果的比较，进行供应商的评级。

由于加权平均法比直观判断更加科学，操作起来也较为方便，所以企业普遍采用加权平均法去评估供应商。因此，本案例采用加权平均法评估供应商。

在企业的实际运作中，对长期合作而言，要求合作伙伴保持较高的竞争力和增值率，应选择战略性合作伙伴；对中期合作而言，可以选择具备竞争力或增值率二者中任一优势的供应商作为一般合作伙伴；对短期合作而言，选择简单供需的合作伙伴满足需求即可，保证成本最小化。供应商评估等级划分为长期战略合作伙伴、一般合作伙伴、简单供需合作伙伴三类，如图 5-2 所示。

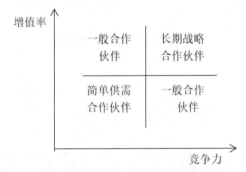

图 5-2　供应商合作伙伴评估等级

供应商评估指标的选取是否合适，将直接影响到供应商评估的结论，建立的评估指标体系需要对供应商做出全面、具体而客观地评估。一般而言，企业对供应商的主要评估项目集中在质量、交货、服务、价格几方面；为考察目标供应商的经营情况，降低与财务状况不稳定的供应商合作的风险，也会对其财务状况进行评估。

⁊ 任务实施

1. 创建采购评估等级分组

中盛智能家居有限公司为了能统一管理所有采购评估等级，通过创建等级分组进行管理。采购评估等级分组的具体信息如表 5-4 所示。

表 5-4　采购评估等级分组信息

等级分组编码	等级分组名称
学号.001	A 级_学号

以用户名"信息管理员_2022001"，密码"888888"登录金蝶云星空系统，选择组织"中盛智能家居有限公司_2022001"，执行【供应链】—【采购管理】—【评估管理】—【采购评估等级列表】命令，在打开的界面中单击【新增分组】按钮。在弹出的"等级分组"窗口中，输入等级分组编码为"2022001.001"，等级分组名称为"A 级_2022001"，输入完成后单击【保存】按钮，如图 5-3 所示。

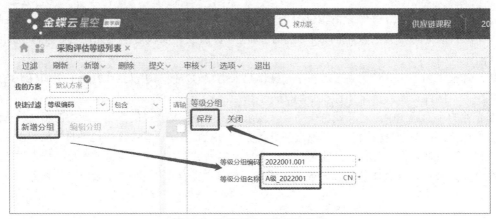

图 5-3 新增采购评估等级分组

2. 新增采购评估等级

中盛智能家居有限公司将供应商评估等级划分为三类：长期战略合作伙伴、一般合作伙伴和简单供需合作伙伴。采购评估等级的具体信息如表 5-5 所示。

表 5-5 采购评估等级信息

等级名称	分值范围	所属等级分组	供应商等级
长期战略合作伙伴	90～100 分	A 级_学号	长期战略合作伙伴
一般合作伙伴	80～89 分	A 级_学号	一般合作伙伴
简单供需合作伙伴	60～79 分	A 级_学号	简单供需合作伙伴

以用户名"信息管理员_2022001"，密码"888888"登录金蝶云星空系统，选择组织"中盛智能家居有限公司_2022001"，执行【供应链】—【采购管理】—【评估管理】—【采购评估等级列表】命令，单击【新增】按钮，打开评估等级新增界面，输入等级名称"长期战略合作伙伴"，选择所属等级分组为刚刚新建的"A 级_2022001"，分值范围从"90.00"至"100.00"，供应商等级选择为"长期战略合作伙伴"。信息录入完成后依次单击【保存】【提交】【审核】按钮，完成该评估等级的新增及审核。同理，继续新增"一般合作伙伴"和"简单供需合作伙伴"采购评估等级，三个等级的信息分别如图 5-4、图 5-5、图 5-6 所示。

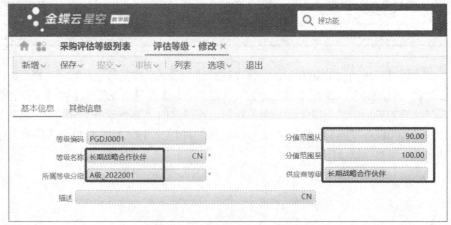

图 5-4 长期战略合作伙伴等级

图 5-5　一般合作伙伴等级

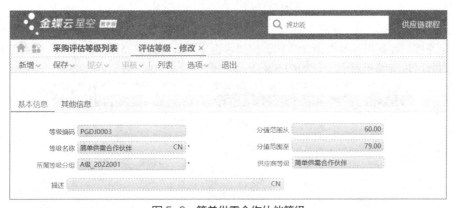

图 5-6　简单供需合作伙伴等级

3. 创建采购评估指标分组

中盛智能家居有限公司会从质量、交货情况、服务情况、价格和财务状况 5 个维度对供应商进行指标评估，每个维度下面会细分几个具体指标对供应商进行评估，因此信息管理员需要建立采购评估指标分组。采购评估指标分组的具体信息如表 5-6 所示。

表 5-6　采购评估指标分组信息

编码	采购评估指标分组名称
学号.001	质量_学号
学号.002	交货情况_学号
学号.003	服务情况_学号
学号.004	价格_学号
学号.005	财务状况_学号

（1）以用户名"信息管理员_2022001"，密码"888888"登录金蝶云星空系统，选择组织"中盛智能家居有限公司_2022001"，执行【供应链】—【采购管理】—【评估管理】—【采购评估指标列表】命令，在采购评估指标列表界面中先单击【全部】按钮，再单击【新增分组】按钮，打开采购评估指标分组新增界面。输入指标编码为"2022001.001"，指标名称为"质量_2022001"，输入完成后单击【保存】按钮，如图 5-7 所示。

图 5-7 新增采购评估指标分组

(2) 参考上述步骤，根据采购评估指标分组信息表继续新增其他分组。所有分组信息新增完成后，在采购评估指标列表界面单击【全部】按钮可查看到所有新增的采购评估指标分组信息，也可以对新建的分组进行编辑或删除，如图 5-8 所示。

图 5-8 查看采购评估指标分组

4. 新增采购评估指标

为了后续对供应商指标进行评分，信息管理员需要在系统建立五大评估维度的具体评估指标、指标类型、数据来源和评分标准，具体信息如表 5-7 所示。

表 5-7 采购评估指标

所属指标分组	评估指标	指标类型	数据来源	评分标准
质量_学号	产品合格率	定量	合格件数/抽样件数×100%	85%～89%：60 分 90%～94%：80 分 95%～100%：100 分
	退货返修率	定量	退货返修数量/总交货数量×100%	0～5%：100 分 6%～10%：80 分 11%～20%：60 分
交货情况_学号	准时交货率	定量	准时交货次数/总交货次数×100%	85%～89%：60 分 90%～94%：80 分 95%～100%：100 分
	交货数量错误率	定量	交货数量错误次数/总交货次数×100%	0～5%：100 分 6%～10%：80 分 11%～20%：60 分

(续表)

所属指标分组	评估指标	指标类型	数据来源	评分标准
服务情况_学号	沟通配合度	定性	专家打分	沟通配合度低：60 分 沟通配合度中：80 分 沟通配合度高：100 分
价格_学号	平均价格比率	定量	[(供应商价格-市场平均价格)/市场平均价格]×100%	0～5%：100 分 6%～10%：80 分 11%～15%：60 分
价格_学号	折扣水平	定性	专家打分	折扣水平低：60 分 折扣水平中：80 分 折扣水平高：100 分
财务状况_学号	资产负债率	定量	总负债/总资产×100%	35%～45%：100 分 46%～55%：80 分 56%～65%：60 分
财务状况_学号	净资产收益率	定量	净利润/净资产×100%	0～10%：60 分 11%～20%：80 分 21%～30%：100 分
财务状况_学号	总资产周转率	定量	销售收入/总资产×100%	0～60%：60 分 61%～80%：80 分 81%～100%：100 分

(1) 以用户名"信息管理员_2022001"，密码"888888"登录金蝶云星空系统，选择组织"中盛智能家居有限公司_2022001"，执行【供应链】—【采购管理】—【评估管理】—【采购评估指标列表】命令。在采购评估指标列表界面上单击【新增】按钮，打开采购评估指标新增界面，输入指标名称为"产品合格率"，选择所属指标分组为"质量_2022001"，指标类型选择"定量"。在"评分标准"页签下，填写实际值从"0.85"至"0.89"，对应得分为"60.00"；单击【新增行】按钮，填写实际值从"0.90"至"0.94"，对应得分为"80.00"；继续单击【新增行】按钮，填写实际值从"0.95"至"1.00"，对应得分为"100.00"。填写完成后依次单击【保存】【提交】【审核】按钮完成该采购评估指标的新增及审核，如图5-9所示。

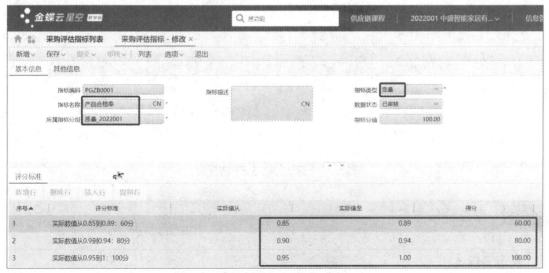

图 5-9　新增"产品合格率"采购评估指标

(2) 下面举一个新增采购评估指标类型为"定性"的例子,在采购评估指标新增界面上,输入指标名称为"沟通配合度",所属指标分组选择"服务情况_2022001",指标类型选择"定性"。在"评分标准"页签下,评分标准输入"沟通配合度低",在"得分"中输入"60.00";单击【新增行】按钮,参考上述步骤,新增"沟通配合度中"和"沟通配合度高"的得分。完成填写后依次单击【保存】【提交】【审核】按钮,如图5-10所示。

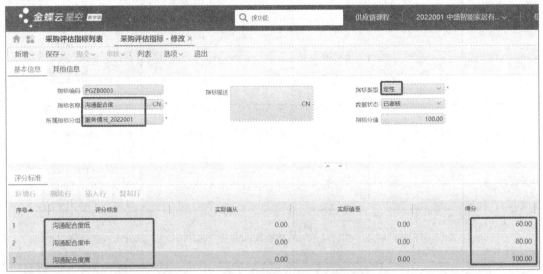

图5-10 新增"沟通配合度"采购评估指标

(3) 参考上述步骤,根据表5-7,完成所有指标的新增并提交审核,可在采购评估指标列表界面查看新增的所有指标,如图5-11所示。

图5-11 采购评估指标列表界面

任务三 建立评估方案

➚ 任务描述

中盛智能家居有限公司在2022年年初对已有合作关系的12家供应商进行季度评估,在已有评估指标体系的基础上建立评估方案，需要思考如何合理地对每个指标赋予权重。

↗ 任务分析

建立供应商评估方案应选择适当的评估指标体系，并给每个评估指标赋予相应的权重。权重是被评价对象的不同指标的重要程度的定量分配，对各评价因子在总体评价中的作用进行区别对待。确定权值一般有两种方法：一种是主观赋权法，其利用专家或个人从长期实践中得来的知识或经验；另一种是客观赋权法，其由调查所得的数据决定。

主观赋权法是人们研究较早、较为成熟的方法，它的优点在于专家可以根据实际的决策问题和专家自身的知识经验合理地确定各指标权重的值，不至于出现指标权重与指标实际重要程度相悖的情况，因此本案例采用主观赋权法。

↗ 任务实施

新增采购评估方案

中盛智能家居有限公司根据每个评估项目的重要程度，合理分配每个指标的权重，具体评估指标对应权重如表 5-8 所示。

表 5-8 评估指标对应权重

评估方案名称		生效日期
2022 年第一季度供应商评估方案_学号		2022/1/1
评估项目	评估指标	权重
质量（30%）	产品合格率	15%
	退货返修率	15%
交货情况（20%）	准时交货率	10%
	交货数量错误率	10%
服务情况（5%）	沟通配合度	5%
价格（30%）	平均价格比率	15%
	折扣水平	15%
财务状况（15%）	资产负债率	5%
	净资产收益率	5%
	总资产周转率	5%

（1）以用户名"信息管理员_2022001"，密码"888888"登录金蝶云星空系统，选择组织"中盛智能家居有限公司_2022001"，执行【供应链】—【采购管理】—【评估管理】—【采购评估方案】命令，打开采购评估方案新增界面。在"基本信息"页签下输入评估方案名称为"2022 年第一季度供应商评估方案_2022001"，生效日期为"2022/1/1"。在"评估指标"页签下，单击【评估指标选择】按钮，在弹出的"采购评估指标"窗口中，勾选所有评估指标，单击【返回数据】按钮，如图 5-12 所示。

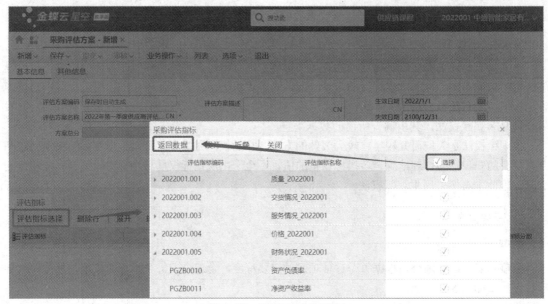

图 5-12 采购评估指标选择

(2) 根据表 5-8 评估指标对应权重，填写每个指标对应的权重，完成填写后依次单击【保存】【提交】【审核】按钮，如图 5-13 所示。

图 5-13 采购评估方案界面

任务四 评估供应商

↗ 任务描述

中盛智能家居有限公司需要对第一季度评估的 12 家供应商进行评分，并将它们划分到不同的评估等级中去，以便企业对供应商进行分级管理和调整合作策略。

↗ 任务分析

针对需要评估的 12 家供应商，根据已建立的供应商评估方案，中盛智能家居有限公司通过多种渠道收集整理各供应商相关指标数据，统计出每个指标所对应的得分，利用加权平均法计算得出各供应商的综合得分。

任务实施

创建供应商评分表

中盛智能家居有限公司建立2022年第一季度供应商评估方案，评估范围信息如表5-9所示。中盛智能家居有限公司统计出供应商各个评估指标的数据，具体信息如表5-10、表5-11所示。

表5-9 评估范围信息

评估组织	评估方案	等级分组
中盛智能家居有限公司_学号	2022年第一季度供应商评估方案_学号	A级_学号
评估日期	评估期间从	评估期间至
2022/1/1	2022/1/1	2022/3/31

表5-10 供应商各指标数据一

供应商 评估指标	广州君信电子科技有限公司	佛山丰德科技有限公司	深圳富翰电子科技有限公司	深圳杰胜科技有限公司	中山邦德科技有限公司	上海智海科技有限公司
产品合格率	97%	98%	96%	96%	91%	93%
退货返修率	4%	2%	3%	7%	7%	6%
准时交货率	100%	97%	97%	90%	94%	100%
交货数量错误率	3%	9%	0	5%	0	0
沟通配合度	沟通配合度高	沟通配合度高	沟通配合度高	沟通配合度高	沟通配合度中	沟通配合度高
平均价格比率	7%	9%	8%	8%	2%	9%
折扣水平	折扣水平高	折扣水平高	折扣水平中	折扣水平中	折扣水平中	折扣水平中
资产负债率	38%	37%	39%	40%	43%	42%
净资产收益率	28%	26%	25%	22%	19%	22%
总资产周转率	83%	85%	86%	81%	82%	83%

表5-11 供应商各指标数据二

供应商 评估指标	深圳嘉跃智能科技有限公司	武汉浩想智能科技有限公司	深圳亿讯科技有限公司	北京瑞安科技有限公司	上海宇兴科技有限公司	深圳蓝思科技有限公司
产品合格率	92%	93%	90%	91%	91%	88%
退货返修率	4%	6%	8%	6%	12%	9%
准时交货率	94%	90%	90%	90%	90%	89%
交货数量错误率	6%	10%	10%	20%	10%	11%
沟通配合度	沟通配合度低	沟通配合度中	沟通配合度低	沟通配合度中	沟通配合度低	沟通配合度低

(续表)

供应商 评估指标	深圳嘉跃智能科技有限公司	武汉浩想智能科技有限公司	深圳亿讯科技有限公司	北京瑞安科技有限公司	上海宇兴科技有限公司	深圳蓝思科技有限公司
平均价格比率	8%	9%	12%	8%	9%	7%
折扣水平	折扣水平中	折扣水平低	折扣水平中	折扣水平低	折扣水平低	折扣水平中
资产负债率	44%	40%	43%	46%	48%	47%
净资产收益率	15%	17%	16%	15%	13%	12%
总资产周转率	77%	82%	76%	75%	72%	76%

（1）以用户名"信息管理员_2022001"，密码"888888"登录金蝶云星空系统，选择组织"中盛智能家居有限公司_2022001"，执行【供应链】—【采购管理】—【评估管理】—【创建供应商评分表】命令，打开创建供应商评分表界面，选择评估组织为"中盛智能家居有限公司_2022001"，选择评估方案为先前任务新建好的"2022年第一季度供应商评估方案_2022001"，选择等级分组为先前任务新建好的"A级_2022001"。评估日期为"2022/1/1"，评估期间从"2022/1/1"至"2022/3/31"。选择这一季度需要评估的12个供应商，所有信息录入完成后，单击【下一步】按钮，如图5-14所示。

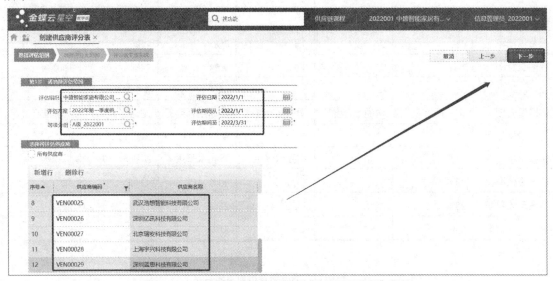

图5-14　创建供应商评分表界面"选择评估范围"页签

（2）在"选择评分人范围"步骤中，由于供应商的评估事项需要跨部门团队共同完成，因此在"选择评分人范围"页签下单击【新增行】按钮，选择部门"财务部""采购部""仓储部"和"销售部"，评分人为每个部门的主管经理。每位部门经理分别负责一到两个评估指标，最后汇总一起由采购部经理"华峰"作为最终评分人代表所有部门经理完成评分表。所有信息录入完成后，单击【下一步】按钮，如图5-15所示。

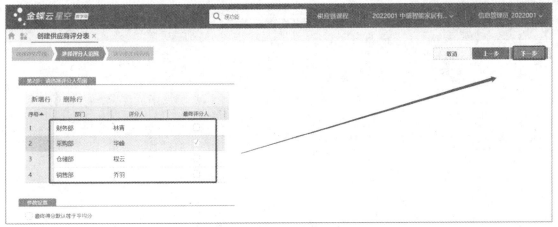

图 5-15　创建供应商评分表界面"选择评分人范围"页签

(3) 在评分表生成完成步骤中,单击【查看供应商评分表】按钮,打开供应商评分表列表界面,可以查看到共生成了 12 张供应商评分表,如图 5-16 所示。下面需要根据表 5-10 供应商各指标数据一、表 5-11 供应商各指标数据二的信息,填写供应商各指标得分。

图 5-16　供应商评分表生成完成

(4) 以填写广州君信电子科技有限公司评分表为例,打开广州君信电子科技有限公司的供应商评分表。在"评分明细"页签下,单击【展开】按钮,可以查看各指标的评分标准,根据给定的供应商各指标数据,输入最终评分即可。比如广州君信电子科技有限公司的产品合格率为 0.97,根据评分标准,0.97 是在 0.95 到 1 这个范围内,得 100 分,因此该供应商的产品合格率最终评分处输入"100"。将所有指标的最终评分输入完成后依次单击【保存】【提交】【审核】按钮,可在"评估结果"页签下查看该供应商的综合得分为 97,属于"长期战略合作伙伴"等级,如图 5-17 所示。

图 5-17　广州君信电子科技有限公司评分表

(5) 参考上述操作步骤，完成其余供应商评分表的填写。

任务五　实施供应链合作伙伴关系

↗ 任务描述

在与供应商实施合作关系的过程中，市场需求将不断变化，企业需要根据实际情况及时调整与供应商的合作关系。中盛智能家居有限公司在季度评估时，需要将已评估打分的 12 家供应商划分到长期战略合作、一般合作、简单供需合作三种合作伙伴关系中去。

↗ 任务分析

根据给定的各供应商各指标数据及评分标准，计算出各供应商各指标对应的分数，各指标分数乘以权重并相加，得到各供应商的综合得分，根据综合得分所在区间得出最终评估等级。这里以广州君信电子科技有限公司为例进行计算：

第一步，单项指标得分：0.95<产品合格率=0.97<1，得分=100，同理可得到其他指标的分数。

第二步，综合得分：

100*15%+100*15%+100*10%+100*10%+100*5%+80*15%+100*15%+100*5%+100*5%+100*5%=97。

第三步，划分供应商评估等级：综合得分大于 90 小于 100，因此广州君信电子科技有限公司被划分为长期战略合作伙伴关系。

同理计算得到其他供应商的评级。2022 第一季度各供应商评估等级结果如表 5-12 所示。

表 5-12　各供应商评估等级结果

供应商名称	等级
广州君信电子科技有限公司	长期战略合作伙伴
佛山丰德科技有限公司	长期战略合作伙伴
深圳富翰电子科技有限公司	长期战略合作伙伴
深圳杰胜科技有限公司	一般合作伙伴
中山邦德科技有限公司	一般合作伙伴
上海智海科技有限公司	一般合作伙伴
深圳嘉跃智能科技有限公司	一般合作伙伴
武汉浩想智能科技有限公司	简单供需合作伙伴
深圳亿讯科技有限公司	简单供需合作伙伴
北京瑞安科技有限公司	简单供需合作伙伴
上海宇兴科技有限公司	简单供需合作伙伴
深圳蓝思科技有限公司	简单供需合作伙伴

➤ 任务实施

以用户名"信息管理员_2022001",密码"888888"登录金蝶云星空系统,选择组织"中盛智能家居有限公司_2022001",执行【供应链】—【采购管理】—【评估管理】—【供应商评分列表】命令,进入供应商评分列表界面,在该界面可查看各供应商的综合得分及评估等级,如图 5-18 所示。

图 5-18　供应商评分列表界面

第 6 章

进销存管理

进销存是企业生产管理中的重要环节,"进"代表着企业的采购环节,"销"代表企业的销售环节,"存"代表企业的仓储环节,三者环环相扣,联系在一起就是企业的一条动态的生产经营过程,是企业发展中必须壮大的环节。进销存管理将企业经营活动中的采购过程、销售过程、仓储过程进行统筹管理,通过整合资源、协调供应链的方式进行管理,有效辅助企业解决业务管理、分销管理、存货管理、往来账目管理、营销计划的执行和监控、统计信息的收集等方面的业务问题。

操作视频

任务一　调拨销售

↗ 任务描述

2022 年 1 月 3 日,北京分公司销售员和客户北京诚志商贸有限公司签订了一笔销售订单。客户采购了一批智能音箱、智能门锁和智能摄像机,按照标准售价结算,客户要求能在 1 月 8 日收到货物并且收货地址是在上海黄浦区。由于智能音箱和智能摄像机在北京分公司所在区域不是很畅销,因此当前仓库存货不多,销售员需要思考采取哪种方式交付这笔销售订单。

↗ 任务分析

目前的问题：北京分公司库存不足,若采用直运采购向第三方供应商进行采购发货,存在什么风险?

直运采购发货的周期相对比较长,未必能满足交付时间,且货物的质量也无法得到保证,风险大。

为了保证供应链供应需求的有效均衡,应该考虑先从内部解决问题,经过查看所有仓库的库存信息,北京分公司销售员发现这个月上海分公司的智能音箱和智能摄像机库存存在大量积压,同时从上海分公司发货的运输成本是最低的。所以,北京分公司决定智能门锁从自己仓库出库,而智能音箱和智能摄像机从上海分公司调拨发货,最后再与上海分公司进行内部结算。因此,该任务涉及标准销售业务和调拨销售业务。标准销售业务流程和调拨销售业务流程分别如图 6-1、图 6-2 所示。

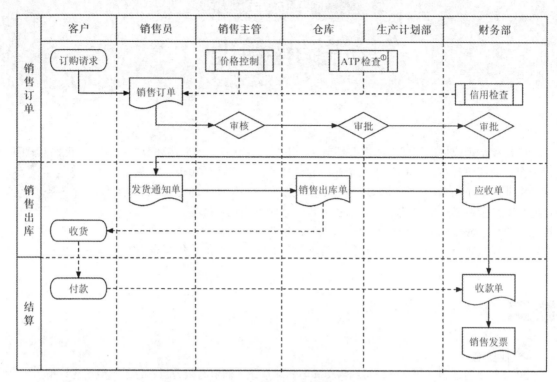

图6-1 标准销售业务流程

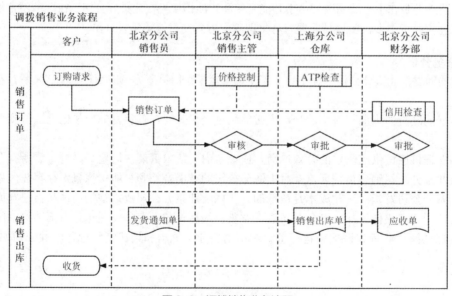

图6-2 调拨销售业务流程

---

① ATP检查,即可用性检查。

任务实施

1. 北京分公司销售员新增销售订单

北京分公司销售员根据订单信息在云星空系统新增销售订单,并由销售主管完成审核。销售订单信息如表 6-1 所示。

表 6-1 销售订单信息

销售组织	日期	客户	价目表	收款条件
北京分公司_学号	2022/1/3	北京诚志商贸有限公司	标准销售价目表	月结 30 天
物料编码	物料名称	销售数量	要货日期	库存组织
学号.001	智能音箱	350	2022/1/8	上海分公司_学号
学号.002	智能门锁	200	2022/1/8	北京分公司_学号
学号.003	智能摄像机	300	2022/1/8	上海分公司_学号

以用户名"北京分公司销售员_2022001",密码"888888"登录金蝶云星空系统,执行【供应链】—【销售管理】—【订单处理】—【销售订单列表】命令,单击【新增】按钮进入销售订单新增界面。在"基本信息"页签下,销售组织为"北京分公司_2022001",日期为"2022/1/3",客户为"北京诚志商贸有限公司",价目表为"标准销售价目表",收款条件为"月结 30 天"。在"明细信息"页签下,单击物料编码查询按钮打开物料列表,物料名称选择"智能音箱",销售数量为"350",要货日期为"2022/1/8",库存组织为"上海分公司_2022001"。参考上述步骤,根据销售订单信息表新增其他物料明细信息,输入完成后依次单击【保存】【提交】按钮,完成该销售订单的新增,如图 6-3 所示。

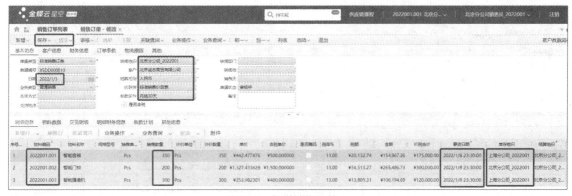

图 6-3 新增销售订单

❖ 注意:

① 每次录入完一张单据后,请关闭界面,否则容易引起冲突。

② 销售订单里的库存组织将决定整笔销售业务的发货出库组织是哪一个,进而决定该销售业务是否为跨组织销售业务。当销售组织与库存组织不同时,则为跨组织销售业务。

③ 供应链流程不仅关联着仓库库存的变化,也关联着财务的核算,因此当某一个单据的信息出现录入错误时,需要先将下推过的单据删除后才能修改源头单据信息。

2. 北京分公司销售主管审核销售订单

以用户名"北京分公司销售主管_2022001",密码"888888"登录金蝶云星空系统,执行【供应链】—【销售管理】—【订单处理】—【销售订单列表】命令。勾选新增的销售订单,单击【审核】按钮,如图6-4所示。

图6-4　审核销售订单

3. 北京分公司销售员下推发货通知单

2022年1月3日,当销售主管审核销售订单后,北京分公司销售员根据销售订单下推发货通知单,向华北仓发出发货通知,以便华北仓仓管人员备货出库。

(1) 以用户名"北京分公司销售员_2022001",密码"888888"登录金蝶云星空系统,执行【供应链】—【销售管理】—【订单处理】—【销售订单列表】命令。勾选新增的销售订单,单击【下推】按钮,在弹出的"选择单据"窗口中选择"发货通知单",勾选"整单转换：全部分录行一并下推",单击【确定】按钮,如图6-5所示。

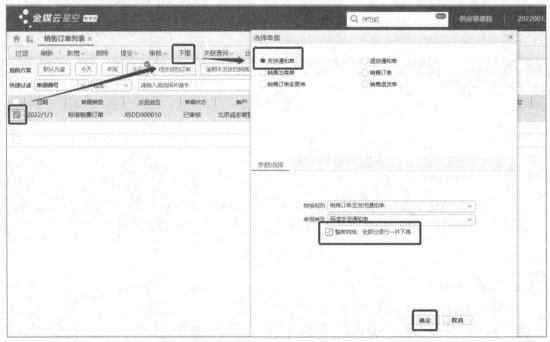

图6-5　下推发货通知单

(2) 在发货通知单界面的"基本信息"页签下,日期为"2022/1/3"。在"明细信息"页签下,单击出货仓库查询按钮打开仓库列表,选择"华北仓",输入完成后依次单击【保存】【提交】按钮,完成该发货通知单的新增,如图6-6所示。

图 6-6　新增发货通知单

发货通知单字段说明如下。
① 出货仓库：用于携带至下游销售出库单，即商品最终销售出库的仓库。
② 出货仓位：用于携带至下游销售出库单，即商品最终销售出库的仓位。
③ 备货仓库：用于备货的仓库，需要先调拨再出库时，系统将备货仓库携带至调拨单上。
④ 备货仓位：用于备货的仓位，需要先调拨再出库时，系统将备货仓位携带至调拨单上。

4. 北京分公司销售主管审核发货通知单

以用户名"北京分公司销售主管_2022001"，密码"888888"登录金蝶云星空系统，执行【供应链】—【销售管理】—【出货处理】—【发货通知单列表】命令。勾选新增的发货通知单，单击【审核】按钮，如图6-7所示。

图 6-7　审核发货通知单

5. 上海分公司销售员新增发货通知单

2022年1月3日，北京分公司销售员通知上海分公司销售员可以安排仓库准备发货，因此上海分公司销售员在系统新增一张发货通知单，向华东仓发出发货通知，以便仓库备货出库。

(1) 以用户名"上海分公司销售员_2022001"，密码"888888"登录金蝶云星空系统，执行【供应链】—【销售管理】—【出货处理】—【发货通知单列表】命令，单击【新增】按钮进入发货通知单新增界面。单击【选单】按钮，在弹出的"选择单据"窗口中，选择"销售订单"，勾选"整单转换：全部分录行一并下推"，单击【确定】按钮，如图6-8所示。

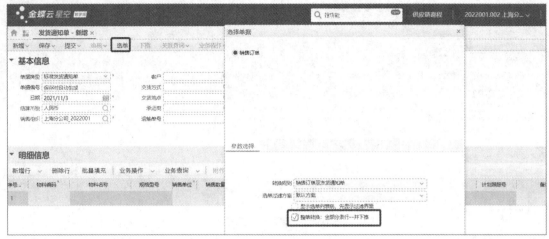

图 6-8　新增发货通知单 1

(2) 在弹出的"销售订单列表"窗口中，勾选新增的销售订单，单击【返回数据】按钮，如图 6-9 所示。

图 6-9　新增发货通知单 2

(3) 在发货通知单"基本信息"页签下，日期为"2022/1/3"。在"明细信息"页签下，单击出货仓库查询按钮打开仓库列表，选择"华东仓"，输入完成后依次单击【保存】【提交】按钮，完成该发货通知单的新增，如图 6-10 所示。

图 6-10　新增发货通知单 3

6. 上海分公司销售主管审核发货通知单

以用户名"上海分公司销售主管_2022001",密码"888888"登录金蝶云星空系统,执行【供应链】—【销售管理】—【出货处理】—【发货通知单列表】命令。勾选新增的发货通知单,单击【审核】按钮,如图 6-11 所示。

图 6-11　审核发货通知单

7. 北京分公司仓管员下推销售出库单

2022 年 1 月 4 日,北京分公司仓管员根据发货通知单上面的货物数量信息进行打包发货出库处理,仓管员需要在系统中新增销售出库单来体现货物所有权的实际转移,并由仓库主管完成审核。

(1) 以用户名"北京分公司仓管员_2022001",密码"888888"登录金蝶云星空系统,执行【供应链】—【销售管理】—【出货处理】—【发货通知单列表】命令。选择新增的发货通知单,单击【下推】按钮,在弹出的"选择单据"窗口中,选择"销售出库单",勾选"整单转换:全部分录行一并下推",单击【确定】按钮,如图 6-12 所示。

图 6-12　下推销售出库单

(2) 在销售出库单"基本信息"页签下,日期为"2022/1/4",输入完成后依次单击【保存】【提交】按钮完成该销售出库单的新增,如图 6-13 所示。

图 6-13 新增销售出库单

8. 北京分公司仓库主管审核销售出库单

以用户名"北京分公司仓库主管_2022001",密码"888888"登录金蝶云星空系统,执行【供应链】—【销售管理】—【出货处理】—【销售出库单列表】命令。勾选新增的销售出库单,单击【审核】按钮,如图 6-14 所示。

图 6-14 审核销售出库单

9. 上海分公司仓管员下推销售出库单

2022 年 1 月 4 日,上海分公司仓管员根据发货通知单上面的货物数量信息进行打包发货出库处理,仓管员需要在系统里记录该信息,并由仓库主管完成审核。

(1) 以用户名"上海分公司仓管员_2022001",密码"888888"登录金蝶云星空系统,执行【供应链】—【销售管理】—【出货处理】—【发货通知单列表】命令。勾选新增的发货通知单,单击【下推】按钮,在弹出的"选择单据"窗口中,选择"销售出库单",勾选"整单转换:全部分录行一并下推",单击【确定】按钮,如图 6-15 所示。

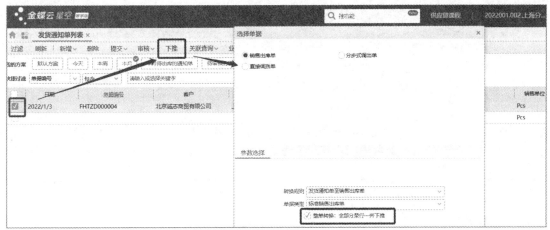

图 6-15　下推销售出库单

(2) 在销售出库单"基本信息"页签下,日期为"2022/1/4",输入完成后依次单击【保存】【提交】按钮完成该销售出库单的新增,如图 6-16 所示。

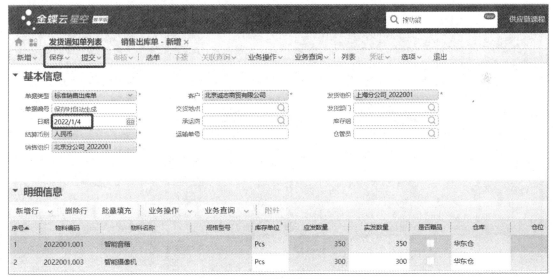

图 6-16　新增销售出库单

10. 上海分公司仓库主管审核销售出库单

以用户名"上海分公司仓库主管_2022001",密码"888888"登录金蝶云星空系统,执行【供应链】—【销售管理】—【出货处理】—【销售出库单列表】命令。勾选新增的销售出库单,单击【审核】按钮,如图 6-17 所示。

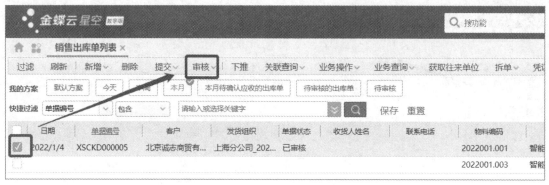

图6-17 审核销售出库单

11. 销售业务全流程跟踪

以用户名"北京分公司销售员_2022001",密码"888888"登录金蝶云星空系统,执行【供应链】—【销售管理】—【订单处理】—【销售订单列表】命令。勾选物料名称为"智能门锁"一行,单击【关联查询】按钮,选择【全流程跟踪】,可查看该订单的标准销售业务流程,双击业务流程图的节点可查询关联数据,如图6-18所示。

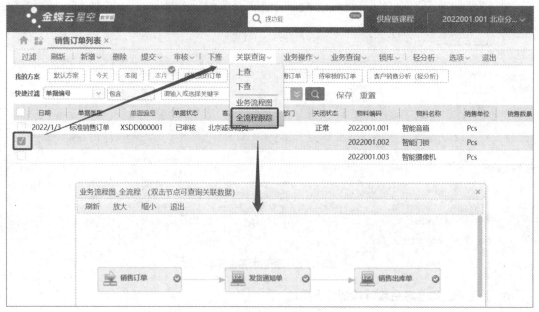

图6-18 查看标准销售业务流程图

勾选物料名称为"智能音箱"和"智能摄像机"两行,单击【关联查询】按钮,选择【全流程跟踪】,可查看该订单的调拨销售业务流程,双击业务流程图的节点可查询关联数据,如图6-19所示。

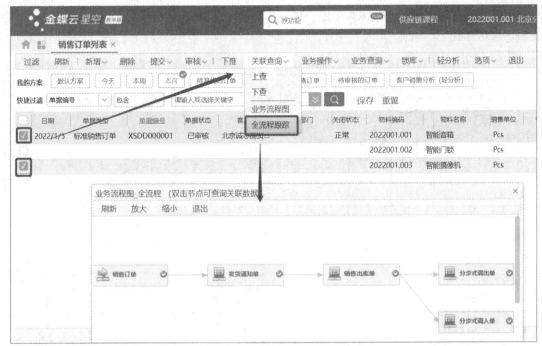

图 6-19　查看调拨销售业务流程图

任务二　直运销售

↗ 任务描述

2022 年 1 月 4 日，客户武汉速木商贸有限公司为了拓展智能家居板块市场，向几家供应商进行选型了解、询报价等，经过武汉分公司销售员与客户的多次洽谈了解需求后，客户最后向武汉分公司采购智能电动按摩椅 80 台，双方于 1 月 8 日签订了销售订单，每台智能电动按摩椅含税单价为 8000 元，约定交货时间为 1 月 20 日。

为了交付订单，武汉分公司销售员需要联系总公司采购员与第三方供应商进行采购，直接由供应商发货给客户，无须经过公司仓库。

↗ 任务分析

1. 本案例为何采用直运销售方式

首先要对产品进行市场分析，智能电动按摩椅属于健康产业里的按摩健身器材类别，未来拥有巨大的商业发展潜力。目前，智能电动按摩椅正处于行业的导入期，市场呈现普及倾向，现在智能按摩椅市场的普及率低于 5%。市场的潜力虽然巨大，但购买条件不是很充分。在国内的销售不温不火，无法准确预估产品的销量，避免供大于需，造成大量的库存积压，总成本增加。总公司对于该类产品一般都是采用直运的方式进行销售，同时仓库也有少量的安全库存支撑零星小额交易。因此，针对不同的商品、不同的销售对象，企业应该采取灵活多样的销售方式，来增强企业在市场竞争中的应变能力和竞争能力，不断扩大销量。

2. 什么是直运销售，有什么优点

直运销售是指企业将商品直接由供货单位调运给购货单位，不经过企业仓库的销售。采用直运

商品销售方式，可以减少商品出入库手续，有利于加速商品流转，节约商品流通费用。直运销售流程如图 6-20 所示。

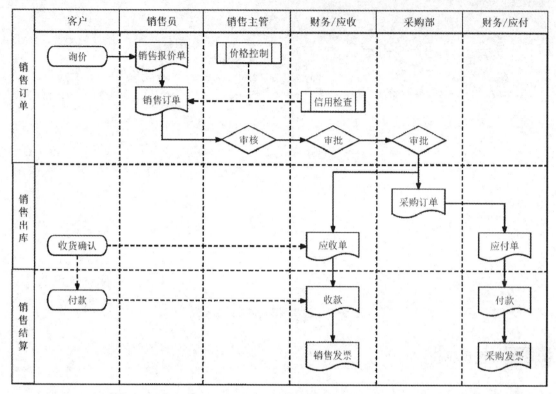

图 6-20 直运销售流程

任务实施

1. 武汉分公司销售员新增销售报价单

武汉分公司销售员根据客户武汉速木商贸有限公司的需求进行报价，再由销售主管确认报价、审核报价单。销售报价单信息如表 6-2 所示。

表 6-2 销售报价单信息

销售组织	日期	客户	生效日	失效日
武汉分公司_学号	2022/1/4	武汉速木商贸有限公司	2022/1/4	2022/12/31
物料编码	物料名称	销售数量	含税单价(元)	税率
学号.005	智能电动按摩椅	80	8000	13%

以用户名"武汉分公司销售员_2022001"，密码"888888"登录金蝶云星空系统，执行【供应链】—【销售管理】—【报价】—【销售报价单列表】命令，单击【新增】按钮进入销售报价单新增界面。在"基本信息"页签下，输入销售组织为"武汉分公司_2022001"，日期为"2022/1/4"，客户为"武汉速木商贸有限公司"，生效日为"2022/1/4"，失效日为"2022/12/31"。

在"明细信息"页签下，单击物料编码查询按钮打开物料列表，选择"智能电动按摩椅"，销售数量为"80"，含税单价为"¥8000"，税率为"13%"，输入完成后依次单击【保存】【提交】

按钮完成该销售报价单的新增，如图6-21所示。

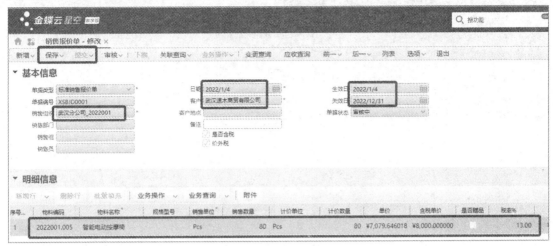

图6-21 新增销售报价单

2. 武汉分公司销售主管审核销售报价单

以用户名"武汉分公司销售主管_2022001"，密码"888888"登录金蝶云星空系统，执行【供应链】—【销售管理】—【报价】—【销售报价单列表】命令。勾选新增的销售报价单，单击【审核】按钮，如图6-22所示。

图6-22 审核销售报价单

3. 武汉分公司销售员下推销售订单

武汉分公司销售员将销售报价单下推销售订单，记录订单信息。直运销售订单信息如表6-3所示。

表6-3 直运销售订单信息

销售组织	日期	客户	收款条件
武汉分公司_学号	2022/1/8	武汉速木商贸有限公司	30天后收款
物料编码	物料名称	销售数量	要货日期	库存组织
学号.005	智能电动按摩椅	80	2022/1/20	中盛智能家居有限公司_学号

(1) 以用户名"武汉分公司销售员_2022001"，密码"888888"登录金蝶云星空系统，执行【供应链】—【销售管理】—【报价】—【销售报价单列表】命令。勾选新增的销售报价单，单击【下推】按钮，在弹出的"选择单据"窗口中，选择"销售订单"，单据类型选择"直运销售订单"，勾选"整单转换：全部分录行一并下推"，单击【确定】按钮，如图6-23所示。

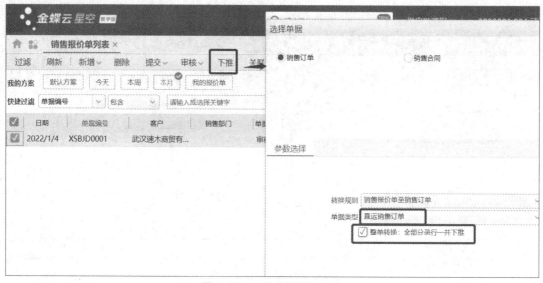

图 6-23 下推直运销售订单

(2) 在直运销售订单"基本信息"页签下,日期为"2022/1/8",收款条件为"30 天后收款"。在"明细信息"页签下,要货日期为"2022/1/20",库存组织为"中盛智能家居有限公司_2022001",输入完成后依次单击【保存】【提交】按钮完成该直运销售订单的新增,如图 6-24 所示。

图 6-24 新增直运销售订单

4. 武汉分公司销售主管审核销售订单

以用户名"武汉分公司销售主管_2022001",密码"888888"登录金蝶云星空系统,执行【供应链】—【销售管理】—【订单处理】—【销售订单列表】命令。勾选新增的直运销售订单,单击【审核】按钮,如图 6-25 所示。

图 6-25 审核直运销售订单

5. 总公司采购员新增采购订单

2022 年 1 月 9 日，总公司采购员根据审核的直运销售订单，联系第三方供应商进行采购，直运采购订单信息如表 6-4 所示。

表 6-4 直运采购订单信息

单据类型	采购组织	采购日期	供应商	付款条件
直运采购订单	中盛智能家居有限公司_学号	2022/1/9	深圳富翰电子科技有限公司	30 天后付款
物料编码	物料名称	采购数量	交货日期	含税单价(元)
学号.005	智能电动按摩椅	80	2022/1/20	4000

（1）以用户名"总公司采购员_2022001"，密码"888888"登录金蝶云星空系统，执行【供应链】—【采购管理】—【订单处理】—【采购订单列表】命令，单击【新增】按钮进入采购订单新增界面。在"基本信息"页签下，单据类型选择为"直运采购订单"。单击【选单】按钮，在弹出的"选择单据"窗口中，选择"销售订单"，勾选"整单转换：全部分录行一并下推"，单击【确定】按钮，如图 6-26 所示。

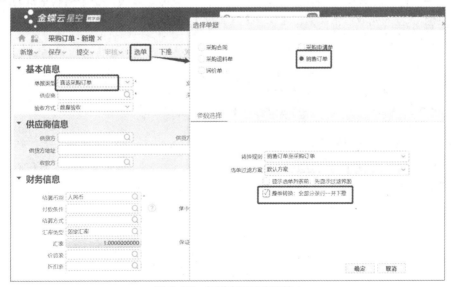

图 6-26 新增直运采购订单 1

(2) 在弹出的"销售订单列表"窗口中，勾选审核的直运销售订单，单击【返回数据】按钮，如图6-27所示。

图6-27　新增直运采购订单2

(3) 在直运采购订单"基本信息"页签下，日期为"2022/1/9"，供应商为"深圳富翰电子科技有限公司"。在"财务信息"页签下，付款条件为"30天后付款"，如图6-28所示。

图6-28　新增直运采购订单3

(4) 在"明细信息"页签下，智能电动按摩椅的交货日期为"2022/1/20"，含税单价为"¥4000"，如图6-29所示。输入完成后依次单击【保存】【提交】按钮完成该直运采购订单的新增。

图6-29　新增直运采购订单4

6. 总公司采购主管审核采购订单

以用户名"总公司采购主管_2022001"，密码"888888"登录金蝶云星空系统，执行【供应链】—【采购管理】—【订单处理】—【采购订单列表】命令，勾选新增的直运采购订单，单击【审核】按钮，如图6-30所示。

图 6-30　审核直运采购订单

7. 武汉分公司销售员关闭销售订单

以用户名"武汉分公司销售员_2022001",密码"888888"登录金蝶云星空系统,执行【供应链】—【销售管理】—【订单处理】—【销售订单列表】命令。勾选直运销售订单,单击【业务操作】按钮,选择【关闭】,如图 6-31 所示。

图 6-31　关闭直运销售订单

❖ 注意:

销售订单经过销售出库操作后,订单才会自动关闭,关闭状态是说明整个销售流程基本完成。而直运业务并不影响库存的出入库,因此需要手动对直运销售订单进行关闭。

8. 总公司采购员关闭采购订单

以用户名"总公司采购员_2022001",密码"888888"登录金蝶云星空系统,执行【供应链】—【采购管理】—【订单处理】—【采购订单列表】命令。勾选直运采购订单,单击【业务操作】按钮,选择【整单关闭】,如图 6-32 所示。

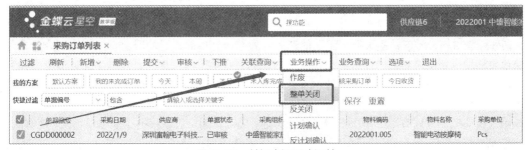

图 6-32　关闭直运采购订单

❖ 注意:

采购订单经过采购入库操作后,订单才会自动关闭,关闭状态是说明整个采购流程基本完成。而直运业务并不影响库存的出入库,因此需要手动对直运采购订单进行关闭。

9. 销售业务全流程跟踪

以用户名"武汉分公司销售员_2022001",密码"888888"登录金蝶云星空系统,执行【供应链】—【销售管理】—【订单处理】—【销售订单列表】命令。勾选新增的直运销售订单,单击【关联查询】按钮,选择【全流程跟踪】,可以查看此直运销售订单的整个业务流程,双击业务流程图的节点可查询关联数据,如图6-33所示。

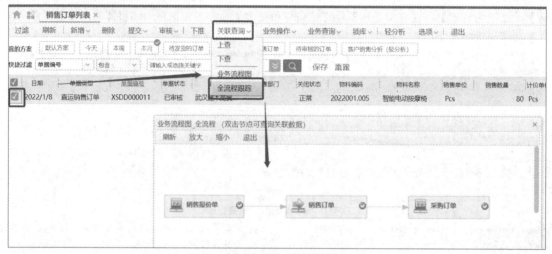

图6-33 查看直运销售业务流程图

任务三 智能采购

➤ 任务描述

2022年1月10日,总公司采购员需要根据所有公司收到的销售需求结合库存信息和在途库存转化为采购需求,从而制订供需平衡计划。

➤ 任务分析

采购是供应链管理中非常重要的一个环节。一般来说,生产型的企业通常要用销售额的40%~70%来进行原材料、零部件的采购。采购的速度、效率、订单的执行情况会直接影响到企业是否能够快速灵活地满足下游客户的需求。采购成本的高低会直接影响到企业最终产品的定价情况和整个供应链的最终获利情况,只有通过企业内部之间及与外部的采购协同作业,供应链系统方可准时响应用户的需求,同时降低库存成本。

由于中盛智能家居有限公司属于贸易流通行业,采购计划一般是根据企业订单需求、现有库存、在途信息来得出净需求量,以驱动供需平衡。智能采购需求计划模式如图6-34所示。

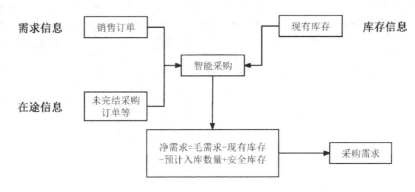

图 6-34 智能采购需求计划模式

> **任务实施**

1. 引入销售订单

为了模拟总公司采购员编制采购需求计划的过程,我们需要先将总公司和分公司在 1 月初成功签订的销售订单数据录入到云星空系统中,所有的销售订单数据信息如表 6-5 所示。

表 6-5 销售订单数据信息

销售组织	单据类型	日期	客户	收款条件	物料名称	销售数量	库存组织	要货日期
中盛智能家居有限公司_学号	标准销售订单	2022/1/6	深圳佳晨电子商贸有限公司	30天后收款	智能门锁	400	中盛智能家居有限公司_学号	2022/1/18
					智能摄像机	500		2022/1/18
					扫地机器人	350		2022/1/18
中盛智能家居有限公司_学号	VMI销售订单	2022/1/8	佛山顺乐电器股份有限公司	30天后收款	智能音箱	450	中盛智能家居有限公司_学号	2022/1/24
					智能台灯	600		2022/1/24
中盛智能家居有限公司_学号	标准销售订单	2022/1/8	佛山顺乐电器股份有限公司	30天后收款	自动洗碗机	300	中盛智能家居有限公司_学号	2022/1/24
					无线吸尘器	300		2022/1/24
北京分公司_学号	标准销售订单	2022/1/5	长春金大商贸有限公司	30天后收款	智能摄像机	400	北京分公司_学号	2022/1/20
					扫地机器人	300		2022/1/20
					空气净化器	300		2022/1/20
北京分公司_学号	标准销售订单	2022/1/9	吉林德祥电子科技有限公司	30天后收款	无线吸尘器	200	北京分公司_学号	2022/1/23
					空气净化器	200		2022/1/23
上海分公司_学号	标准销售订单	2022/1/6	上海锭捷电子产品有限公司	30天后收款	智能音箱	400	上海分公司_学号	2022/1/21
					智能投影仪	400		2022/1/21
					自动洗碗机	300		2022/1/21
上海分公司_学号	标准销售订单	2022/1/8	苏州雷克电器有限公司	30天后收款	智能门锁	300	上海分公司_学号	2022/1/22
					空气净化器	200		2022/1/22

(续表)

销售组织	单据类型	日期	客户	收款条件	物料名称	销售数量	库存组织	要货日期
成都分公司_学号	标准销售订单	2022/1/5	成都鑫宏智能家居公司	30天后收款	智能音箱	300	成都分公司_学号	2022/1/21
					智能台灯	400		2022/1/21
					智能投影仪	300		2022/1/21
					扫地机器人	200		2022/1/21
成都分公司_学号	标准销售订单	2022/1/9	重庆佰盛商贸有限公司	30天后收款	智能音箱	400	成都分公司_学号	2022/1/23
					智能投影仪	400		2022/1/23
					自动洗碗机	300		2022/1/23
武汉分公司_学号	标准销售订单	2022/1/6	武汉韶盛电器有限公司	30天后收款	智能门锁	400	武汉分公司_学号	2022/1/22
					智能摄像机	200		2022/1/22
					智能投影仪	300		2022/1/22
武汉分公司_学号	标准销售订单	2022/1/9	南昌天健智能有限公司	30天后收款	智能音箱	350	武汉分公司_学号	2022/1/23
					智能台灯	350		2022/1/23

(1) 由于我们手工新增销售订单耗时比较久，数据录入的错误率也比较高，因此采用引入销售订单的方式来新增销售订单，保证下面的实验数据是正确的。本书提供了一个销售订单引入模板，模板预置了本案例所有销售订单数据。先对销售订单引入模板进行修改，打开销售订单引入模板，单击【查找和选择】按钮，在弹出的"查找和替换"窗口中单击【替换】页签，在"查找内容"栏输入"学号"，"替换为"栏输入自己的学号，本书以学号"2022001"为例，单击【全部替换】按钮，系统提示共替换了129处，确认替换无误后保存文件。销售订单引入模板的修改操作如图6-35所示。

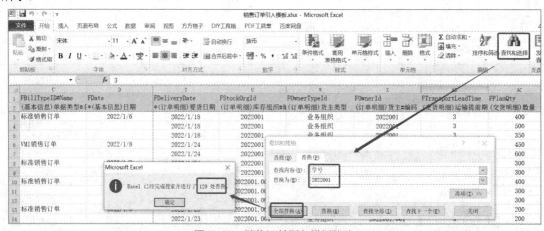

图6-35 销售订单引入模板修改

(2) 为了节省时间，避免来回切换账号操作，我们选择由信息管理员来完成新增销售订单的任务。以用户名"信息管理员_2022001"，密码"888888"登录金蝶云星空系统，执行【供应链】—【销售管理】—【订单处理】—【销售订单列表】命令，单击【选项】按钮，选择【引入】—【引入】，如图6-36所示。

第 6 章 进销存管理

图 6-36 引入销售订单 1

(3) 在弹出的"数据引入"窗口中，单击【+】按钮，选择要引入的文件，单击【引入数据】按钮，引入成功后提示"【销售订单】成功引入 14 条"，如图 6-37 所示。

图 6-37 引入销售订单 2

(4) 销售订单引入成功后，通过设置过滤条件将引入的销售订单全部筛选出来。单击【过滤】按钮，在弹出的"列表过滤"窗口中，勾选"所有组织"，关闭状态为"正常"，单击【确定】按钮，如图 6-38 所示。

图 6-38 过滤销售订单

(5) 全选所有销售订单，依次单击【提交】【审核】按钮，完成对销售订单的审核，如图 6-39 所示。

图 6-39　审核销售订单

2. 用 Excel 编制采购计划

假设你是总公司采购计划员，请你先通过 Excel 计算出本次案例各公司的采购需求数量（计算采购需求数量模板文件可通过扫描前言二维码获得）。

公式：净需求=毛需求-现有库存-预计入库数量+安全库存

公式说明：

① 净需求：是指现有库存不能满足合同量和安全库存量，所缺少的部分称为净需求，表明"缺多少"。

② 毛需求：是指为了完成销售订单或者销售合同所需要的物料数量。

③ 现有库存：是指在企业仓库中实际存放物料的可用库存数量。(登录总公司采购员账号，执行【供应链】—【库存管理】—【库存查询】—【即时库存】命令，可查看企业仓库中的即时库存。)

④ 预计入库数量：是指采购业务或调拨业务已发生或生产订单已下达，实物还未入库但在可预见的未来将要入库的量。

⑤ 安全库存：是指为防止未来物资供应或需求的不确定性因素而准备的缓冲库存。(安全库存可通过物料列表查看。)

步骤：打开 Excel 表"计算采购需求数量模板"，填写毛需求、现有库存、预计入库量和安全库存的数量信息，在"净需求"列中根据净需求计算公式输入函数公式，计算结果如图 6-40 所示。

	A	B	C	D	E	F	G
1	公式：净需求=毛需求-现有库存-预计入库量+安全库存 说明：当净需求大于0，则供小于求，说明需要进行采购；当净需求小于0，则供大于求，说明不需要采购。						
2	销售组织/需求组织	物料名称	毛需求	现有库存	预计入库量	安全库存	净需求
3	中盛智能家居有限公司_2022001	智能门锁	400	384	0	150	166
4		智能摄像机	500	302	0	250	448
5		扫地机器人	350	373	0	150	127
6		智能音箱	450	534	0	300	216
7		智能台灯	600	509	0	400	491
8		自动洗碗机	300	380	0	100	20
9		无线吸尘器	300	421	0	200	79
10	北京分公司_2022001	智能摄像机	400	265	0	250	385
11		扫地机器人	300	454	0	150	-4
12		空气净化器	500	529	0	250	221
13		无线吸尘器	200	445	0	200	-45
14	上海分公司_2022001	智能音箱	400	382	0	300	318
15		智能投影仪	400	337	0	120	183
16		自动洗碗机	300	379	0	100	21
17		智能门锁	300	431	0	150	19
18		空气净化器	200	492	0	250	-42
19	成都分公司_2022001	智能音箱	700	515	0	300	485
20		智能投影仪	700	516	0	120	304
21		智能台灯	400	853	0	400	-53
22		扫地机器人	200	501	0	150	-151
23		自动洗碗机	300	435	0	100	-35
24	武汉分公司_2022001	智能门锁	400	459	0	150	91
25		智能摄像机	200	481	0	250	-31
26		智能投影仪	300	341	0	120	79
27		智能音箱	350	466	0	300	184
28		智能台灯	350	662	0	400	88

图 6-40 净需求计算结果

3. 采购员新增采购方案

采购员根据每个公司的业务需求制定对应的采购方案，采购方案信息如表 6-6 所示。

表 6-6 采购方案信息

名称	采购/供应/库存/需求组织	物料属性	存货类别	仓库	采购计划方案
总公司智能采购方案	中盛智能家居有限公司_学号	外购	产成品	华南总仓、供应商仓库	标准供需管理方案
北京分公司智能采购方案	北京分公司_学号	外购	产成品	华北仓	标准供需管理方案
上海分公司智能采购方案	上海分公司_学号	外购	产成品	华东仓	标准供需管理方案
成都分公司智能采购方案	成都分公司_学号	外购	产成品	华西仓	标准供需管理方案
武汉分公司智能采购方案	武汉分公司_学号	外购	产成品	华中仓	标准供需管理方案

(1) 以用户名"总公司采购员_2022001",密码"888888"登录金蝶云星空系统,选择组织"中盛智能家居有限公司_2022001",执行【供应链】—【采购管理】—【采购申请】—【智能采购】命令。在"设置条件"页签下,单击存货类别查询按钮打开存货类别列表,选择"产成品",仓库选择"华南总仓"和"供应商仓库"后单击【确定】按钮,采购计划方案选择"标准供需管理方案",如图 6-41 所示。输入完成后,单击【另存】按钮。在弹出的"采购计划向导过滤方案保存"窗口中,方案名称输入"总公司智能采购方案",完成后单击【确定】按钮,如图 6-42 所示。

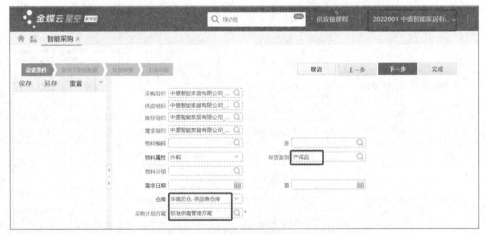

图 6-41 总公司智能采购方案 1

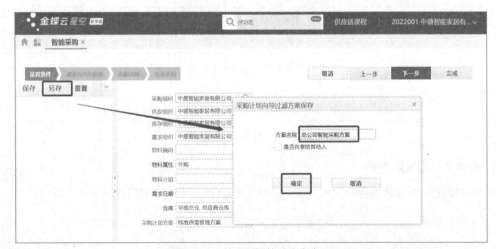

图 6-42 总公司智能采购方案 2

(2) 切换组织为"北京分公司_2022001",执行【供应链】—【采购管理】—【采购申请】—【智能采购】命令。单击存货类别查询按钮打开存货类别列表,选择"产成品",仓库为"华北仓",采购计划方案为"标准供需管理方案",如图 6-43 所示。输入完成后单击【另存】按钮。在弹出的"采购计划向导过滤方案保存"窗口中,方案名称输入"北京分公司智能采购方案",完成后单击【确定】按钮,如图 6-44 所示。

图 6-43 北京分公司智能采购方案 1

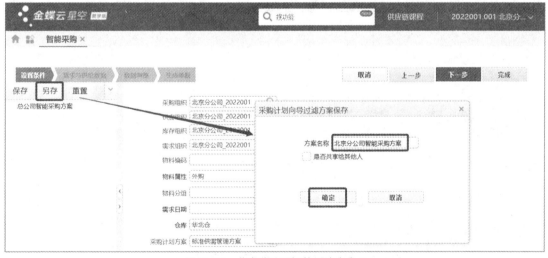

图 6-44 北京分公司智能采购方案 2

(3) 参考上述步骤,根据采购方案信息表新增其他分公司的智能采购方案,如图 6-45 所示。

图 6-45　智能采购方案

4. 采购员进行智能采购

（1）以用户名"总公司采购员_2022001"，密码"888888"登录金蝶云星空系统，执行【供应链】—【采购管理】—【采购申请】—【智能采购】命令。在"设置条件"页签下，选择"总公司智能采购方案"，单击【下一步】按钮，如图 6-46 所示。

图 6-46　总公司进行智能采购 1

（2）在"需求与供给数据"页签下，单击【明细】按钮，可以查看采需计划单据明细，如图 6-47 所示。短缺数量=安全库存+需求数量-可用数量-供给数量。若结果为负数，则表示不短缺；若结果为正数，则表示为短缺数量。查看采需计划单据明细后单击【下一步】按钮，如图 6-48 所示。

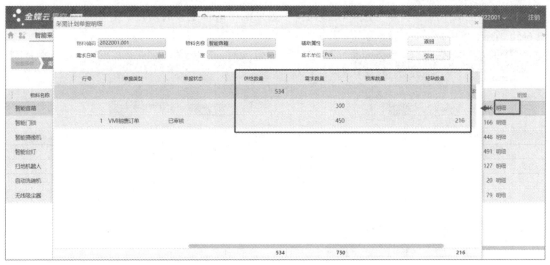

图 6-47　总公司进行智能采购 2

图 6-48　总公司进行智能采购 3

(3) 在"数据调整"页签下,先单击组织"中盛智能家居有限公司_2022001",再单击【下一步】按钮,如图 6-49 所示。

图 6-49　总公司进行智能采购 4

(4) 在"生成单据"页签下,可以看到有一张采购申请单生成成功,单击【完成】按钮,如图 6-50 所示。

图 6-50 总公司进行智能采购 5

(5) 执行【供应链】—【采购管理】—【采购申请】—【智能采购】命令。在"设置条件"页签下,选择"北京分公司智能采购方案",单击【下一步】按钮,如图 6-51 所示。

图 6-51 北京分公司进行智能采购 1

(6) 在"需求与供给数据"页签下,单击【下一步】按钮,如图 6-52 所示。

图 6-52 北京分公司进行智能采购 2

(7) 在"数据调整"页签下,先切换组织为"北京分公司_2022001",再单击【下一步】按钮,如图 6-53 所示。

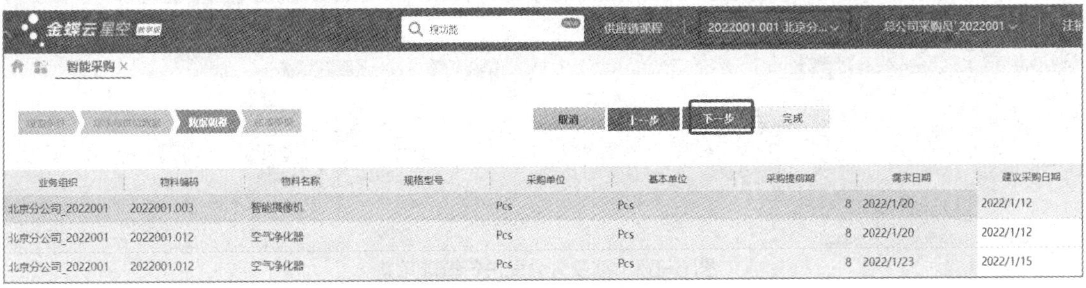

图 6-53　北京分公司进行智能采购 3

(8) 在"生成单据"页签下，可以看到有一张采购申请单生成成功，单击【完成】按钮，如图 6-54 所示。

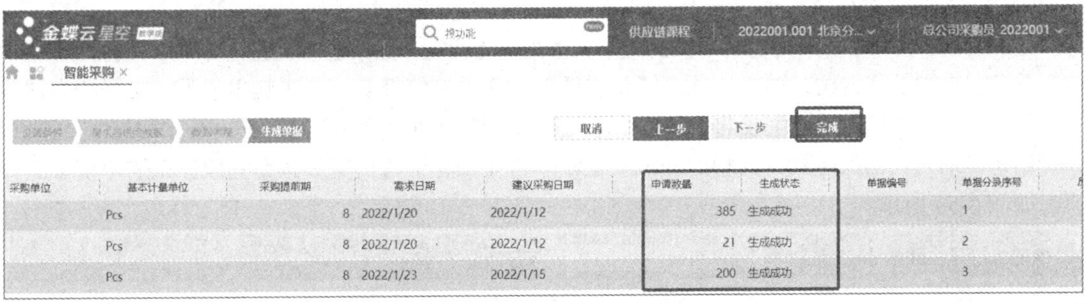

图 6-54　北京分公司进行智能采购 4

(9) 参考上述步骤，对各分公司进行智能采购。上海分公司的生成结果如图 6-55 所示，成都分公司的生成结果如图 6-56 所示，武汉分公司的生成结果如图 6-57 所示。

图 6-55　上海分公司进行智能采购

图 6-56　成都分公司进行智能采购

图 6-57 武汉分公司进行智能采购

5. 采购员修改采购申请单

2022年1月10日，采购员完成智能采购计划后，需要将生成的所有采购申请单中的采购组织设置为总公司，由总公司来进行集中采购。

(1) 以用户名"总公司采购员_2022001"，密码"888888"登录金蝶云星空系统，选择组织"中盛智能家居有限公司_2022001"，执行【供应链】—【采购管理】—【采购申请】—【采购申请单列表】命令。打开智能采购生成的采购申请单，进入采购申请单修改界面，在"基本信息"页签下，选择申请日期为"2022/1/10"，修改完成后依次单击【保存】【提交】按钮完成该采购申请单的修改，如图 6-58 所示。

图 6-58 总公司修改采购申请单

(2) 切换组织为"北京分公司_2022001"，执行【供应链】—【采购管理】—【采购申请】—【采购申请单列表】命令。打开智能采购生成的采购申请单，进入采购申请单修改界面，在"基本信息"页签下，选择申请日期为"2022/1/10"。在"明细信息"页签下，采购组织设置为"中盛智能家居有限公司_2022001"，修改完成后依次单击【保存】【提交】按钮完成该采购申请单的修改，如图 6-59 所示。

图 6-59　北京分公司修改采购申请单

(3) 参考上述步骤，完成对其他分公司采购申请单的修改。当所有采购申请单修改完成后，可通过设置过滤条件进行查询。在采购申请单列表界面单击【过滤】按钮，在弹出的"列表过滤"窗口中，在"条件"页签下，勾选"所有组织"，单击【确定】按钮，如图 6-60 所示。

图 6-60　过滤采购申请单

(4) 设置好过滤条件后，可以查看总共有 21 行数据状态为"审核中"的采购申请单，申请数量总共有 3925 个，如图 6-61 所示。

图 6-61 过滤后的采购申请单列表

6. 采购主管审核采购申请单

(1) 以用户名"总公司采购主管_2022001",密码"888888"登录金蝶云星空系统,执行【供应链】—【采购管理】—【采购申请】—【采购申请单列表】命令。单击【过滤】按钮,在弹出的"列表过滤"窗口中,勾选"所有组织",单击【确定】按钮,如图6-62所示。

图 6-62 审核采购申请单 1

(2) 在采购申请单列表界面,勾选 21 行数据状态为"审核中"的采购申请单,单击【审核】按钮。审核后的界面如图 6-63 所示。

图 6-63　审核采购申请单 2

任务四　集中采购

➤ **任务描述**

2022 年 1 月 11 日，总公司采购员利用金蝶云星空系统进行采购计划的编制，系统结合公司的需求信息和库存信息等数据计算生成采购申请单。由于采购的物料、数量、收货地址均不同，为了使采购成本最低，采购的方式也有所不同。采购员对采购信息进行整理并汇总出可以集中采购的产品数量信息，与几家供应商进行沟通确认需求，最终根据供应商提出的报价结合多方面考量因素决定向供应商深圳富翰电子科技有限公司下达采购订单。供应商根据订单信息会按时把采购的货物分别发货派送到各分公司，等到约定付款时间再与中盛智能家居有限公司进行集中结算。

➤ **任务分析**

1. 集中采购模式的优点和缺点

集中采购的优点：

① 控制采购成本。通过实行集中统一采购、集中统一进货管理，将原先分散的订货集中到企业唯一的采购部门，提高每个批次的进货数量，然后统一调配。这样不仅可以获取采购的规模效益，降低采购成本，还可以通过分析市场趋势决定是否要储备物资，从而规避价格上涨带来的风险，而且还能取得采购谈判的主动权。

② 避免采购管理上的重复劳动。

③ 降低运输成本。采购物资的批量运输要比分散多批次运输节省费用。

④ 减少企业内部的各部门及单位的竞争和冲突。集中采购采取的是公开招标、集体决策的方式，技术上更专业，决策上更透明，可以避免企业内部的冲突。

⑤ 能够建立稳定可靠的供应网络。因为集中采购的批量大，供应商会更加重视，所以易与供应商建立合作关系，得到供应商在技术开发、货款结算和售后服务等多方面的支持。

当然，集中采购模式也存在一定的缺点：

① 缺乏分散采购的灵活、快速和简便等特点。
② 集中采购的量大、过程长、手续多，容易造成库存成本增加从而占用流动资金。
③ 采购与需求脱节，特别是在采购时间上，集中采购需要的时间比较长，手续比较繁杂，在物资急需的情况下，需求往往得不到满足。
④ 保管损失风险增加，需要提高保管水准水平。
⑤ 容易挫伤基层的积极性、使命感和创新精神。

2. 集中采购流程的步骤

任何一项作业都要实现流程化管理，这是当代企业管理对企业提出的一个比较高的要求。集中采购的流程化包括以下4个步骤：
① 分析国内外的形势和竞争对手的状况，在这两组分析数据的基础上制定集中采购的策略。
② 在制订采购计划时，要考虑销售和生产的现状。
③ 根据现有的库存、市场供应的信息进行具体的采购管理工作。
④ 执行计划，并进行结算。

3. 常见的集中采购模式

为实现集团采购业务集中管控的业务需求，集中采购包括以下几种典型模式的应用：①集中定价、分散采购；②集中采购、分散收货结算；③集中采购、分散收货、集中结算；④集中采购后调拨。采用哪种模式，取决于集团对下属公司的股权控制、税收、物料特性、进出口业绩统计等因素，一个集团内可能同时存在几种集中采购模式。

本案例采用集中采购、分散收货、集中结算的采购模式，具体流程为：分支机构提出采购申请后，由总公司进行汇总、调整，根据调整结果下达采购订单，并将收料通知单发给分支机构；分支机构根据收料通知单进行收货及入库；总公司汇集分支机构的入库单与外部供应商货款进行集中结算，并根据各分支机构的入库单与分支机构分别进行内部结算，如图6-64所示。

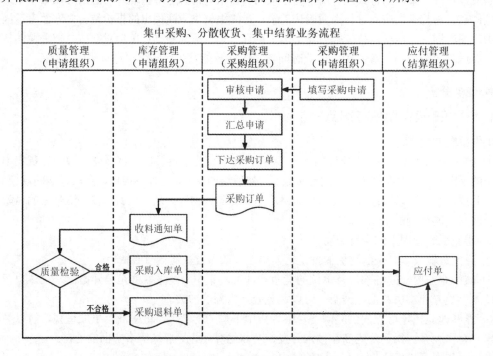

图6-64　集中采购作业流程

任务实施

1. 总公司采购员新增采购订单

2022年1月11日,总公司采购员向供应商深圳富翰电子科技有限公司下达采购订单,采购订单信息如表6-7所示。

表6-7 采购订单信息

采购组织	日期	供应商	结算币别	付款条件
中盛智能家居有限公司_学号	2022/1/11	深圳富翰电子科技有限公司	人民币	月结30天
物料名称	采购数量	交货日期	含税单价(元)	折扣率%
扫地机器人	127	2022/1/18	1000	10
自动洗碗机	21	2022/1/18	2500	10
自动洗碗机	20	2022/1/18	2500	10
无线吸尘器	79	2022/1/18	600	10
空气净化器	21	2022/1/18	400	10
空气净化器	200	2022/1/18	400	10

(1) 以用户名"总公司采购员_2022001",密码"888888"登录金蝶云星空系统,选择组织"中盛智能家居有限公司_2022001",执行【供应链】—【采购管理】—【订单处理】—【采购订单列表】命令,单击【新增】按钮进入采购订单新增界面。单击【选单】按钮,在弹出的"选择单据"窗口中,选择"采购申请单",单击【确定】按钮,如图6-65所示。

图6-65 新增采购订单1

(2) 在弹出的"采购申请单列表"窗口中,在物料名称下的过滤条件输入"扫地机器人",勾选过滤后的单据,单击【返回数据】按钮,如图6-66所示。

图 6-66 过滤单据 1

(3) 继续单击【选单】按钮,在弹出的"选择单据"窗口中选择"采购申请单",单击【确定】按钮,在物料名称下的过滤条件输入"自动洗碗机",勾选过滤后的单据,单击【返回数据】按钮,如图 6-67 所示。

图 6-67 过滤单据 2

(4) 继续单击【选单】按钮,在弹出的"选择单据"窗口中选择"采购申请单",单击【确定】按钮,在物料名称下的过滤条件输入"无线吸尘器",勾选过滤后的单据,单击【返回数据】按钮,如图 6-68 所示。

图 6-68 过滤单据 3

(5) 继续单击【选单】按钮,在弹出的"选择单据"窗口中选择"采购申请单",单击【确定】按钮,在物料名称下的过滤条件输入"空气净化器",勾选过滤后的单据,单击【返回数据】按钮,如图 6-69 所示。

图 6-69 过滤单据 4

(6) 所有单据选择完成后，在"明细信息"页签下，可以看到各物料的采购数量及采购总量，如图 6-70 所示。

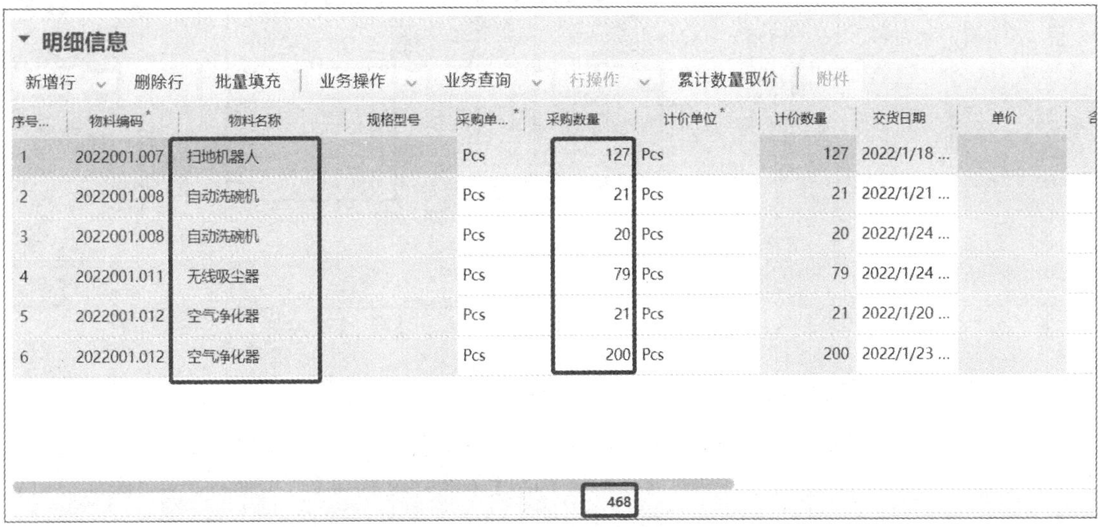

图 6-70　新增采购订单 2

(7) 在采购订单"基本信息"页签下，采购日期为"2022/1/11"，供应商为"深圳富翰电子科技有限公司"。在"财务信息"页签下，付款条件为"月结 30 天"，如图 6-71 所示。

图 6-71　新增采购订单 3

(8) 在"明细信息"页签下，交货日期都修改为"2022/1/18"，扫地机器人的含税单价为"¥1000"，自动洗碗机的含税单价为"¥2500"，无线吸尘器的含税单价为"¥600"，空气净化器的含税单价为"¥400"，折扣率为"10%"，价税合计总共为"328,770"，输入完成后依次单击【保存】【提交】按钮完成该采购订单的新增，如图 6-72 所示。

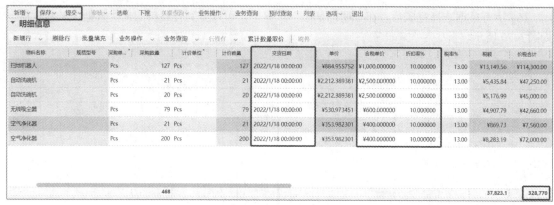

图 6-72　新增采购订单 4

2. 总公司采购主管审核采购订单

以用户名"总公司采购主管_2022001",密码"888888"登录金蝶云星空系统,选择组织"中盛智能家居有限公司_2022001",执行【供应链】—【采购管理】—【订单处理】—【采购订单列表】命令。勾选前面新增的采购订单,单击【审核】按钮,如图 6-73 所示。

图 6-73　审核采购订单

3. 总公司采购员下推收料通知单

2022 年 1 月 16 日,总公司采购员根据物流情况通知各分公司的仓库部门准备收货并进行质量检验,集中采购的货物预计都在 1 月 17 日到货。

(1) 以用户名"总公司采购员_2022001",密码"888888"登录金蝶云星空系统,选择组织"中盛智能家居有限公司_2022001",执行【供应链】—【采购管理】—【订单处理】—【采购订单列表】命令。勾选审核的采购订单,单击【下推】按钮,在弹出的"选择单据"窗口中,选择"收料通知单",勾选"整单转换:全部分录行一并下推",单击【确定】按钮,如图 6-74 所示。

(2) 在收料通知单界面,单击【生成全部】按钮,在弹出的"处理结果"窗口中可以看到有三张收料通知单生成成功的信息,如图 6-75 所示。

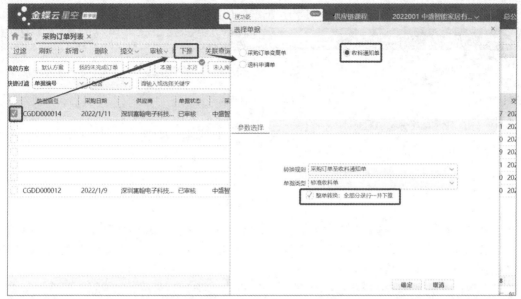

图 6-74 下推收料通知单

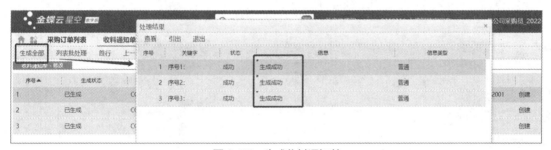

图 6-75 生成收料通知单

(3) 执行【供应链】—【采购管理】—【收料处理】—【收料通知单列表】命令。单击【过滤】按钮，在弹出的"列表过滤"窗口中，勾选"所有组织"，单击【确定】按钮，如图 6-76 所示。

图 6-76 过滤收料通知单

(4) 以修改第一张收料通知单为例，单击单据编号打开收料通知单修改界面，如图 6-77 所示。

图 6-77　修改收料通知单 1

(5) 在"基本信息"页签下，收料日期为"2022-01-16"。在"明细信息"页签下，预计到货日期为"2022/1/17"，仓库为"华北仓"，输入完成后依次单击【保存】【提交】【审核】按钮完成该收料通知单的修改和审核，如图 6-78 所示。

图 6-78　修改收料通知单 2

(6) 参考上述步骤，根据任务要求修改其余两张收料通知单，其中，"上海分公司_2022001"的收料仓库为"华东仓"，"中盛智能家居有限公司_2022001"的收料仓库为"华南总仓"，修改审核后的收料通知单列表如图 6-79 所示。

图 6-79　修改后的收料通知单列表

4. 质检员下推检验单

2022年1月17日，各公司质检员根据收料单的点收情况安排质量检验，通过抽样检查发现产品均为合格品。各公司质检员将检验结果记录到云星空系统中。

(1) 以用户名"总公司质检员_2022001"，密码"888888"登录金蝶云星空系统，执行【供应链】—【采购管理】—【收料处理】—【收料通知单列表】命令。勾选新增的收料通知单，单击【下推】按钮，在弹出的"选择单据"窗口中，选择"检验单"，勾选"整单转换：全部分录行一并下推"，单击【确定】按钮，如图6-80所示。

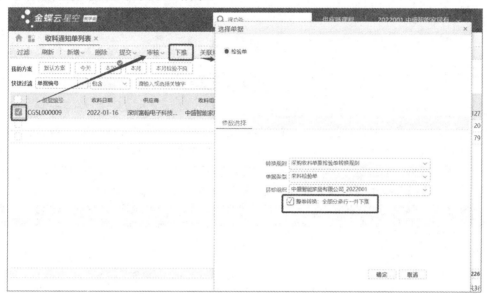

图 6-80　下推检验单

(2) 在检验单"基本"页签下，单据日期为"2022/1/17"，输入完成后依次单击【保存】【提交】【审核】按钮完成该检验单的新增及审核，如图6-81所示。

图 6-81　总公司新增检验单

(3) 以用户名"北京分公司质检员_2022001"，密码"888888"登录金蝶云星空系统，执行【供应链】—【采购管理】—【收料处理】—【收料通知单列表】命令。勾选新增的收料通知单，单击【下推】按钮，在弹出的"选择单据"窗口中，选择"检验单"，勾选"整单转换：全部分录行一并下推"，单击【确定】按钮。在检验单"基本"页签下，单据日期为"2022/1/17"，输入完成后依次单击【保存】【提交】【审核】按钮完成该检验单的新增及审核,如图6-82所示。

图6-82 北京分公司新增检验单

(4) 以用户名"上海分公司质检员_2022001",密码"888888"登录金蝶云星空系统,执行【供应链】—【采购管理】—【收料处理】—【收料通知单列表】命令。勾选新增的收料通知单,单击【下推】按钮,在弹出的"选择单据"窗口中,选择"检验单",勾选"整单转换:全部分录行一并下推",单击【确定】按钮。在检验单"基本"页签下,单据日期为"2022/1/17",输入完成后依次单击【保存】【提交】【审核】按钮完成该检验单的新增及审核,如图6-83所示。

图6-83 上海分公司新增检验单

5. 仓管员新增采购入库单

2022年1月17日,各公司仓管员根据物料的检验情况对合格品进行入库处理,采购入库单信息如表6-8所示。

表6-8 采购入库单信息

收料组织	入库日期	供应商	物料名称	应收数量	实收数量	仓库
中盛智能家居有限公司_学号	2022/1/17	深圳富翰电子科技有限公司	扫地机器人	127	127	华南总仓
			自动洗碗机	20	20	
			无线吸尘器	79	79	
北京分公司_学号	2022/1/17	深圳富翰电子科技有限公司	空气净化器	21	21	华北仓
			空气净化器	200	200	
上海分公司_学号	2022/1/17	深圳富翰电子科技有限公司	自动洗碗机	21	21	华东仓

(1) 以用户名"总公司仓管员_2022001",密码"888888"登录金蝶云星空系统,执行【供应链】—【采购管理】—【收料处理】—【收料通知单列表】命令。勾选新增的收料通知单,单击【下推】按钮,在弹出的"选择单据"窗口中,选择"采购入库单",勾选"整单转换:全部分录行一并下推",单击【确定】按钮,如图 6-84 所示。

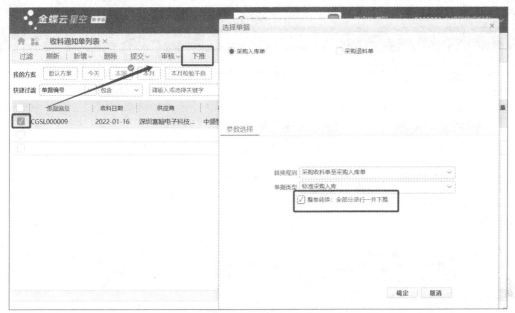

图 6-84 下推采购入库单

(2) 在采购入库单"基本信息"页签下,入库日期为"2022/1/17",输入完成后依次单击【保存】【提交】按钮完成该采购入库单的新增,如图 6-85 所示。

图 6-85 总公司新增采购入库单

(3) 以用户名"北京分公司仓管员_2022001",密码"888888"登录金蝶云星空系统,执行【供应链】—【采购管理】—【收料处理】—【收料通知单列表】命令。勾选新增的收料通知单,单击【下推】按钮,在弹出的"选择单据"窗口中,选择"采购入库单",勾选"整单转换:全部分录行一并下推",单击【确定】按钮。在采购入库单"基本信息"页签下,入库日期为"2022/1/17",输入完成后依次单击【保存】【提交】按钮完成该采购入库单的新增,如图6-86所示。

图6-86 北京分公司新增采购入库单

(4) 以用户名"上海分公司仓管员_2022001",密码"888888"登录金蝶云星空系统,执行【供应链】—【采购管理】—【收料处理】—【收料通知单列表】命令。勾选新增的收料通知单,单击【下推】按钮,在弹出的"选择单据"窗口中,选择"采购入库单",勾选"整单转换:全部分录行一并下推",单击【确定】按钮。在采购入库单"基本信息"页签下,入库日期为"2022/1/17",输入完成后依次单击【保存】【提交】按钮完成该采购入库单的新增,如图6-87所示。

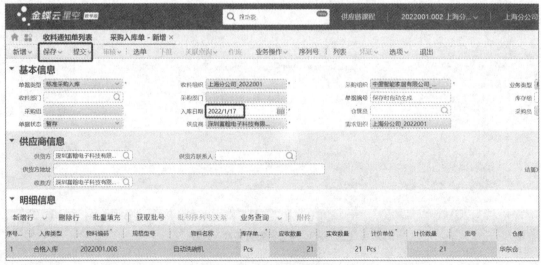

图6-87 上海分公司新增采购入库单

6. 仓库主管审核采购入库单

（1）以用户名"总公司仓库主管_2022001"，密码"888888"登录金蝶云星空系统，执行【供应链】—【采购管理】—【收料处理】—【采购入库单列表】命令。勾选新增的采购入库单，单击【审核】按钮，如图6-88所示。

图6-88　总公司仓库主管审核采购入库单

（2）以用户名"北京分公司仓库主管_2022001"，密码"888888"登录金蝶云星空系统，执行【供应链】—【采购管理】—【收料处理】—【采购入库单列表】命令。勾选新增的采购入库单，单击【审核】按钮，如图6-89所示。

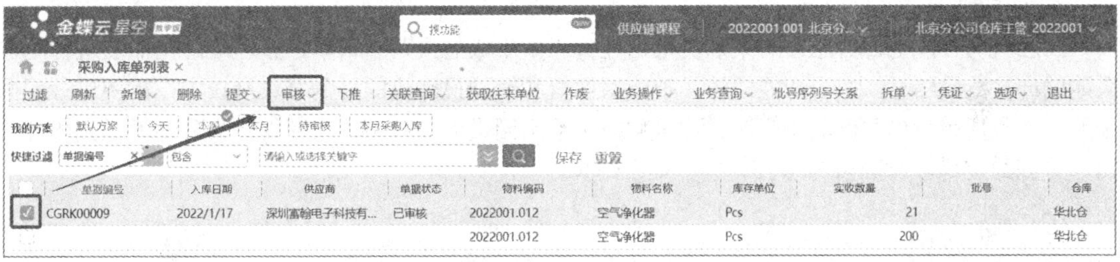

图6-89　北京分公司仓库主管审核采购入库单

（3）以用户名"上海分公司仓库主管_2022001"，密码"888888"登录金蝶云星空系统，执行【供应链】—【采购管理】—【收料处理】—【采购入库单列表】命令。勾选新增的采购入库单，单击【审核】按钮，如图6-90所示。

图6-90　上海分公司仓库主管审核采购入库单

7. 采购业务全流程跟踪

以上海分公司跟踪采购业务为例，执行【供应链】—【采购管理】—【收料处理】—【采购入库单列表】命令。勾选新增的采购入库单，单击【关联查询】按钮，选择【全流程跟踪】，可以查看跟踪该采购业务流程，双击业务流程图的节点可查询关联数据，如图6-91所示。

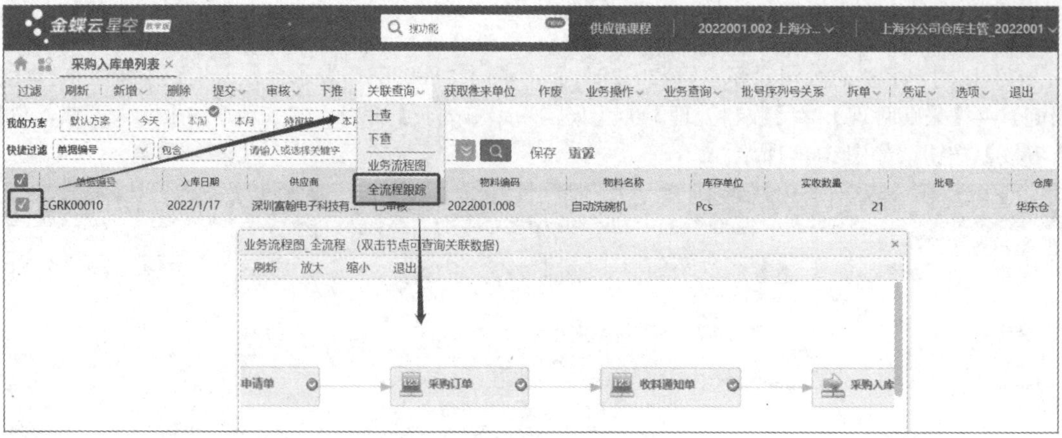

图 6-91　查看采购业务流程图

任务五　配额采购

⬈ 任务描述

2022 年 1 月 11 日，总公司采购员根据任务三中生成的采购申请单，整理汇总出需要进行配额采购的产品数量信息。由于智能门锁、智能摄像机和智能投影仪的采购总数量较大，需要进行配额采购，按照货源清单配额顺序依次分配采购数量给不同供应商。由供应商将货物分别派送到各分公司，等到约定付款时间再与总公司进行集中结算。

⬈ 任务分析

货源清单是企业规范采购货源而采取的一种管理策略。它有以下三个目的：
① 作为物料采购的依据，通过供应商资格认证和材料认证建立货源清单，企业的采购业务必须按照货源清单进行，避免采购人员的随意采购。
② 作为物料采购的主要货源，通过采购业务建立供应商和物料的关系，记录供应商和企业的采购历史，为后续的物料采购提供来源。
③ 在货源订单上指定物料的配额相关信息，用于配额下单的处理。

配额下单是指系统自动根据配额分配采购数量给不同供应商，可以保证不同供应商之间的平等竞争，最大限度地减少采购员操控采购数量的风险。

在采购过程中如何将采购需求合理地分配到不同的供应商，不同的物料有不同的分配方式，需要采用灵活的分配模式，可以按比例、按价格、按顺序，或按固定的方式来指定供应商。配额采购供应商分配流程如图 6-92 所示。

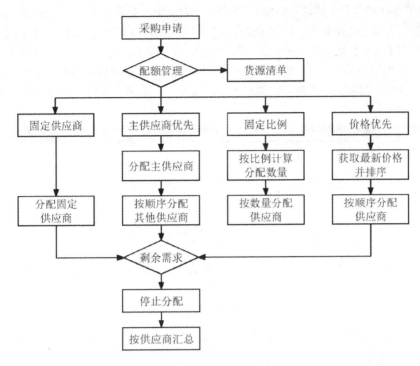

图 6-92 配额采购供应商分配流程

📌 任务实施

1. 总公司采购员新增货源清单

总公司采购员通过供应商资格认证和材料认证建立货源清单，货源清单信息如表 6-9 所示。

表 6-9 货源清单信息

采购组织	名称	供应类别	物料名称	供应商	生效日期	配额顺序	最大订货数量
中盛智能家居有限公司_学号	智能门锁-货源清单	采购	智能门锁	深圳杰胜科技有限公司	2022/1/1	1	200
		采购	智能门锁	中山邦德科技有限公司	2022/1/1	2	150
		采购	智能门锁	深圳富瀚电子科技有限公司	2022/1/1	3	200
		采购	智能门锁	深圳嘉跃智能科技有限公司	2022/1/1	4	150
中盛智能家居有限公司_学号	智能摄像机-货源清单	采购	智能摄像机	深圳杰胜科技有限公司	2022/1/1	1	300
		采购	智能摄像机	上海智海科技有限公司	2022/1/1	2	250
		采购	智能摄像机	武汉浩想智能科技有限公司	2022/1/1	3	200
		采购	智能摄像机	深圳蓝思科技有限公司	2022/1/1	4	250
中盛智能家居有限公司_学号	智能投影仪-货源清单	采购	智能投影仪	深圳富瀚电子科技有限公司	2022/1/1	1	200
		采购	智能投影仪	深圳亿讯科技有限公司	2022/1/1	2	200
		采购	智能投影仪	北京瑞安科技有限公司	2022/1/1	3	150
		采购	智能投影仪	上海宇兴科技有限公司	2022/1/1	4	150

(1) 以用户名"总公司采购员_2022001",密码"888888"登录金蝶云星空系统,选择组织"中盛智能家居有限公司_2022001",执行【供应链】—【采购管理】—【货源管理】—【货源清单列表】命令,单击【新增】按钮进入货源清单新增界面。在"基本信息"页签下,名称为"智能门锁-货源清单"。在"货源信息"页签下,供应类别为"采购",单击物料编码查询按钮打开物料列表,选择"智能门锁",供应商为"深圳杰胜科技有限公司",生效日期为"2022/1/1",配额顺序为"1",如图6-93所示。

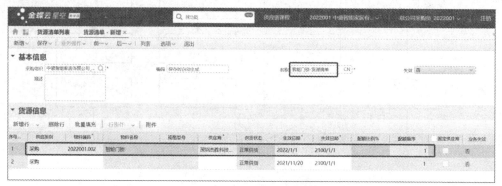

图6-93 新增货源清单1

(2) 注意:一行货源信息对应一行供货明细。在"供货明细"页签下,最大订货数量为"200",如图6-94所示。

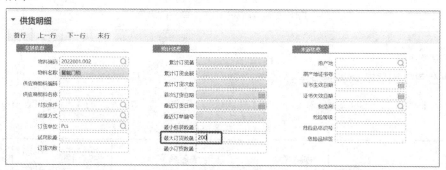

图6-94 新增货源清单2

(3) 参考上述步骤,根据货源清单信息表,在"货源信息"页签下新增智能门锁的其他货源信息,新增完成后在"供货明细"页签下填写最大订货数量,输入完成后单击【保存】按钮,如图6-95所示。

图6-95 新增货源清单3

(4) 参考上述步骤，根据货源清单信息表新增智能摄像机和智能投影仪的货源清单。新增完成后在货源清单列表上单击【过滤】按钮，在弹出的"列表过滤"窗口中，单击【显示隐藏列】页签，勾选"货源信息.最大订货数量"，单击【确定】按钮，如图6-96所示。

图6-96 显示隐藏列

(5) 在货源清单列表界面，可以看到刚刚新增的所有货源清单信息，如图6-97所示。

图6-97 货源清单列表

2. 总公司采购员进行配额下单

(1) 以用户名"总公司采购员_2022001"，密码"888888"登录金蝶云星空系统，选择组织"中盛智能家居有限公司_2022001"，执行【供应链】—【采购管理】—【订单处理】—【配额下单】命令。单击【选单】按钮，在弹出的"采购申请单列表"窗口中，勾选全部单据，单击【返回数据】按钮，如图6-98所示。

图 6-98 配额下单选单

(2) 勾选全部物料信息，单击【配额计算】按钮，如图 6-99 所示。

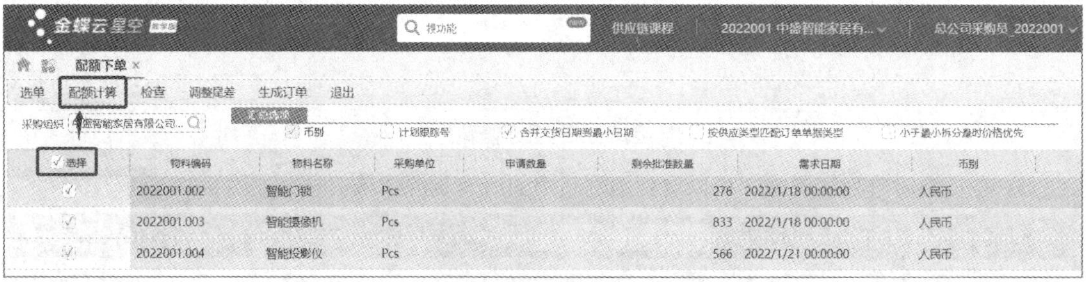

图 6-99 配额计算

(3) 由于智能门锁货源清单的配额方式为顺序优先，因此会按照供应顺序依次分配申请采购数量，直到供应商的最大订货数量为止。本次采购的智能门锁总数量为 276 个，排名供应顺序第一的供应商深圳杰胜科技有限公司优先分配数量为最大供货数量 200 个，排名供应顺序第二的供应商中山邦德科技有限公司分配数量为 76 个。核对分配数量无误后，选中分配单据。智能门锁下单分配数量如图 6-100 所示。

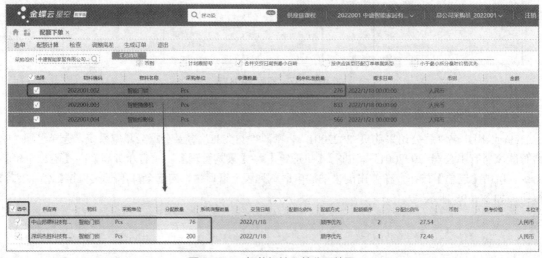

图 6-100 智能门锁下单分配数量

(4) 单击"智能摄像机"一行,可查看智能摄像机下单分配数量如图 6-101 所示,核对分配数量无误后,选中分配单据。

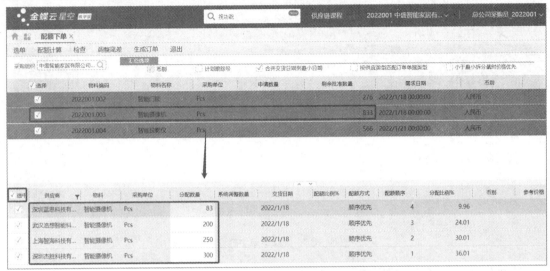

图 6-101　智能摄像机下单分配数量

(5) 单击"智能投影仪"一行,可查看智能投影仪下单分配数量如图 6-102 所示,核对分配数量无误后,选中分配单据。

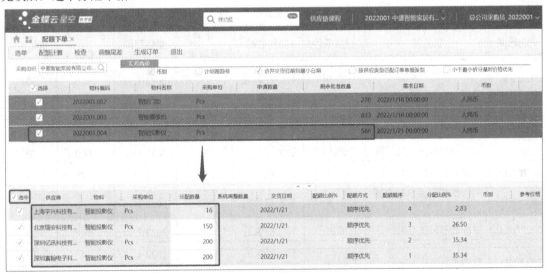

图 6-102　智能投影仪下单分配数量

(6) 配额计算完成后,单击【生成订单】按钮,采购订单生成成功信息如图 6-103 所示。

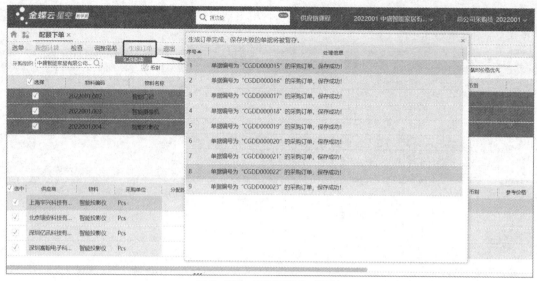

图 6-103 配额下单生成订单

3. 总公司采购员修改采购订单

2022 年 1 月 11 日，总公司采购员将系统配额下单生成的采购订单进行价格设置。采购订单信息如表 6-10 所示。

表 6-10 采购订单信息

采购日期	供应商	付款条件	物料名称	采购总数量	交货日期	含税单价（元）	折扣率%
2022/1/11	深圳富翰电子科技有限公司	月结30天	智能投影仪	200	2022/1/18	980	10
2022/1/11	深圳亿讯科技有限公司	月结30天	智能投影仪	200	2022/1/18	1000	10
2022/1/11	北京瑞安科技有限公司	月结30天	智能投影仪	150	2022/1/18	1000	10
2022/1/11	上海宇兴科技有限公司	月结30天	智能投影仪	16	2022/1/18	1000	0
2022/1/11	上海智海科技有限公司	月结30天	智能摄像机	250	2022/1/18	95	5
2022/1/11	武汉浩想智能科技有限公司	月结30天	智能摄像机	200	2022/1/18	100	5
2022/1/11	深圳蓝思科技有限公司	月结30天	智能摄像机	83	2022/1/18	100	5
2022/1/11	深圳杰胜科技有限公司	月结30天	智能摄像机	300	2022/1/18	95	10
			智能门锁	200	2022/1/18	580	10
2022/1/11	中山邦德科技有限公司	月结30天	智能门锁	76	2022/1/18	600	5

(1) 以用户名"总公司采购员_2022001"，密码"888888"登录金蝶云星空系统，选择组织"中盛智能家居有限公司_2022001"，执行【供应链】—【采购管理】—【订单处理】—【采购订单列表】命令。以供应商为"深圳富瀚电子科技有限公司"的采购订单为例，单击单据编号打开采购订单修改界面，在"基本信息"页签下，采购日期为"2022/1/11"。在"财务信息"页签下，付款条件为"月结 30 天"。在"明细信息"页签下，交货日期为"2022/1/18"，含税单价为"¥980"，折扣率为"10%"。修改完成后依次单击【保存】【提交】按钮完成该采购订单的修改，如图 6-104

所示。

图 6-104 修改采购订单

(2) 参考上述步骤，根据采购订单信息表修改并提交其他采购订单，修改完成后的采购订单列表如图 6-105 所示。

图 6-105 修改完成后的采购订单列表

4. 总公司采购主管审核采购订单

以用户名"总公司采购主管_2022001"，密码"888888"登录金蝶云星空系统，选择组织"中盛智能家居有限公司_2022001"，执行【供应链】—【采购管理】—【订单处理】—【采购订单列表】命令。勾选单据状态为"审核中"的采购订单，单击【审核】按钮，完成对采购订单的审核，审核后的界面如图 6-106 所示。

图 6-106　采购订单审核完成

5. 总公司采购员下推收料通知单

2022 年 1 月 16 日，总公司采购员根据物流情况通知各公司的仓库部门准备收货并进行质量检验，配额采购的货物预计都在 1 月 17 日到货。

(1) 以用户名"总公司采购员_2022001"，密码"888888"登录金蝶云星空系统，选择组织"中盛智能家居有限公司_2022001"，执行【供应链】—【采购管理】—【订单处理】—【采购订单列表】命令。勾选新增的 9 张采购订单，单击【下推】按钮，在弹出的"选择单据"窗口中，选择"收料通知单"，勾选"整单转换：全部分录行一并下推"，单击【确定】按钮，如图 6-107 所示。

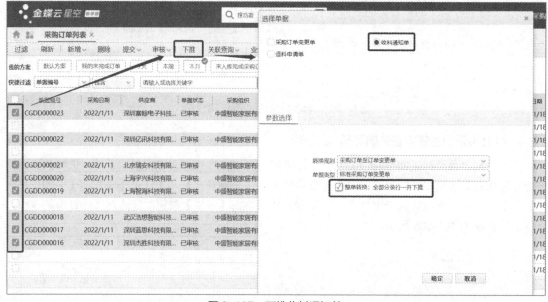

图 6-107　下推收料通知单

(2) 在收料通知单界面,单击【生成全部】按钮,在弹出的"处理结果"窗口中可以看到生成成功的信息,如图6-108所示。由于不同供应商的收料组织不同,因此总共有15张收料通知单生成。

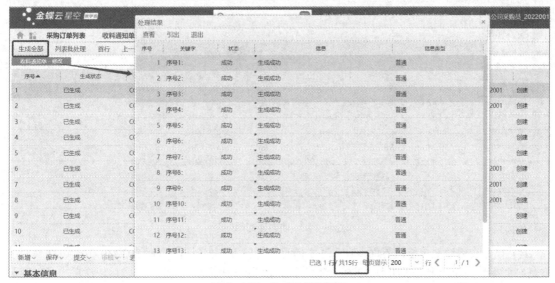

图6-108 生成收料通知单

(3) 执行【供应链】—【采购管理】—【收料处理】—【收料通知单列表】命令。单击【过滤】按钮,在弹出的"列表过滤"窗口中,勾选"所有组织",单击【确定】按钮,如图6-109所示。

图6-109 过滤收料通知单

(4) 以供应商为"深圳富瀚电子科技有限公司"、收料组织为"武汉分公司_2022001"的收料通知单为例,单击该订单的单据编号,如图6-110所示。

图6-110 收料通知单列表

(5) 打开收料通知单修改界面,在"基本信息"页签下,收料日期为"2022-01-16"。在"明细信息"页签下,预计到货日期为"2022/1/17",仓库为"华中仓",输入完成后依次单击【保存】【提交】【审核】按钮完成该收料通知单的修改及审核,如图6-111所示。

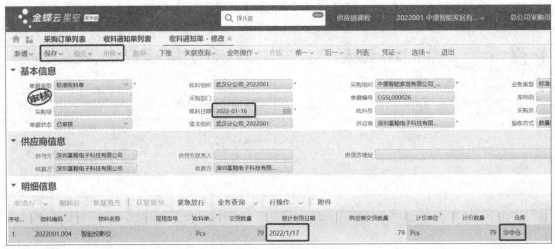

图6-111 修改收料通知单

(6) 参考上述步骤,根据任务要求修改其他收料通知单,收料日期都为"2022/1/16",预计到货日期都为"2022/1/17",北京分公司的收料仓库为"华北仓",上海分公司的收料仓库为"华东仓",成都分公司的收料仓库为"华西仓",武汉分公司的收料仓库为"华中仓",中盛智能家居有限公司的收料仓库为"华南总仓"。修改完成后的收料通知单列表如图6-112所示。

图6-112　修改后的收料通知单列表

6. 质检员新增检验单

2022年1月17日，各公司质检员根据收料单的点收情况安排质量检验，通过抽样检查发现采购货物均为合格品。各公司质检员将检验结果记录到云星空系统中。

(1) 以用户名"总公司质检员_2022001"，密码"888888"登录金蝶云星空系统，执行【质量管理】—【质量管理】—【日常检验】—【检验单列表】命令。单击【新增】按钮，打开检验单新增界面。单击【选单】按钮，在弹出的"选择单据"窗口中选择"收料通知单"，单击【确定】按钮。在弹出的"收料通知单列表"窗口中全选所有单据，单击【返回数据】按钮，如图6-113所示。

图6-113　新增检验单

(2) 在检验单"基本"页签下，单据日期为"2022/1/17"，输入完成后依次单击【保存】【提交】【审核】按钮完成该检验单的修改及审核，如图6-114所示。

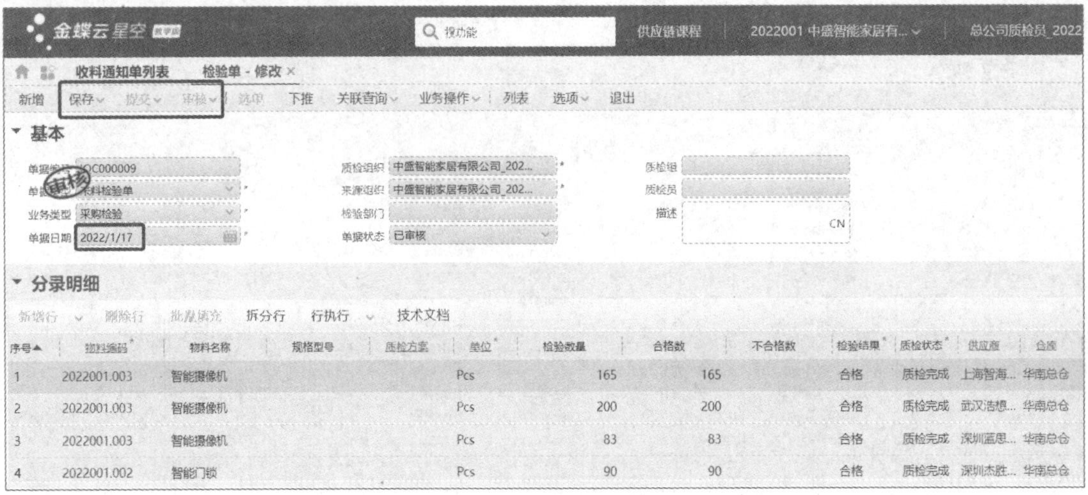

图6-114 总公司修改检验单

(3) 以用户名"北京分公司质检员_2022001",密码"888888"登录金蝶云星空系统,执行【质量管理】—【质量管理】—【日常检验】—【检验单列表】命令。单击【新增】按钮,打开检验单新增界面。单击【选单】按钮,在弹出的"选择单据"窗口中选择"收料通知单",单击【确定】按钮。在弹出的"收料通知单列表"窗口中全选所有单据,单击【返回数据】按钮。在检验单"基本"页签下,单据日期为"2022/1/17",输入完成后依次单击【保存】【提交】【审核】按钮完成该检验单的修改及审核,如图6-115所示。

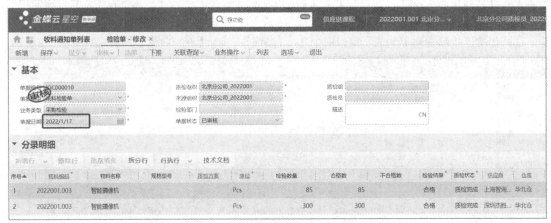

图6-115 北京分公司修改检验单

(4) 以用户名"上海分公司质检员_2022001",密码"888888"登录金蝶云星空系统,执行【质量管理】—【质量管理】—【日常检验】—【检验单列表】命令。单击【新增】按钮,打开检验单新增界面。单击【选单】按钮,在弹出的"选择单据"窗口中选择"收料通知单",单击【确定】按钮。在弹出的"收料通知单列表"窗口中全选所有单据,单击【返回数据】按钮。在检验单"基本"页签下,单据日期为"2022/1/17",输入完成后依次单击【保存】【提交】【审核】按钮完成该检验单的修改及审核,如图6-116所示。

图 6-116　上海分公司修改检验单

(5) 以用户名"成都分公司质检员_2022001",密码"888888"登录金蝶云星空系统,执行【质量管理】—【质量管理】—【日常检验】—【检验单列表】命令。单击【新增】按钮,打开检验单新增界面。单击【选单】按钮,在弹出的"选择单据"窗口中选择"收料通知单",单击【确定】按钮。在弹出的"收料通知单列表"窗口中全选所有单据,单击【返回数据】按钮。在检验单"基本"页签下,单据日期为"2022/1/17",输入完成后依次单击【保存】【提交】【审核】按钮完成该检验单的修改及审核,如图 6-117 所示。

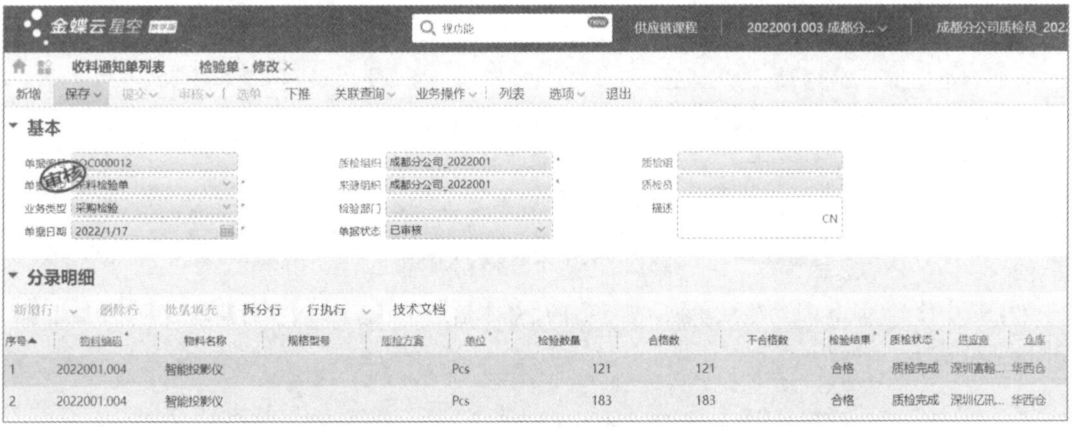

图 6-117　成都分公司修改检验单

(6) 以用户名"武汉分公司质检员_2022001",密码"888888"登录金蝶云星空系统,执行【质量管理】—【质量管理】—【日常检验】—【检验单列表】命令。单击【新增】按钮,打开检验单新增界面。单击【选单】按钮,在弹出的"选择单据"窗口中选择"收料通知单",单击【确定】按钮。在弹出的"收料通知单列表"窗口中全选所有单据,单击【返回数据】按钮。在检验单"基本"页签下,单据日期为"2022/1/17",输入完成后依次单击【保存】【提交】【审核】按钮完成该检验单的修改及审核,如图 6-118 所示。

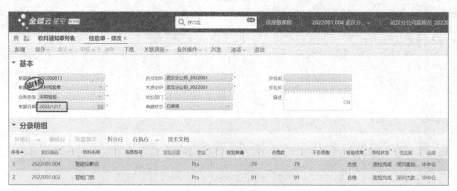

图 6-118 武汉分公司修改检验单

7. 仓管员新增采购入库单

2022 年 1 月 17 日，各公司仓管员根据质检单的检验情况对合格品进行入库处理，并将入库数量记录到云星空系统中。

(1) 以用户名"总公司仓管员_2022001"，密码"888888"登录金蝶云星空系统，执行【供应链】—【采购管理】—【收料处理】—【收料通知单列表】命令。勾选行状态为"正常"的 5 张单据，单击【下推】按钮，在弹出的"选择单据"窗口中选择"采购入库单"，单击【确定】按钮，如图 6-119 所示。

图 6-119 下推采购入库单

(2) 选中序号为"1"的待生成单据，在下方的"基本信息"页签下，入库日期修改为"2022/1/17"，如图 6-120 所示。

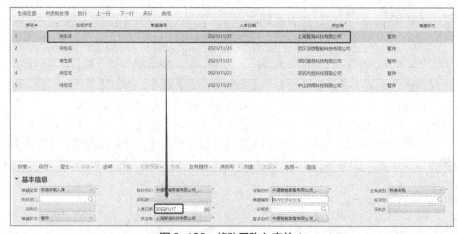

图 6-120 修改采购入库单 1

(3) 选中序号为"2"的待生成单据，在下方的"基本信息"页签下，入库日期修改为"2022/1/17"，如图 6-121 所示。每一条待生成状态的单据，都要在对应的"基本信息"页签下修改入库日期，才可以单击【生成单据】按钮。参考上述操作，修改其余待生成单据的入库日期。

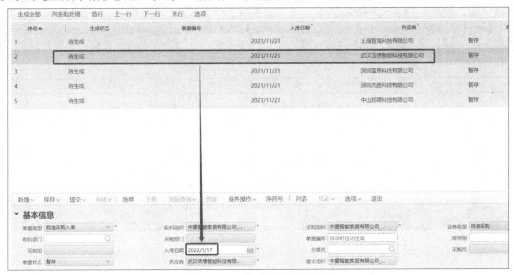

图 6-121 修改采购入库单 2

(4) 将所有待生成单据修改完入库日期后，单击【生成全部】按钮，在弹出的"处理结果"窗口中可以看到"生成成功"的信息，如图 6-122 所示。

图 6-122 生成采购入库单

(5) 执行【供应链】—【采购管理】—【收料处理】—【采购入库单列表】命令，在采购入库单列表界面，勾选单据状态为"创建"的采购入库单，单击【提交】按钮，如图 6-123 所示。

图 6-123 总公司采购入库单列表

(6) 参考上述步骤，各公司仓管员对收料通知单进行下推，根据任务要求修改入库日期为"2022/1/17"，生成并提交采购入库单。北京分公司的采购入库单列表如图 6-124 所示。上海分公司的采购入库单列表如图 6-125 所示。成都分公司的采购入库单列表如图 6-126 所示。武汉分公司的采购入库单列表如图 6-127 所示。

图 6-124　北京分公司采购入库单列表

图 6-125　上海分公司采购入库单列表

图 6-126　成都分公司采购入库单列表

图 6-127　武汉分公司采购入库单列表

8. 仓库主管审核采购入库单

(1) 以用户名"总公司仓库主管_2022001",密码"888888"登录金蝶云星空系统,执行【供应链】—【采购管理】—【收料处理】—【采购入库单列表】命令。在采购入库单列表界面,勾选单据状态为"审核中"的单据,单击【审核】按钮,如图6-128所示。

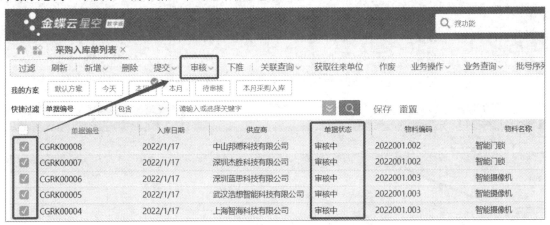

图6-128 总公司仓库主管审核采购入库单

(2) 参考上述步骤,各公司仓库主管对采购入库单进行审核。北京分公司的仓库主管对采购入库单进行审核如图6-129所示。上海分公司的仓库主管对采购入库单进行审核如图6-130所示。成都分公司的仓库主管对采购入库单进行审核如图6-131所示。武汉分公司的仓库主管对采购入库单进行审核如图6-132所示。

图6-129 北京分公司仓库主管审核采购入库单

图6-130 上海分公司仓库主管审核采购入库单

图 6-131　成都分公司仓库主管审核采购入库单

图 6-132　武汉分公司仓库主管审核采购入库单

9. 采购业务全流程跟踪

以武汉分公司跟踪采购业务为例,执行【供应链】—【采购管理】—【收料处理】—【采购入库单列表】命令。勾选采购入库单,单击【关联查询】按钮,选择【全流程跟踪】,可以查看跟踪此采购业务流程,双击业务流程图的节点可查询关联数据,如图 6-133 所示。

图 6-133　查看采购业务流程图

任务六　VMI 管理

▶ 任务描述

供应商广州君信电子科技有限公司作为公司的长期合作伙伴，双方签订了 VMI 协议。为了保证供应商仓库的正常供应，2022 年 1 月 11 日，供应商广州君信电子科技有限公司根据 MRP 信息和库存信息预测需求，制订建议订单和补货计划，由总公司采购员对供应商提出的建议订单进行确认。订单确认之后，供应商广州君信电子科技有限公司会实施补货，运输一批智能音箱和智能台灯到供应商仓库里，供总公司销售。月末，中盛智能科技有限公司再根据产品的使用量与供应商广州君信电子科技有限公司进行结算。

▶ 任务分析

1. VMI 的概念

VMI 即供应商管理库存，是对供应链库存优化的重要策略。企业和供应商建立长期合作伙伴关系，在信息和知识共享的基础上，供应链伙伴间交换某些决策权、工作职责和资源，供应商从单纯执行采购订单变为主动承担为企业补充库存的责任，在加快供应商响应企业需求速度的同时，也使企业减少库存水平。

2. VMI 的优势

(1) 对于企业来说，可以省去订货业务，省去订货费用；可以优化采购流程，提高流程效率，降低供应成本；可以加快库存周转，减少资金占用，降低库存成本；降低供应风险，实现资源的外向配置，提升企业竞争力。

(2) 对于供应商来说，可以加强供应商与客户的合作，强化客户关系管理，确保有稳定的需求；供应商通过共享客户的 POS 数据(终端销售数据)或 MRP(物料需求计划)信息及库存信息，有利于供应商准确地预测需求，科学地制订生产计划和补货计划，防止备货不足出现脱销或生产过多导致成本增加；有利于供应商合理设置库存，减少库存资金投入，提高资金的运营能力，最大限度地降低供应商经营运作的不确定性。

(3) 对供应链系统而言，实施 VMI，可以实现上下游企业的战略联盟，加强企业之间的合作；可以实现供需双方的实时信息共享，提高供应链的系统性、集成性和响应性；能够有效降低库存成本，提升企业竞争力。

综上所述，实施 VMI，供需双方都改变了传统的独立预测需求的模式，最大限度地降低了需求预测的风险与不确定性，降低了交易费用和成本。

3. VMI 处理流程

本案例为 VMI 业务，一般该业务的处理流程是：供应商根据共享企业的 POS 数据或 MRP 数据及库存信息，进行准确预测需求，制订建议订单和补货计划。供应商将补货申请信息发送给企业，由企业调整确认后形成 VMI 采购订单。供应商再根据 VMI 采购订单进行配送补货，企业根据供应商的补货信息记录收料通知单、质检单和入库单，完成供应商库存管理协同。企业在消耗 VMI 物料后，会定期对 VMI 物料的消耗情况进行汇总，生成 VMI 物料消耗汇总表，与供应商进行结算对账。企业根据消耗汇总表生成物权转移单，物权转移单表示物料所有权的正式转移。VMI 业务流程如图 6-134 所示。

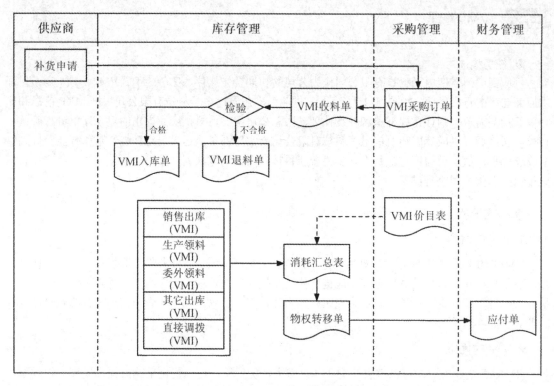

图 6-134 VMI 业务流程

📌 任务实施

1. 总公司采购员新增采购订单

2022 年 1 月 11 日，总公司采购员对供应商广州君信电子科技有限公司提出的补货计划进行调整和确认，在系统新增 VMI 采购订单。VMI 采购订单信息如表 6-11 所示。

表 6-11 VMI 采购订单信息

单据类型	采购日期	供应商	物料名称	采购数量	交货日期	含税单价(元)	折扣率%	收料组织
VMI 采购订单	2022/1/11	广州君信电子科技有限公司	智能音箱	216	2022/1/18	200	10	中盛智能家居有限公司_学号
			智能台灯	491	2022/1/18	60	10	中盛智能家居有限公司_学号
			智能音箱	318	2022/1/18	200	10	中盛智能家居有限公司_学号
			智能音箱	85	2022/1/18	200	10	中盛智能家居有限公司_学号
			智能音箱	400	2022/1/18	200	10	中盛智能家居有限公司_学号
			智能音箱	184	2022/1/18	200	10	中盛智能家居有限公司_学号
			智能台灯	88	2022/1/18	60	10	中盛智能家居有限公司_学号

(1) 以用户名"总公司采购员_2022001",密码"888888"登录金蝶云星空系统,选择组织"中盛智能家居有限公司_2022001",执行【供应链】—【采购管理】—【订单处理】—【采购订单列表】命令,单击【新增】按钮进入采购订单新增界面。单据类型选择为"VMI 采购订单",单击【选单】按钮,在弹出的"选择单据"窗口中,选择"采购申请单",勾选"整单转换:全部分录行一并下推",单击【确定】按钮,如图 6-135 所示。

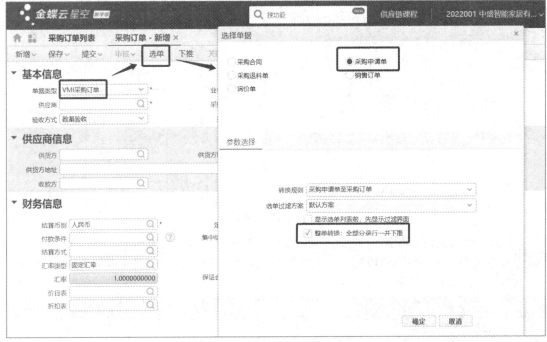

图 6-135 新增 VMI 采购订单 1

(2) 在弹出的"采购申请单列表"窗口中,勾选全部单据,单击【返回数据】按钮,如图 6-136 所示。

图 6-136 VMI 采购订单选单

(3) 在 VMI 采购订单"基本信息"页签下，供应商选择"广州君信电子科技有限公司"，采购日期为"2022/1/11"。在"明细信息"页签下，交货日期都为"2022/1/18"，智能音箱的含税单价都为"¥200"，智能台灯的含税单价都为"¥60"，折扣率都为"10%"，如图 6-137 所示。

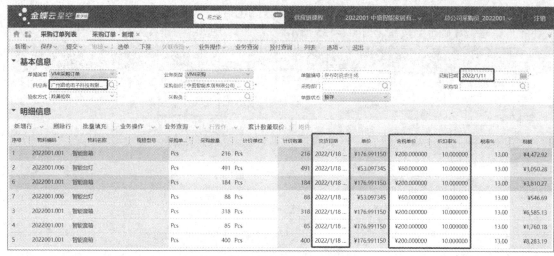

图 6-137　新增 VMI 采购订单 2

(4) 由于 VMI 采购的产品存放在总公司的供应商仓库，因此在"明细信息"页签下要将收料组织全部修改为"中盛智能家居有限公司_2022001"，修改完成后依次单击【保存】【提交】按钮完成该采购订单的新增，如图 6-138 所示。

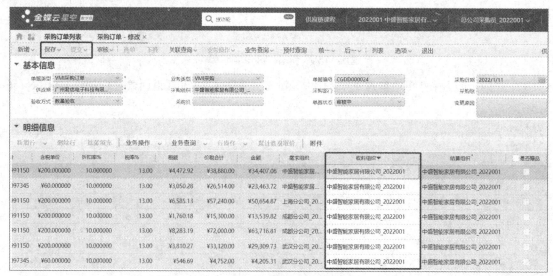

图 6-138　新增 VMI 采购订单 3

2. 总公司采购主管审核采购订单

以用户名"总公司采购主管_2022001"，密码"888888"登录金蝶云星空系统，选择组织"中盛智能家居有限公司_2022001"，执行【供应链】—【采购管理】—【订单处理】—【采购订单列表】命令。勾选新增的 VMI 采购订单，单击【审核】按钮，如图 6-139 所示。

图 6-139 审核 VMI 采购订单

3. 总公司采购员下推收料通知单

2022 年 1 月 16 日，总公司采购员根据供应商提供的物流情况在系统新增收料通知单，采购的产品预计都在 1 月 17 日到货。

(1) 以用户名"总公司采购员_2022001"，密码"888888"登录金蝶云星空系统，选择组织"中盛智能家居有限公司_2022001"，执行【供应链】—【采购管理】—【订单处理】—【采购订单列表】命令。勾选新增的 VMI 采购订单，单击【下推】按钮，在弹出的"选择单据"窗口中，选择"收料通知单"，勾选"整单转换：全部分录行一并下推"，单击【确定】按钮，如图 6-140 所示。

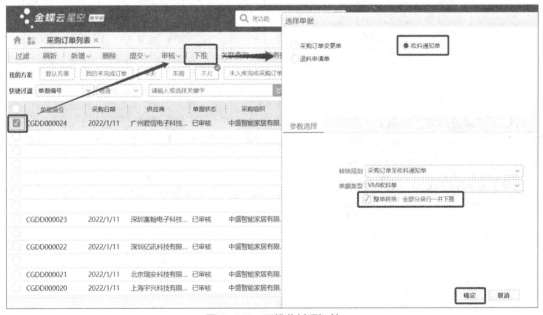

图 6-140 下推收料通知单

(2) 在收料通知单界面，单击【生成全部】按钮，在弹出的"处理结果"窗口中可以看到有 4 张收料通知单生成成功的信息，如图 6-141 所示。

图6-141 生成收料通知单

(3) 执行【供应链】—【采购管理】—【收料处理】—【收料通知单列表】命令，可以看到生成 4 张单据状态为"创建"的收料通知单，以单据编号为"CGSL000030"的收料通知单为例，单击单据编号进入收料通知单修改界面，如图 6-142 所示。

图6-142 修改收料通知单 1

(4) 在"基本信息"页签下，收料日期为"2022-01-16"。在"明细信息"页签下，预计到货日期为"2022/1/17"，仓库为"供应商仓库"，输入完成后依次单击【保存】【提交】【审核】按钮完成该收料通知单的修改及审核，如图 6-143 所示。

图6-143 修改收料通知单 2

(5) 参考上述步骤，根据任务要求修改其他收料通知单的收料日期、预计到货日期和仓库，修改完成后依次单击【保存】【提交】【审核】按钮完成该收料通知单的修改及审核。修改审核后的收料通知单列表如图 6-144 所示。

图 6-144 修改后的收料通知单列表

4. 质检员新增检验单

2022 年 1 月 17 日，总公司质检员根据收料单的点收情况安排质量检验，通过抽样检查发现产品均为合格品，总公司质检员将检验结果记录到云星空系统中。

(1) 以用户名"总公司质检员_2022001"，密码"888888"登录金蝶云星空系统，执行【质量管理】—【质量管理】—【日常检验】—【检验单列表】命令。单击【新增】按钮，打开检验单新增界面。单击【选单】按钮，在弹出的"选择单据"窗口中选择"收料通知单"，单击【确定】按钮。在弹出的"收料通知单列表"窗口中全选所有单据，单击【返回数据】按钮，如图 6-145 所示。

图 6-145 下推检验单

(2) 在检验单"基本"页签下，单据日期为"2022/1/17"，输入完成后依次单击【保存】【提交】【审核】按钮完成该检验单的新增，如图 6-146 所示。

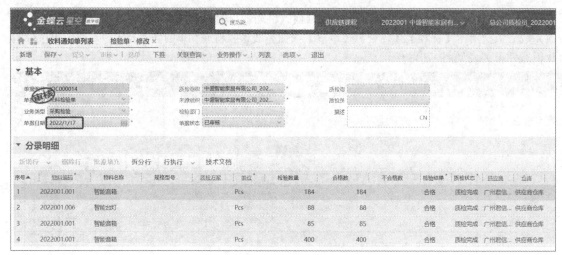

图 6-146 新增检验单

5. 仓管员新增采购入库单

2022 年 1 月 17 日，合格品入库到供应商仓库中，总公司仓管员在云星空系统中记录入库信息。

(1) 以用户名"总公司仓管员_2022001"，密码"888888"登录金蝶云星空系统，执行【供应链】—【采购管理】—【收料处理】—【收料通知单列表】命令。勾选行状态为"正常"的 4 张收料通知单，单击【下推】按钮，在弹出的"选择单据"窗口选择"采购入库单"，单据类型为"VMI 入库单"，单击【确定】按钮，如图 6-147 所示。

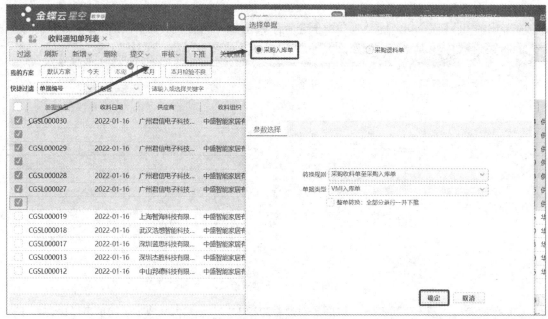

图 6-147 下推采购入库单

(2) 选中序号为"1"的待生成单据，在下方的"基本信息"页签下，入库日期为"2022/1/17"，如图 6-148 所示。每一条"待生成"状态的单据，都要在对应的"基本信息"页签下修改入库日期。

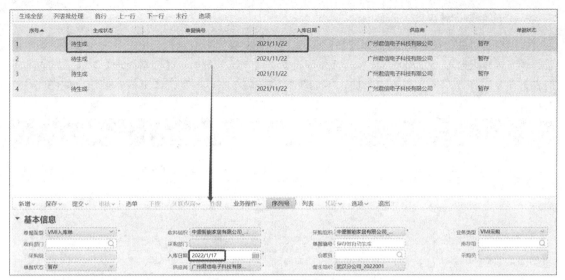

图 6-148　修改采购入库单

(3) 待生成状态的单据全部修改完成后，单击【生成全部】按钮，在弹出的"处理结果"窗口中可以看到"生成成功"的信息，如图 6-149 所示。

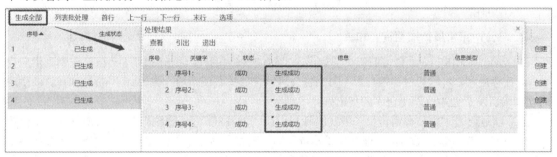

图 6-149　生成采购入库单

(4) 执行【供应链】—【采购管理】—【收料处理】—【采购入库单列表】命令。在采购入库单列表界面，勾选单据状态为"创建"的 4 张采购入库单，单击【提交】按钮，如图 6-150 所示。

图 6-150　采购入库单列表

6. 仓库主管审核采购入库单

以用户名"总公司仓库主管_2022001",密码"888888"登录金蝶云星空系统,选择组织"中盛智能家居有限公司_2022001",执行【供应链】—【采购管理】—【收料处理】—【采购入库单列表】命令。在采购入库单列表界面,勾选新增的采购入库单,单击【审核】按钮,如图 6-151 所示。

图 6-151　审核采购入库单

7. 总公司销售员新增发货通知单

2022 年 1 月 18 日,总公司销售员查询出一批智能音箱和智能台灯在 1 月 17 日已入库到供应商仓库,库存足够,可以交付销售订单。因此总公司销售员在系统新增一张 VMI 发货通知单,向供应商仓库发出发货通知,以便仓库备货出库。

(1) 以用户名"总公司销售员_2022001",密码"888888"登录金蝶云星空系统,执行【供应链】—【销售管理】—【出货处理】—【发货通知单列表】命令,单击【新增】按钮进入发货通知单新增界面。先将单据类型选择为"VMI发货通知单",再单击【选单】按钮,在弹出的"选择单据"窗口中,选择"销售订单",勾选"整单转换:全部分录行一并下推",单击【确定】按钮,如图 6-152 所示。

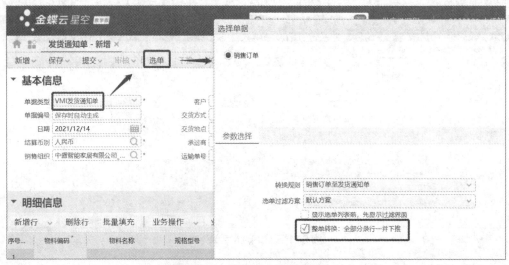

图 6-152　新增 VMI 发货通知单 1

(2) 在弹出的"销售订单列表"窗口中，勾选全部单据，单击【返回数据】按钮，如图 6-153 所示。

图 6-153 VMI 发货通知单选单

(3) 在 VMI 发货通知单"基本信息"页签下，日期为"2022/1/18"。在"明细信息"页签下，出货仓库为"供应商仓库"，修改完成后依次单击【保存】【提交】按钮完成该发货通知单的新增，如图 6-154 所示。

图 6-154 新增 VMI 发货通知单 2

8. 总公司销售主管审核发货通知单

以用户名"总公司销售主管_2022001"，密码"888888"登录金蝶云星空系统，执行【供应链】—【销售管理】—【出货处理】—【发货通知单列表】命令。勾选新增的 VMI 发货通知单，单击【审核】按钮，如图 6-155 所示。

图 6-155 审核 VMI 发货通知单

9. 总公司仓管员新增销售出库单

2022年1月19日，总公司仓管员根据发货通知单上面的货物数量信息进行打包发货出库处理，仓管员需要在系统里记录该信息，并由仓库主管完成审核。

(1) 以用户名"总公司仓管员_2022001"，密码"888888"登录金蝶云星空系统，执行【供应链】—【销售管理】—【出货处理】—【发货通知单列表】命令。勾选已审核的VMI发货通知单，单击【下推】按钮，在弹出的"选择单据"窗口中，选择"销售出库单"，勾选"整单转换：全部分录行一并下推"，单击【确定】按钮，如图6-156所示。

图6-156 下推VMI销售出库单

(2) 在VMI销售出库单"基本信息"页签下，日期为"2022/1/19"，修改完成后依次单击【保存】【提交】按钮完成该VMI销售出库单的新增，如图6-157所示。

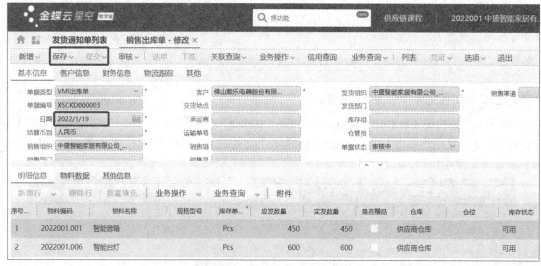

图6-157 新增VMI销售出库单

10. 总公司仓库主管审核销售出库单

以用户名"总公司仓库主管_2022001"，密码"888888"登录金蝶云星空系统，执行【供应链】—【销售管理】—【出货处理】—【销售出库单列表】命令。在销售出库单列表界面，勾选新增的VMI销售出库单，单击【审核】按钮，如图6-158所示。

图 6-158　审核 VMI 销售出库单

11. 总公司采购员进行批量创建消耗汇总

总公司采购员对 2022 年 1 月 19 日至 2022 年 1 月 20 日的 VMI 物料消耗情况进行汇总，生成 VMI 物料消耗汇总表，并由采购主管完成审核。

(1) 以用户名"总公司采购员_2022001"，密码"888888"登录金蝶云星空系统，选择组织"中盛智能家居有限公司_2022001"，执行【供应链】—【采购管理】—【VMI 业务】—【批量创建消耗汇总】命令。在"基本设置"页签下，勾选"集中结算"。在"范围设置"页签下，供应商为"广州君信电子科技有限公司"，日期为"2022/1/19"至"2022/1/20"，输入完成后单击【下一步】按钮，如图 6-159 所示。

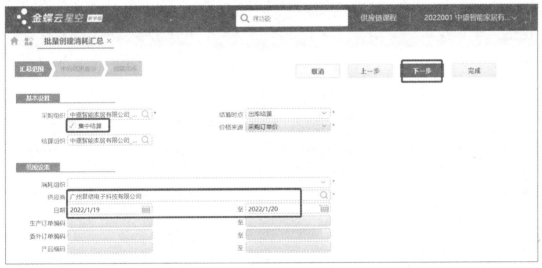

图 6-159　批量创建消耗汇总 1

(2) 中间结果展示界面中可以看到前面几行数据的含税单价、税率、折扣率已填入，这是由采购订单带下来的价格数据。而最后一行 21 台智能台灯是由初始库存提供的，没有维护其价格信息，所以需要人工输入，含税单价为"¥60"，税率为"13%"，折扣率为"10%"。价格信息维护好之后，勾选全部数据，单击【下一步】按钮，如图 6-160 所示。

(3) 创建生成 1 张消耗汇总表，单击【消耗汇总表】按钮，进入消耗汇总表列表界面，单击单据编号进入消耗汇总表修改界面，如图 6-161 所示。

(4) 在消耗汇总表修改界面"基本信息"页签下，将日期修改为"2022/1/20"，修改完成后依次单击【保存】【提交】按钮，如图 6-162 所示。

图 6-160 批量创建消耗汇总 2

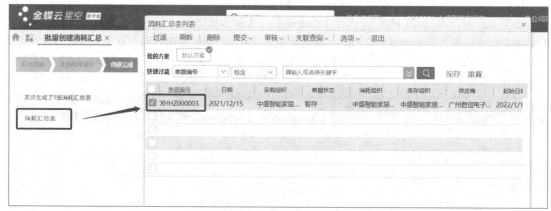

图 6-161 打开消耗汇总表

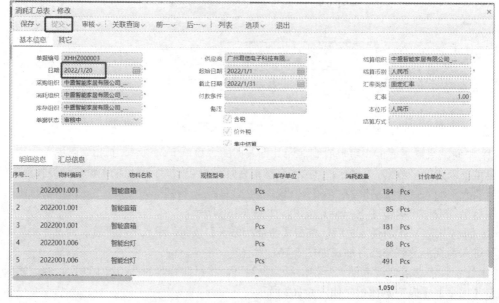

图 6-162 修改消耗汇总表

12. 总公司采购主管审核消耗汇总表

以用户名“总公司采购主管_2022001”，密码“888888”登录金蝶云星空系统，选择组织“中盛智能家居有限公司_2022001”，执行【供应链】—【采购管理】—【VMI 业务】—【消耗汇总表】命令。勾选采购员提交的消耗汇总表，单击【审核】按钮，如图 6-163 所示。

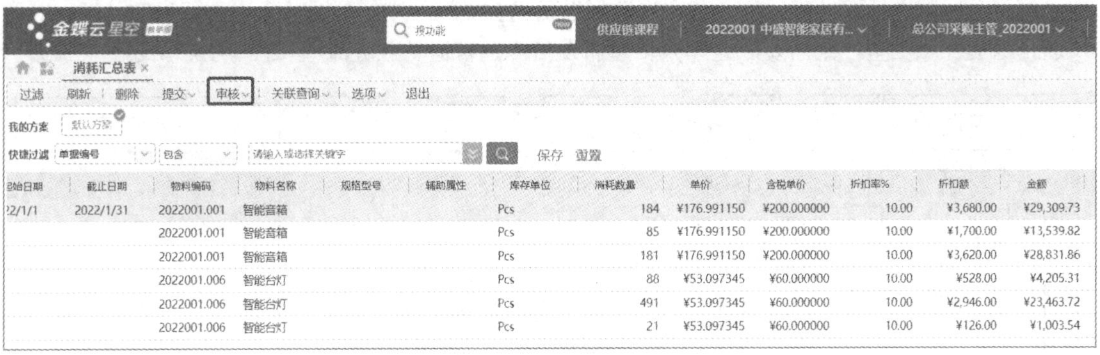

起始日期	截止日期	物料编码	物料名称	规格型号	辅助属性	库存单位	消耗数量	单价	含税单价	折扣率%	折扣额	金额
22/1/1	2022/1/31	2022001.001	智能音箱			Pcs	184	¥176.991150	¥200.000000	10.00	¥3,680.00	¥29,309.73
		2022001.001	智能音箱			Pcs	85	¥176.991150	¥200.000000	10.00	¥1,700.00	¥13,539.82
		2022001.001	智能音箱			Pcs	181	¥176.991150	¥200.000000	10.00	¥3,620.00	¥28,831.86
		2022001.006	智能台灯			Pcs	88	¥53.097345	¥60.000000	10.00	¥528.00	¥4,205.31
		2022001.006	智能台灯			Pcs	491	¥53.097345	¥60.000000	10.00	¥2,946.00	¥23,463.72
		2022001.006	智能台灯			Pcs	21	¥53.097345	¥60.000000	10.00	¥126.00	¥1,003.54

图 6-163 审核消耗汇总表

13. 总公司采购主管查看物权转移单

消耗汇总表审核完成后会自动生成物权转移单，表示物料所有权的正式转移。以用户名“总公司采购主管_2022001”，密码“888888”登录金蝶云星空系统，选择组织“中盛智能家居有限公司_2022001”，执行【供应链】—【采购管理】—【VMI 业务】—【物权转移单】命令，可以查看新增的物权转移单，如图 6-164 所示。

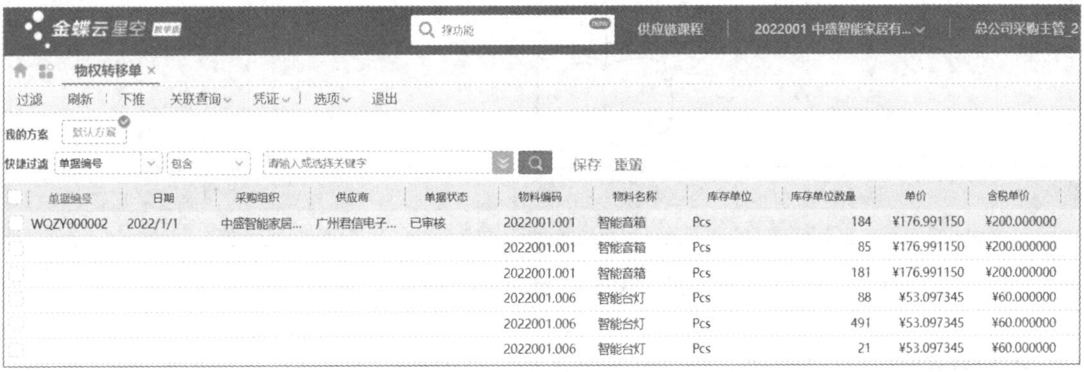

单据编号	日期	采购组织	供应商	单据状态	物料编码	物料名称	库存单位	库存单位数量	单价	含税单价
WQZY000002	2022/1/1	中盛智能家居...	广州君信电子...	已审核	2022001.001	智能音箱	Pcs	184	¥176.991150	¥200.000000
					2022001.001	智能音箱	Pcs	85	¥176.991150	¥200.000000
					2022001.001	智能音箱	Pcs	181	¥176.991150	¥200.000000
					2022001.006	智能台灯	Pcs	88	¥53.097345	¥60.000000
					2022001.006	智能台灯	Pcs	491	¥53.097345	¥60.000000
					2022001.006	智能台灯	Pcs	21	¥53.097345	¥60.000000

图 6-164 查看物权转移单

任务七 销售退货

↗ 任务描述

武汉分公司所需要采购的产品在 2022 年 1 月 17 日已经完成入库，销售员为了及时交付订单，于 1 月 18 日通知仓管员准备货物，仓管员根据发货信息安排货物出库。

1 月 23 日，武汉韶盛电器有限公司由于收到的货物中有两台智能摄像机因运输破损申请退货，武汉分公司销售员收到客户的退货申请后，与客户进行沟通协商，最后以退货退款进行处理。

↗ **任务分析**

为了加强和规范销售退货管理，提高销售退货处理效率及准确性，合理解决客户的退货问题，企业一般的退货流程为：当销售人员接到客户的退货通知申请后，需要经过核实确认与公司前期的实际销售相符后再同意退货，销售人员填写"退货通知单"通知仓库人员接收退货商品，由质检员完成检验之后再进行退换货处理。若客户选择退货退款类型，则需要财务人员进行退款处理；若客户选择退货补货类型，则需要由仓库人员重新发货。销售退货业务流程如图 6-165 所示。

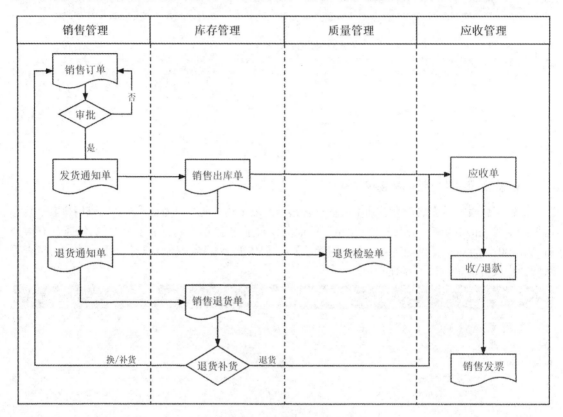

图6-165　销售退货业务流程

↗ **任务实施**

1. 武汉分公司销售员新增发货通知单

2022 年 1 月 18 日，武汉分公司销售员根据销售订单下推发货通知单，向华中仓发出发货通知，以便仓库备料出库。

（1）以用户名"武汉分公司销售员_2022001"，密码"888888"登录金蝶云星空系统，执行【供应链】—【销售管理】—【订单处理】—【销售订单列表】命令。勾选客户为"武汉韶盛电器有限公司"的单据，单击【下推】按钮，在弹出的"选择单据"窗口中，选择"发货通知单"，勾选"整单转换：全部分录行一并下推"，单击【确定】按钮，如图 6-166 所示。

图 6-166 下推发货通知单

(2) 在发货通知单"基本信息"页签下,日期为"2022/1/18"。在"明细信息"页签下,出货仓库为"华中仓",输入完成后依次单击【保存】【提交】按钮完成该发货通知单的新增,如图 6-167 所示。

图 6-167 新增发货通知单

2. 武汉分公司销售主管审核发货通知单

以用户名"武汉分公司销售主管_2022001",密码"888888"登录金蝶云星空系统,执行【供应链】—【销售管理】—【出货处理】—【发货通知单列表】命令。勾选新增的发货通知单,单击【审核】按钮,如图 6-168 所示。

图 6-168　审核发货通知单

3. 武汉分公司仓管员下推销售出库单

2022 年 1 月 18 日,武汉分公司仓管员根据发货通知单上面的货物数量信息进行打包发货出库处理,仓管员需要在系统中新增销售出库单记录该信息,并由仓库主管完成审核。

(1) 以用户名"武汉分公司仓管员_2022001",密码"888888"登录金蝶云星空系统,执行【供应链】—【销售管理】—【出货处理】—【发货通知单列表】命令。勾选新增的发货通知单,单击【下推】按钮,在弹出的"选择单据"窗口中,选择"销售出库单",勾选"整单转换:全部分录行一并下推",单击【确定】按钮,如图 6-169 所示。

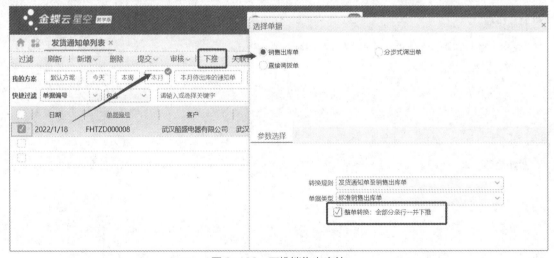

图 6-169　下推销售出库单

(2) 在销售出库单"基本信息"页签下,日期为"2022/1/18",输入完成后依次单击【保存】【提交】按钮完成该销售出库单的新增,如图 6-170 所示。

图 6-170　新增销售出库单

4. 武汉分公司仓库主管审核销售出库单

以用户名"武汉分公司仓库主管_2022001",密码"888888"登录金蝶云星空系统,执行【供应链】—【销售管理】—【出货处理】—【销售出库单列表】命令。勾选新增的销售出库单,单击【审核】按钮,如图 6-171 所示。

图 6-171　审核销售出库单

5. 武汉分公司销售员新增退货通知单

2022 年 1 月 23 日,武汉韶盛电器有限公司由于收到的货物中有两台智能摄像机因运输破损申请退货,销售员与客户进行沟通协商后,以退货退款进行处理。武汉分公司销售员需要在系统中新增退货通知单,向华中仓发出退货通知,以便质检员对退货的两台智能摄像机进行质检。

(1) 以用户名"武汉分公司销售员_2022001",密码"888888"登录金蝶云星空系统,执行【供应链】—【销售管理】—【出货处理】—【销售出库单列表】命令。勾选物料名称为"智能摄像机"一行,单击【下推】按钮,在弹出的"选择单据"窗口中选择"退货通知单",单击【确定】按钮,如图 6-172 所示。

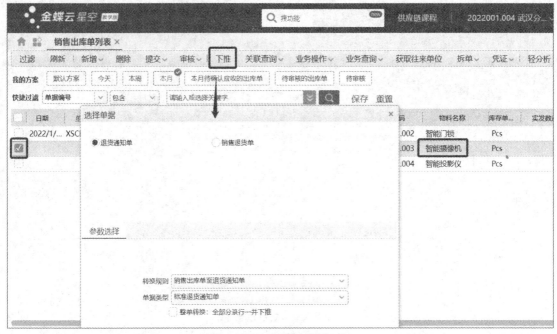

图 6-172 下推退货通知单

(2) 在退货通知单"基本信息"页签下，日期为"2022/1/23"，退货原因为"破损"。在"明细信息"页签下，销售数量为"2"，退货日期为"2022/1/23"，退货类型为"退货"，勾选"退货检验"，输入完成后依次单击【保存】【提交】按钮完成该退货通知单的新增，如图 6-173 所示。

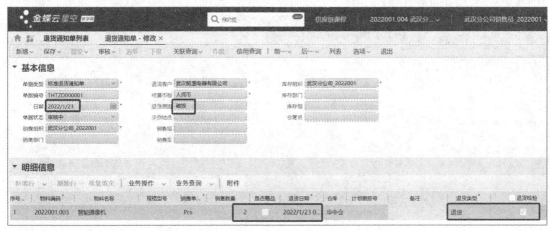

图 6-173 新增退货通知单

6. 武汉分公司销售主管审核退货通知单

以用户名"武汉分公司销售主管_2022001"，密码"888888"登录金蝶云星空系统，执行【供应链】—【销售管理】—【退货处理】—【退货通知单列表】命令。勾选新增的退货通知单，单击【审核】按钮，如图 6-174 所示。

图 6-174 审核退货通知单

7. 武汉分公司质检员新增退货检验单

2022 年 1 月 24 日，武汉分公司质检员对退货的两台智能摄像机进行质检，检验结果为两台智能摄像机均为不合格品，质检员将检验结果记录到系统中。

(1) 以用户名"武汉分公司质检员_2022001"，密码"888888"登录金蝶云星空系统，执行【质量管理】—【质量管理】—【日常检验】—【检验单列表】命令，单击【新增】按钮进入检验单新增界面。在"基本"页签下，单据类型选择为"退货检验单"，单击【选单】按钮，在弹出的"选择单据"窗口中选择"退货通知单"，单击【确定】按钮，如图 6-175 所示。

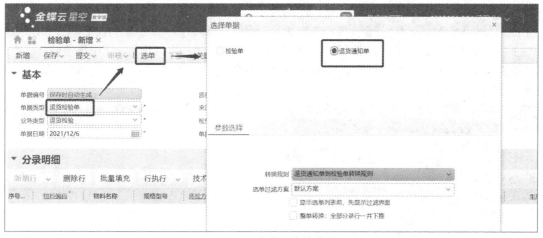

图 6-175 新增退货检验单 1

(2) 在弹出的"退货通知单列表"窗口中，勾选新增的退货通知单，单击【返回数据】按钮，如图 6-176 所示。

图 6-176 新增退货检验单 2

(3) 在检验单"基本"页签下，单据日期为"2022/1/24"。在"分录明细"页签下，不合格数为"2"，检验结果为"不合格"，输入完成后依次单击【保存】【提交】【审核】按钮完成该退货检验单的新增及审核，如图6-177所示。

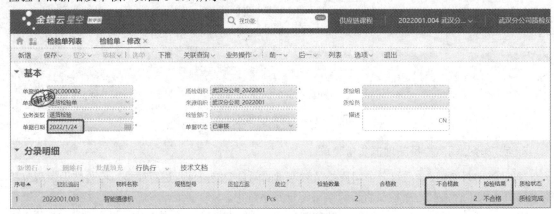

图6-177　新增退货检验单3

8. 武汉分公司仓管员新增销售退货单

2022年1月24日，武汉分公司仓管员根据退货通知单下推销售退货单，用于登记退回华中仓的两台智能摄像机。

(1) 以用户名"武汉分公司仓管员_2022001"，密码"888888"登录金蝶云星空系统，执行【供应链】—【销售管理】—【退货处理】—【退货通知单列表】命令。勾选新增的退货通知单，单击【下推】按钮，在弹出的"选择单据"窗口中选择"销售退货单"，单击【确定】按钮，如图6-178所示。

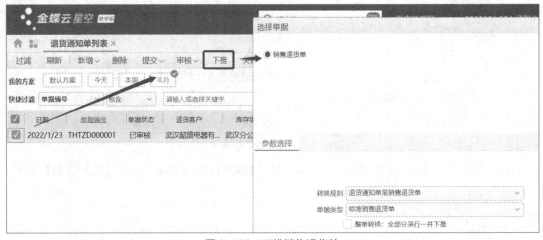

图6-178　下推销售退货单

(2) 在销售退货单"基本信息"页签下，日期为"2022/1/24"。在"明细信息"页签下，退货日期为"2022/1/24"，输入完成后依次单击【保存】【提交】按钮完成该销售退货单的新增，如图6-179所示。

图 6-179 新增销售退货单

9. 武汉分公司仓库主管审核销售退货单

以用户名"武汉分公司仓库主管_2022001",密码"888888"登录金蝶云星空系统,执行【供应链】—【销售管理】—【退货处理】—【销售退货单列表】命令。勾选新增的销售退货单,单击【审核】按钮,如图 6-180 所示。

图 6-180 审核销售退货单

10. 销售退货业务全流程跟踪

以用户名"武汉分公司销售员_2022001",密码"888888"登录金蝶云星空系统,执行【供应链】—【销售管理】—【订单处理】—【销售订单列表】命令。勾选客户为"武汉韶盛电器有限公司"整笔销售订单,单击【关联查询】按钮,选择【全流程跟踪】,可以查看该订单的整个业务流程,双击业务流程图的节点可查询关联数据,如图 6-181 所示。

图 6-181 查看销售退货业务流程图

任务八 寄售业务

➤ 任务描述

自动洗手机是今年公司新推出的产品,为了开拓市场和扩大销售渠道,中盛智能家居有限公司销售员找到当地的寄售商深圳佳晨电子商贸有限公司,于 2022 年 1 月 15 日签订了寄售协议,约定每个月底中盛智能家居有限公司会根据寄售商卖出产品数量，按每台含税单价为 100 元进行结算。

2022 年 1 月 16 日，中盛智能家居有限公司先将华南总仓的 200 台自动洗手机调拨到客户仓库，由寄售商代理出售商品。月末，寄售商深圳佳晨电子商贸有限公司统计共成功卖出 100 台自动洗手机，与公司进行结算。

任务分析

1. 寄售模式的优缺点

寄售的优点主要体现在：对寄售人来说，寄售有利于开拓市场和扩大销路；对代销人来说，其在寄售方式中不需垫付资金，也不承担风险，有利于调动客户的积极性。

有利必有弊，寄售人也需要承担一定的风险和费用：货物在未售出之前发运，售后才能收回货款，资金负担较重且资金周转期长；如果货物滞销，需要运回或转运其他口岸，寄售人将遭受损失。

2. 寄售业务流程

一般的寄售业务流程是：企业与寄售商签订寄售协议后，会由企业销售人员根据寄售商的需求新增寄售销售订单，之后下推发货通知单通知仓库人员安排发货；仓管员收到发货通知后调拨产品发送到寄售商仓库。此时的产品所有权还不归属寄售商，产品只是存放在寄售商仓库便于寄售商代销，等到结算之后产品所有权才归属寄售商。到了结算时间，寄售商会根据卖出的产品数量与企业进行结算，由企业销售人员确认销售后在系统新增寄售结算单。完成结算后，系统会自动根据寄售结算单生成销售出库单，扣减寄售商仓库库存。最后，企业财务人员可根据寄售结算单下推生成应收单，向寄售商进行收款。

寄售业务流程如图 6-182 所示。

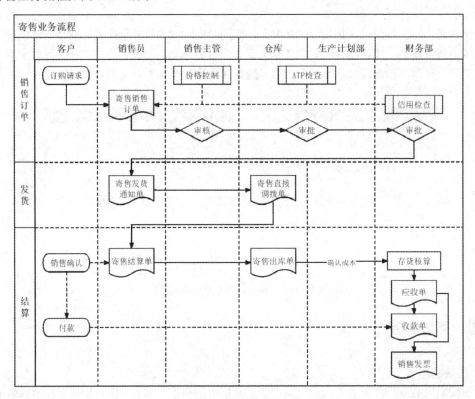

图 6-182　寄售业务流程

任务实施

1. 总公司销售员新增寄售订单

中盛智能家居有限公司销售员根据深圳佳晨电子商贸有限公司的订购需求，到系统创建寄售订单，寄售订单信息如表 6-12 所示。

表 6-12 寄售订单信息

单据类型	销售组织	客户	日期	结算币别
寄售销售订单	中盛智能家居有限公司_学号	深圳佳晨电子商贸有限公司	2022/1/15	人民币
物料编码	物料名称	销售数量	含税单价(元)	要货日期
学号.009	自动洗手机	200	100	2022/1/17

以用户名"总公司销售员_2022001"，密码"888888"登录金蝶云星空系统，执行【供应链】—【销售管理】—【订单处理】—【销售订单列表】命令，单击【新增】按钮进入销售订单新增界面。在"基本信息"页签下，单据类型选择为"寄售销售订单"，客户为"深圳佳晨电子商贸有限公司"，日期为"2022/1/15"，结算币别为"人民币"。

在"明细信息"页签下，单击物料编码查询按钮打开物料列表，选择"自动洗手机"，单击【返回数据】按钮，销售数量为"200"，含税单价为"¥100"，要货日期为"2022/1/17"，输入完成后依次单击【保存】【提交】按钮完成该寄售销售订单的新增，如图 6-183 所示。

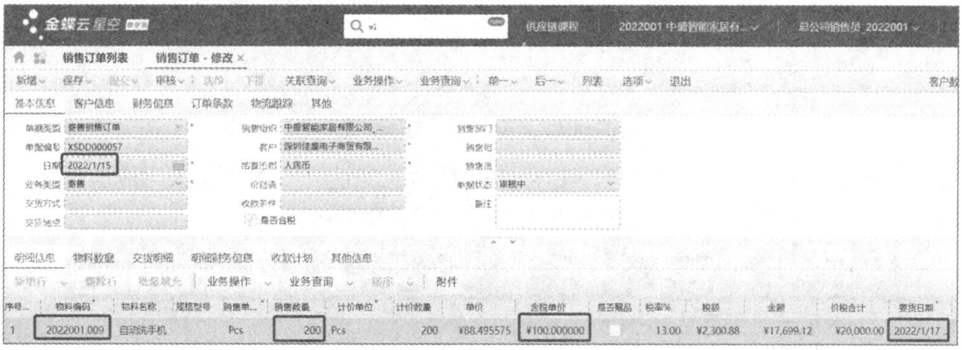

图 6-183 新增寄售销售订单

2. 总公司销售主管审核寄售订单

以用户名"总公司销售主管_2022001"，密码"888888"登录金蝶云星空系统，执行【供应链】—【销售管理】—【订单处理】—【销售订单列表】命令。勾选新增的寄售销售订单，单击【审核】按钮，如图 6-184 所示。

图 6-184 审核寄售销售订单

3. 总公司销售员下推寄售发货通知单

2022年1月15日,总公司销售员根据寄售订单下推生成发货通知单,向仓库发出发货通知。

(1) 以用户名"总公司销售员_2022001",密码"888888"登录金蝶云星空系统,执行【供应链】—【销售管理】—【订单处理】—【销售订单列表】命令。勾选审核的寄售销售订单,单击【下推】按钮,在弹出的"选择单据"窗口中选择"发货通知单",单击【确定】按钮,如图6-185所示。

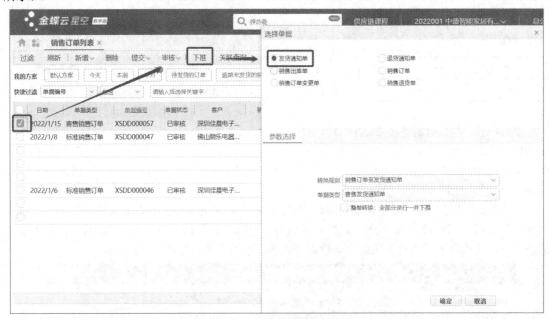

图6-185 下推寄售发货通知单

(2) 在寄售发货通知单"基本信息"页签下,日期为"2022/1/15"。输入完成后依次单击【保存】【提交】按钮完成该寄售发货通知单的新增,如图6-186所示。

图6-186 新增寄售发货通知单

4. 总公司销售主管审核寄售发货通知单

以用户名"总公司销售主管_2022001",密码"888888"登录金蝶云星空系统,执行【供应链】—【销售管理】—【出货处理】—【发货通知单列表】命令。勾选新增的寄售发货通知单,单击【审核】按钮,如图6-187所示。

图6-187 审核寄售发货通知单

5. 总公司仓管员下推寄售直接调拨单

2022年1月16日,总公司仓管员根据发货通知单信息,从华南总仓调拨200台自动洗手机到客户仓库。

(1) 以用户名"总公司仓管员_2022001",密码"888888"登录金蝶云星空系统,执行【供应链】—【销售管理】—【出货处理】—【发货通知单列表】命令。勾选新增的寄售发货通知单,单击【下推】按钮,在弹出的"选择单据"窗口中选择"直接调拨单",单击【确定】按钮,如图6-188所示。

图6-188 下推寄售直接调拨单

(2) 在寄售直接调拨单"基本信息"页签下,日期为"2022/1/16"。在"明细信息"页签下,调出仓库为"华南总仓",调入仓库为"客户仓库",输入完成后依次单击【保存】【提交】按钮完成该寄售直接调拨单的新增,如图6-189所示。

图 6-189 新增寄售直接调拨单

6. 总公司仓库主管审核寄售直接调拨单

以用户名"总公司仓库主管_2022001",密码"888888"登录金蝶云星空系统,执行【供应链】—【库存管理】—【库存调拨】—【直接调拨单列表】命令。选择新增的寄售直接调拨单,单击【审核】按钮,如图 6-190 所示。

图 6-190 审核寄售直接调拨单

7. 总公司销售员下推寄售结算单

月末,寄售商深圳佳晨电子商贸有限公司统计共成功卖出 100 台自动洗手机。销售员需要在系统中新增寄售结算单,用于对这笔寄售业务的结算。

(1) 以用户名"总公司销售员_2022001",密码"888888"登录金蝶云星空系统,执行【供应链】—【销售管理】—【寄售】—【寄售结算单列表】命令,单击【新增】按钮进入寄售结算单新增界面。单击【选单】按钮,选择【发出选单】,在弹出的"直接调拨单列表"窗口中,勾选寄售直接调拨单,单击【返回数据】按钮,如图 6-191 所示。

图 6-191 新增寄售结算单 1

(2) 在寄售结算单"基本信息"页签下，日期为"2022/1/31"。在"结算明细"页签下，结算数量为"100"，输入完成后依次单击【保存】【提交】按钮完成该寄售结算单的新增，如图6-192所示。

图6-192　新增寄售结算单2

8. 总公司销售主管审核寄售结算单

以用户名"总公司销售主管_2022001"，密码"888888"登录金蝶云星空系统，执行【供应链】—【销售管理】—【寄售】—【寄售结算单列表】命令。勾选新增的寄售结算单，单击【审核】按钮，如图6-193所示。

图6-193　审核寄售结算单

9. 总公司仓管员新增寄售出库单

月末，中盛智能家居有限公司与寄售商结算后，仓管员需要在系统中新增寄售出库单来体现货物所有权的实际转移。

(1) 以用户名"总公司仓管员_2022001"，密码"888888"登录金蝶云星空系统，执行【供应链】—【销售管理】—【出货处理】—【销售出库单列表】命令，单击【新增】按钮进入销售出库单新增界面。在"基本信息"页签下，单据类型选择为"寄售出库单"。单击【选单】按钮，在弹出的"选择单据"窗口中选择"寄售结算单"，单击【确定】按钮，如图6-194所示。

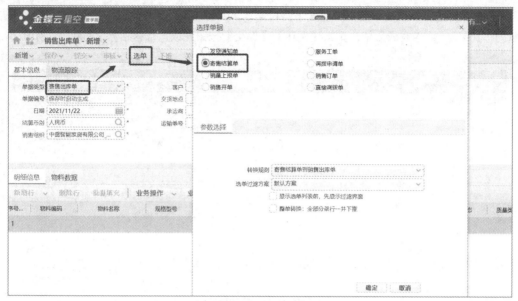

图6-194 新增寄售出库单1

(2) 在弹出的"寄售结算单列表"窗口中，勾选新增的寄售结算单，单击【返回数据】按钮，如图6-195所示。

图6-195 新增寄售出库单2

(3) 在寄售出库单"基本信息"页签下，日期为"2022/1/31"，输入完成后依次单击【保存】【提交】按钮完成该寄售出库单的新增，如图6-196所示。

图6-196 新增寄售出库单3

10. 总公司仓库主管审核寄售出库单

以用户名"总公司仓库主管_2022001",密码"888888"登录金蝶云星空系统,执行【供应链】—【销售管理】—【出货处理】—【销售出库单列表】命令。勾选新增的寄售出库单,单击【审核】按钮,如图6-197所示。

图6-197　审核寄售出库单

11. 寄售业务全流程跟踪

以用户名"总公司销售员_2022001",密码"888888"登录金蝶云星空系统,执行【供应链】—【销售管理】—【订单处理】—【销售订单列表】命令。勾选寄售销售订单,单击【关联查询】按钮,选择【全流程跟踪】,可以查看完整的寄售业务流程,双击业务流程图的节点可查询关联数据,如图6-198所示。

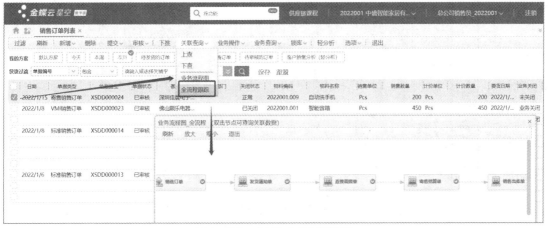

图6-198　查看寄售业务流程图

任务九　促销销售

➥ 任务描述

公司每月都会举办促销活动,用以提升产品销售量、处理库存积压。2022年1月25日,成都分公司发现智能投影仪和智能台灯这两种商品存在库存积压状况,于是决定开展促销活动来提升这两种商品的销售量,提出了主题为"库存积压产品促销"的促销申请,申请促销费用5万元。

本次促销活动面向所有客户,从2022年1月28日开始,至2022年1月30日结束,凡购买智能投影仪、智能台灯这两种商品中任一种商品数量满50者,可整单享九折优惠并赠送十套充电套装。活动期间,成都鑫宏智能家居公司向成都分公司采购智能投影仪60台,双方于2022年1月28日签订销售订单，折扣前智能投影仪的含税单价为 2500 元，约定要货日期为 2022 年 2 月 5 日。

↗ 任务分析

促销是企业经常采用的营销策略，是通过向消费者传递有关本企业及产品的各种信息，说服或吸引消费者购买其产品的一种活动。处于当前市场竞争激烈的环境下，买方市场的广大消费者们对商品的要求高且挑选余地大。因此，企业尤为需要利用各种促销手段，将本企业及产品的各种信息传递给消费者，增进消费者对本企业产品的认识，从而达到刺激消费者购买意愿、提高销售业绩的目的。

企业在决定开展促销活动后应先进行促销申请，选择合适的促销方式并制定具体的促销政策。将处于促销活动期间内的销售订单与促销政策进行匹配，如果符合促销条件，则执行促销政策后将商品发货出库，如果不符合则直接发货出库，具体促销销售业务流程如图 6-199 所示。

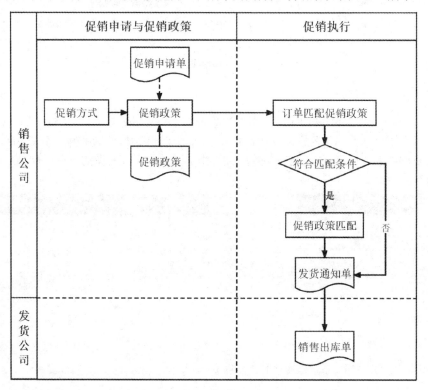

图 6-199　促销销售业务流程

↗ 任务实施

1. 成都分公司销售员新增促销申请单

成都分公司销售员新增促销申请单，具体录入信息如表 6-13 所示。

表 6-13　促销申请单信息

促销申请主题	申请日期	促销开始时间	促销结束时间	客户类别
库存积压产品促销	2022/1/25	2022/1/28	2022/1/30	普通销售客户、寄售客户、内部结算客户
费用项目	价格	公司承担比例%	促销商品	促销赠品
促销费	50 000	100	智能投影仪 智能台灯	充电套装

(1) 以用户名"成都分公司销售员_2022001",密码"888888"登录金蝶云星空系统,执行【电商与分销】—【促销管理】—【促销申请】—【促销申请单列表】命令,单击【新增】按钮进入促销申请单新增界面。在"基本信息"页签下,促销申请主题为"库存积压产品促销",申请日期为"2022-01-25"。在"组织范围"页签下,促销开始时间为"2022/1/28",促销结束日期为"2022/1/30",如图 6-200 所示。

图 6-200　新增促销申请单 1

(2) 在"客户范围"页签下,单击客户类别编码查询按钮打开客户类别选择列表,全选所有客户类别,单击【返回数据】按钮,如图 6-201 所示。

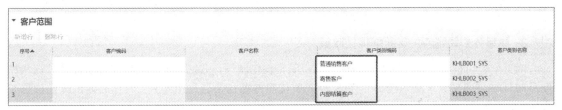

图 6-201　新增促销申请单 2

(3) 在"明细信息"页签下,费用项目为"促销费",价格为"¥50,000",公司承担比例为"100%",如图 6-202 所示。

图 6-202　新增促销申请单 3

(4) 在"促销商品信息"页签下,单击物料编码查询按钮打开物料选择列表,勾选 "智能投影仪"和"智能台灯",单击【返回数据】按钮,如图 6-203 所示。

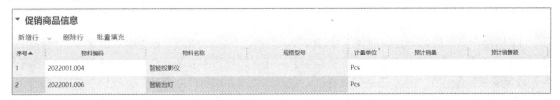

图 6-203　新增促销申请单 4

(5) 在"促销赠品信息"页签下,单击物料编码查询按钮打开物料选择列表,勾选 "充电套装",

单击【返回数据】按钮，如图 6-204 所示。所有信息录入完成后，依次单击【保存】【提交】按钮完成该促销申请单的新增。

图 6-204　新增促销申请单 5

2. 成都分公司销售主管审核促销申请单

以用户名"成都分公司销售主管_2022001"，密码"888888"登录金蝶云星空系统，执行【电商与分销】—【促销管理】—【促销申请】—【促销申请单列表】命令。勾选新增的促销申请单，单击【审核】按钮，如图 6-205 所示。

图 6-205　审核促销申请单

3. 成都分公司销售主管新增促销政策

成都分公司销售主管根据库存积压状况，制定促销政策：凡购买智能投影仪、智能台灯这两种商品中任一种商品数量满 50 者，可整单享九折优惠并赠送十套充电套装。具体的促销政策信息如表 6-14 所示。

表 6-14　促销政策信息

主题	促销模式	促销内容	
库存积压产品促销	即时奖励促销+组合买赠并折扣	购买智能投影仪、智能台灯这两种商品中任一种商品数量满 50 者，可整单享九折优惠并赠送十套充电套装	
开始时间	结束时间	客户类别	
2022/1/28	2022/1/30	普通销售客户、寄售客户、内部结算客户	
物料名称	购买数量/赠品	赠送数量	赠送依据	折扣方式/折扣率%
智能投影仪	50	—	按数量	折扣率/10
智能台灯	50	—	按数量	折扣率/10
充电套装	赠品	10	—	—

（1）以用户名"成都分公司销售主管_2022001"，密码"888888"登录金蝶云星空系统，执行【电商与分销】—【促销管理】—【促销政策】—【促销政策列表】命令，单击【新增】按钮进入促销政策新增界面。在"基本信息"页签下，主题为"库存积压产品促销"，促销模式为"即时奖励促销+组合买赠并折扣"，促销内容为"购买智能投影仪、智能台灯这两种商品中任一种商品数量满 50 者，可整单享九折优惠并赠送十套充电套装"。在"参与组织"页签下，开始时间为"2022/1/28 00:00:00"，结束时间为"2022/1/30 23:59:59"，如图 6-206 所示。

图 6-206 新增促销政策 1

(2) 在"参与客户"页签下,单击客户类别查询按钮打开客户类别选择列表,勾选"普通销售客户""寄售客户""内部结算客户",单击【返回数据】按钮,如图 6-207 所示。

图 6-207 新增促销政策 2

(3) 在"促销信息"页签下,单击物料编码查询按钮打开物料列表,勾选"智能投影仪""智能台灯""充电套装",单击【返回数据】按钮。智能投影仪和智能台灯的购买数量>=为"50",充电套装为"赠品",赠送数量为"10",智能投影仪和智能台灯的赠送依据为"按数量",折扣方式为"折扣率",折扣率为"10%",如图 6-208 所示。所有信息录入完成后,依次单击【保存】【提交】【审核】按钮完成该促销政策的新增。

图 6-208 新增促销政策 3

4. 成都分公司销售员新增销售订单

2022 年 1 月 28 日,成都鑫宏智能家居公司向成都分公司采购智能投影仪 60 台,在促销期间满足促销条件,因此该笔订单享九折优惠并赠送十套充电套装。成都分公司销售员在系统录入销售订单,并由销售主管完成审核。销售订单信息如表 6-15 所示。

表 6-15 销售订单信息

销售组织	日期	客户	价目表	物料编码
成都分公司_学号	2022/1/28	成都鑫宏智能家居公司	标准销售价目表	学号.004
物料名称	销售数量	含税单价(元)	要货日期	折扣率%
智能投影仪	60	2 500	2022/2/5	10

(1) 以用户名"成都分公司销售员_2022001",密码"888888"登录金蝶云星空系统,执行【供应链】—【销售管理】—【订单处理】—【销售订单列表】命令,单击【新增】按钮进入销售订单新增界面。在"基本信息"页签下,日期为"2022/1/28",客户为"成都鑫宏智能家居公司",价目表为"标准销售价目表"。在"明细信息"页签下,单击物料编码查询按钮打开物料列表,选择"智能投影仪",销售数量为"60",含税单价为"¥2500",要货日期为"2022/2/5",单击【保存】按钮,如图 6-209 所示。

图 6-209　新增销售订单 1

(2) 单击【业务操作】按钮,选择【促销政策匹配】,在弹出的"促销匹配"窗口中核对促销赠品及折扣率无误后,单击【确定】按钮,如图 6-210 所示。

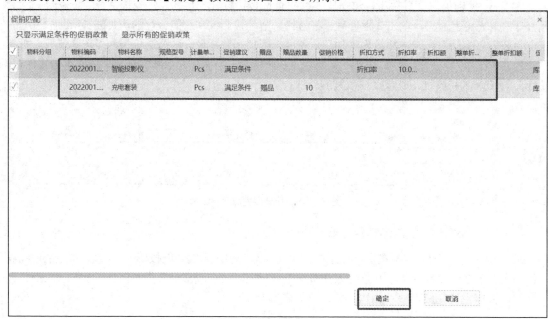

图 6-210　"促销匹配"窗口

(3) 在"明细信息"页签下,修改充电套装的要货日期为"2022/2/5",如图 6-211 所示。

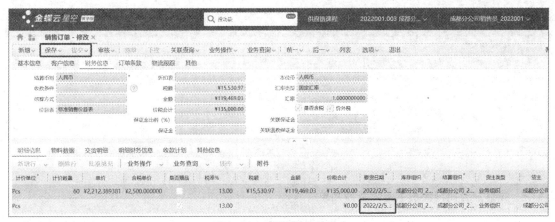

图 6-211　新增销售订单 2

(4) 在"明细财务信息"下,可以查看到智能投影仪的折扣率系统自动设置为 10%,所有信息确认无误后依次单击【保存】【提交】按钮完成该销售订单的新增,如图 6-212 所示。

图 6-212　新增销售订单 3

5. 成都分公司销售主管审核销售订单

以用户名"成都分公司销售主管_2022001",密码"888888"登录金蝶云星空系统,执行【供应链】—【销售管理】—【订单处理】—【销售订单列表】命令。勾选销售员提交的销售订单,单击【审核】按钮,如图 6-213 所示。

图 6-213 审核销售订单

6. 成都分公司销售员下推发货通知单

2022年1月28日，成都分公司销售员根据销售订单下推发货通知单，向华西仓发出发货通知，以便仓库备料出库。

(1) 以用户名"成都分公司销售员_2022001"，密码"888888"登录金蝶云星空系统，执行【供应链】—【销售管理】—【订单处理】—【销售订单列表】命令。勾选新增的销售订单，单击【下推】按钮，在弹出的"选择单据"窗口中，选择"发货通知单"，勾选"整单转换：全部分录行一并下推"，单击【确定】按钮，如图6-214所示。

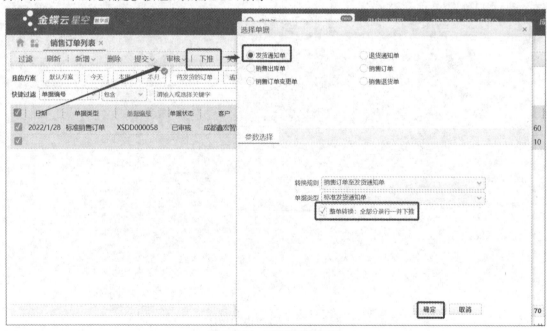

图 6-214 下推发货通知单

(2) 在发货通知单"基本信息"页签下，日期为"2022/1/28"。在"明细信息"页签下，出货仓库为"华西仓"，输入完成后依次单击【保存】【提交】按钮完成该发货通知单的新增，如图6-215所示。

图 6-215　新增发货通知单

7. 成都分公司销售主管审核发货通知单

以用户名"成都分公司销售主管_2022001",密码"888888"登录金蝶云星空系统,执行【供应链】—【销售管理】—【出货处理】—【发货通知单列表】命令。勾选新增的发货通知单,单击【审核】,如图 6-216 所示。

图 6-216　审核发货通知单

8. 成都分公司仓管员下推销售出库单

2022 年 1 月 29 日,成都分公司仓管员根据发货通知单上面的货物数量信息进行打包发货出库,仓管员需要在系统中新增销售出库单来体现货物所有权的实际转移,并由仓库主管完成审核。

(1) 以用户名"成都分公司仓管员_2022001",密码"888888"登录金蝶云星空系统,执行【供应链】—【销售管理】—【出货处理】—【发货通知单列表】命令。勾选新增的发货通知单,单击【下推】按钮,在弹出的"选择单据"窗口中,选择"销售出库单",勾选"整单转换:全部分录行一并下推",单击【确定】按钮,如图 6-217 所示。

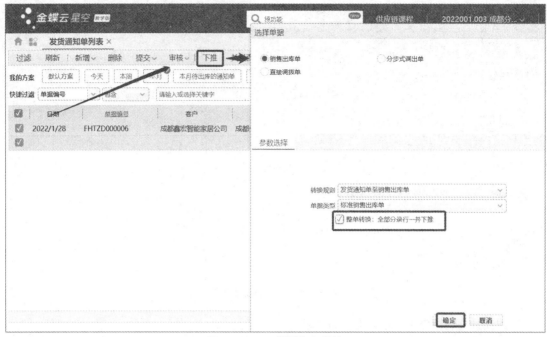

图 6-217 下推销售出库单

(2) 在销售出库单"基本信息"页签下,日期为"2022/1/29",输入完成后依次单击【保存】【提交】按钮完成该销售出库单的新增,如图 6-218 所示。

图 6-218 新增销售出库单

9. 成都分公司仓库主管审核销售出库单

以用户名"成都分公司仓库主管_2022001",密码"888888"登录金蝶云星空系统,执行【供应链】—【销售管理】—【出货处理】—【销售出库单列表】命令。勾选新增的销售出库单,单击【审核】按钮,如图 6-219 所示。

图6-219 审核销售出库单

任务十　跨境电商

↗ 任务描述

在国家"一带一路"政策和各地政府大力建设跨境产业园的相关背景下，出口跨境电商迎来了诸多机遇。中盛智能家居有限公司为发展跨境电商业务，入驻亚马逊北美站开店经营。

为了能在金蝶云星空系统上统一管理公司所有仓库数量变化及统一进行财务核算，每个月底，中盛智能家居有限公司都会在亚马逊后台统计出一个月的总销售量和退货量，并在系统里记录公司在亚马逊平台上的销售情况。

↗ 任务分析

中盛智能家居有限公司与深圳纽派国际物流供应链管理有限公司签订了协议，深圳纽派国际物流供应链管理有限公司为中盛智能家居有限公司的跨境业务提供一站式物流服务，包括运输、仓储管理、派送、退换货等服务。深圳纽派国际物流供应链管理有限公司根据订单的头程运输费、仓储管理费、派送费、额外服务费等生成收款票据，月末与中盛智能家居有限公司集中结算。

亚马逊零售客户在亚马逊平台下单，中盛智能家居有限公司收到订单后使用物流商的物流信息系统，远程管理海外仓储。而深圳纽派国际物流供应链管理有限公司会严格按照中盛智能家居有限公司的远程指令对货物进行存储、分拣、包装等操作，通过寄快递的方式将货物送到亚马逊零售客户的订单地址。发货完成后物流商的物流信息系统会及时更新，以便中盛智能家居有限公司实时掌握库存状况。三者之间的物流、资金流如图6-220所示。

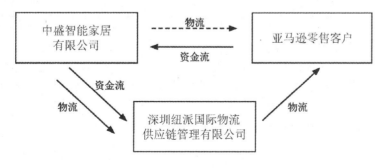

图6-220 企业间的物流、资金流

由于中盛智能家居有限公司需要在亚马逊平台和物流商的物流信息系统分别去管理订单信息、财务信息和仓储物流信息，数据不统一且不便于管理。中盛智能家居有限公司为了在金蝶云星空系统上统一进行供应链管理和财务管理，每个月末由总公司销售员统计出在亚马逊平台的销售情况，统计完成后在金蝶云星空系统录入销售订单，并由销售主管审核。然后由总公司仓管员在金蝶云星空系统录入销售出库单去记录海外仓的库存信息，并由仓库主管审核。总公司与物流商和亚马逊平台之间产生的各种费用则通过新增凭证完成财务核算。跨境电商业务流程如图 6-221 所示。

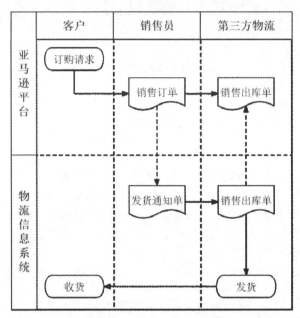

图 6-221　跨境电商业务流程

任务实施

1. 总公司销售员新增亚马逊零售客户

总公司销售员在系统维护亚马逊零售客户，客户信息如表 6-16 所示。

表 6-16　客户信息

客户名称	国家	客户类别	结算币别
亚马逊零售客户	美国	普通销售客户	美元

以用户名"总公司销售员_2022001"，密码"888888"登录金蝶云星空系统，执行【基础管理】—【基础资料】—【主数据】—【客户列表】命令，单击【新增】按钮进入客户新增界面。在"客户"页签下，客户名称为"亚马逊零售客户"。在"基本信息"页签下，国家为"美国"，客户类别为"普通销售客户"。在"商务信息"页签下，结算币别为"美元"，输入完成后依次单击【保存】【提交】【审核】按钮完成该客户的新增，如图 6-222 所示。

图 6-222　新增客户

2. 总公司销售员新增销售订单

2022 年 1 月 30 日，中盛智能家居有限公司销售员在亚马逊后台统计出总共有 87 笔已完结的销售订单，共有 42 台智能音箱和 53 台智能台灯成功卖出，无退货情况。销售员根据统计的订单明细信息在系统中新增销售订单，销售订单信息如表 6-17 所示。

表 6-17　销售订单信息

销售组织	日期	客户	结算币别	收款条件
中盛智能家居有限公司_学号	2022/1/30	亚马逊零售客户	美元	货到收款
物料编码	物料名称	销售数量	含税单价	要货日期
学号.001	智能音箱	42	$150	2022/1/30
学号.006	智能台灯	53	$50	2022/1/30

以用户名"总公司销售员_2022001"，密码"888888"登录金蝶云星空系统，执行【供应链】—【销售管理】—【订单处理】—【销售订单列表】命令，单击【新增】按钮进入销售订单新增界面。在"基本信息"页签下，日期为"2022/1/30"，客户为"亚马逊零售客户"，结算币别为"美元"，收款条件为"货到收款"。在"明细信息"页签下，单击物料编码查询按钮打开物料列表，选择"智能音箱"和"智能台灯"，销售数量分别为"42"和"53"，含税单价分别为"$150"和"$50"，要货日期均为"2022/1/30"。输入完成后依次单击【保存】【提交】按钮完成该销售订单的新增，如图 6-223 所示。

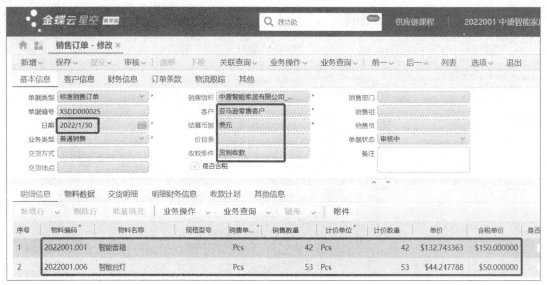

图 6-223　新增销售订单

3. 总公司销售主管审核销售订单

以用户名"总公司销售主管_2022001",密码"888888"登录金蝶云星空系统,执行【供应链】—【销售管理】—【订单处理】—【销售订单列表】命令。勾选新增的销售订单,单击【审核】按钮,如图 6-224 所示。

图 6-224　审核销售订单

4. 总公司仓管员新增销售出库单

2022 年 1 月 30 日,总公司仓管员根据销售订单新增销售出库单,记录海外仓的商品出库信息。

(1) 以用户名"总公司仓管员_2022001",密码"888888"登录金蝶云星空系统,执行【供应链】—【销售管理】—【出货处理】—【销售出库单列表】命令,单击【新增】按钮进入销售出库单新增界面。在"基本信息"页签下,客户为"亚马逊零售客户"。单击【选单】按钮,在弹出的"选择单据"窗口中选择"销售订单",单击【确定】按钮,如图 6-225 所示。

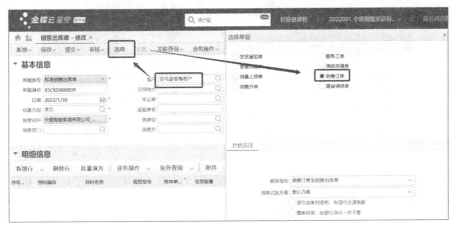

图 6-225　新增销售出库单 1

(2) 在弹出的"销售订单列表"窗口中，勾选已审核的销售订单，单击【返回数据】按钮，如图 6-226 所示。

图 6-226　新增销售出库单 2

(3) 在销售出库单"基本信息"页签下，日期修改为"2022/1/30"。在"明细信息"页签下，仓库选择"海外仓"，所有信息输入完成后依次单击【保存】【提交】按钮完成该销售出库单的新增，如图 6-227 所示。

图 6-227　新增销售出库单 3

5. 总公司仓库主管审核销售出库单

以用户名"总公司仓库主管_2022001"，密码"888888"登录金蝶云星空系统，执行【供应链】—【销售管理】—【出货处理】—【销售出库单列表】命令。勾选新增的销售出库单，单击【审核】

按钮,如图 6-228 所示。

图 6-228 审核销售出库单

任务十一　周期盘点

↗ 任务描述

月末,中盛智能家居有限公司对仓库物料进行周期盘点。公司根据库存物料的占用资金大小和品种数量之间的关系,把材料分为 A、B、C 三类,对于这三类物料制订出不同的盘点计划,如表 6-18 所示。

表 6-18　盘点计划

材料分类	库存价值占库存总价值比例	盘点次数/年
A 类	60%～70%	24
B 类	20%～30%	12
C 类	5%～10%	4

↗ 任务分析

1. 周期盘点

周期盘点是库存盘点方法的一种,是指定期对库存的部分物料进行盘点,从而使一年中对所有物料项目的盘点次数达到预定的值。

周期盘点的方法有 ABC 分类法、分区分块法、存放地点审查法等。面对现代多品种、少批量、多批次的消费需求,仓储管理具有很强的流动性,每种商品所承担的误差风险都是不一样的,此时面面俱到的盘点将会产生大量的价值消耗。而 ABC 分类法可以很好地应对这种现状,它设置的分类标准能让盘点作业更有针对性,降低管理成本。

2. ABC 分类法

ABC 分类法,全称为 ABC 分类库存控制法,它的依据是帕累托原理(20/80 法则),根据少数库存物品占用大部分库存资金,相反多数的库存物品只占用小部分库存资金的现象,将库存物品按品种和占用资金的多少划分为"价值占比高但品种少"的 A 类库存、"价值占比较高品种较少"的 B 类库存、"价值占比低但品种多"的 C 类库存这三个等级。然后,针对不同等级进行重点有效地分级管理与控制,规定不同的盘点间隔期和允许的盘点误差。这种以"重要的少数,次要的多数"为分类原则的管理方法被广泛应用于管理的各个方面。

该分类方法的核心思想是分清主次,让企业将工作的重点放在更重要的库存品上,既加强了管理,又节约了成本,争取盘点作业效率和效果最大化。此外,ABC 分类法在储存管理中还可以起到压缩库存总量,释放占压的资金,使库存结构合理化等作用。

3. 如何进行 ABC 分类

我们把处理对象分为两类,一类是可以量化的,一类是不能量化的。

对于不能量化的,我们通常只有凭经验判断进行分类。而对于能够量化的,分类就要容易得多,而且更为科学。我们以库存管理为例来说明如何进行分类。

第一步,计算每一种材料的金额。

第二步,按照金额由大到小排序并列成表格。

第三步,计算每一种材料金额占库存总金额的比例。

第四步,计算累计比百分比。

第五步,分类。累计比百分比在 60%～70%之间的,为最重要的 A 类材料;累计比百分比在 20%～30%之间的,为次重要的 B 类材料;累计比百分比在 5%～10%之间的,为不重要的 C 类材料。

4. 系统如何实现周期盘点

系统对于周期盘点的一般流程为:

(1) 首先对物料进行 ABC 分组,将料件依照重要性区分成不同等级。

(2) 制订物料周期盘点计划:设置盘点周期,各类物料的盘点频次等。

(3) 根据周期盘点计划创建物料周期盘点表。

(4) 物料周期盘点表审核后根据分单规则生成物料盘点作业。

(5) 按照物料盘点作业上的盘点范围进行实际盘点,然后把实际盘点数量录入系统。

(6) 系统会根据实际盘点数量更新库存账存数量,并且自动生成盘盈单和盘亏单。

周期盘点流程如图 6-229 所示。

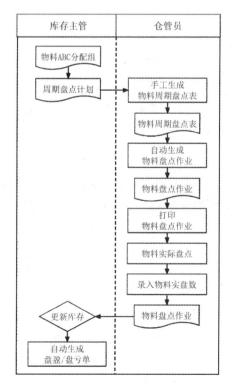

图 6-229 周期盘点流程

任务实施

1. 总公司仓库主管设置 ABC 分配组

总公司仓库主管根据计算各类物料的金额占库存总金额的比例进行 ABC 分类，A 类物料每年盘点 24 次，B 类物料每年盘点 12 次，C 类物料每年盘点 4 次。具体的 ABC 分配组信息如表 6-19 所示。

表 6-19 ABC 分配组信息

分组名称	盘盈容差	盘亏容差	次/年	物料名称
A 类	1	1	24	智能门锁
				扫地机器人
				自动洗碗机
B 类	2	2	12	智能音箱
				智能摄像机
				智能投影仪
				无线吸尘器
				空气净化器
C 类	5	5	4	智能台灯
				自动洗手机
				无线充电宝
				抑菌洗手液
				充电套装
				电池

（1）以用户名"总公司仓库主管_2022001"，密码"888888"登录金蝶云星空系统，执行【供应链】—【库存管理】—【周期盘点】—【ABC 分配组列表】命令，单击【新增】按钮进入 ABC 分配组新增界面。在"分组"页签下，A 类、B 类、C 类都勾选"控制容差"：A 类的盘盈容差为 1%，盘亏容差为 1%，一年盘点 24 次；B 类的盘盈容差为 2%，盘亏容差为 2%，一年盘点 12 次；C 类的盘盈容差为 5%，盘亏容差为 5%，一年盘点 4 次。输入完成后如图 6-230 所示。

图 6-230 新增 ABC 分配组 1

(2) 选择 A 类这一行，单击【编辑物料明细】按钮，单击物料查询按钮打开物料列表，勾选"智能门锁""扫地机器人""自动洗碗机"，单击【返回数据】按钮，物料编辑完成后单击【确定】按钮，如图 6-231 所示。

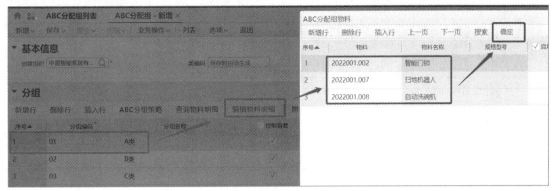

图 6-231　新增 ABC 分配组 2

(3) 选择 B 类这一行，单击【编辑物料明细】按钮，单击物料查询按钮打开物料列表，勾选"智能音箱""智能摄像机""智能投影仪""无线吸尘器""空气净化器"，单击【返回数据】按钮，物料编辑完成后单击【确定】按钮，如图 6-232 所示。

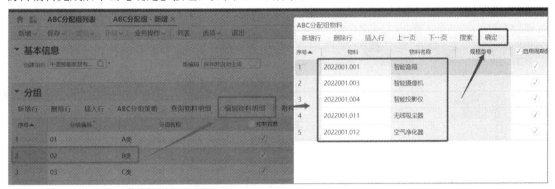

图 6-232　新增 ABC 分配组 3

(4) 选择 C 类这一行，单击【编辑物料明细】按钮，单击物料查询按钮打开物料列表，勾选"智能台灯""自动洗手机""无线充电宝""抑菌洗手液""充电套装""电池"，单击【返回数据】按钮，物料编辑完成后单击【确定】按钮，如图 6-233 所示。

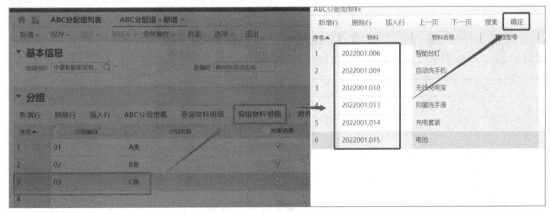

图 6-233　新增 ABC 分配组 4

(5) ABC 分配组的信息输入完成后，依次单击【保存】【提交】【审核】按钮完成该 ABC 分配组的新增及审核。

2. 总公司仓库主管制订周期盘点计划

2022 年 1 月初，总公司仓库主管在系统设置 2022 年周期盘点计划，要求所有仓库都要进行周期盘点，周期盘点计划信息如表 6-20 所示。

表 6-20　周期盘点计划

盘点计划名称	间隔周期	周期单位	上次计划日期
2022 年周期盘点计划	1	月	2021/12/31
失效日期	实盘数默认值	仓库范围	ABC 分配组名称
2023/1/1	账存数	全部仓库	ABC 分配组

(1) 以用户名"总公司仓库主管_2022001"，密码"888888"登录金蝶云星空系统，执行【供应链】—【库存管理】—【周期盘点】—【周期盘点计划列表】命令，单击【新增】按钮进入周期盘点计划新增界面。在"基本信息"页签下，盘点计划名称为"2022 年周期盘点计划"，间隔周期为"1"，周期单位为"月"，上次计划日期为"2021/12/31"，失效日期为"2023/1/1"。在"盘点参数"页签下，实盘数默认值为"账存数"。在"仓库范围"页签下，选择"全部仓库"，如图 6-234 所示。

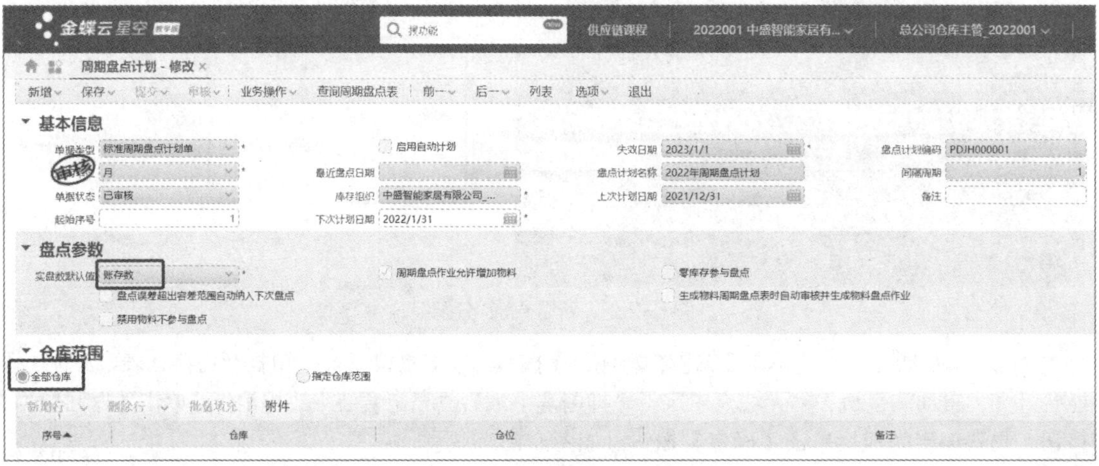

图 6-234　新增周期盘点计划 1

(2) 在"ABC 分组"页签下，单击 ABC 分配组编码查询按钮打开 ABC 分配组列表，选择刚刚新增的 ABC 分配组，如图 6-235 所示。输入完成后依次单击【保存】【提交】【审核】按钮完成该周期盘点计划的新增及审核。

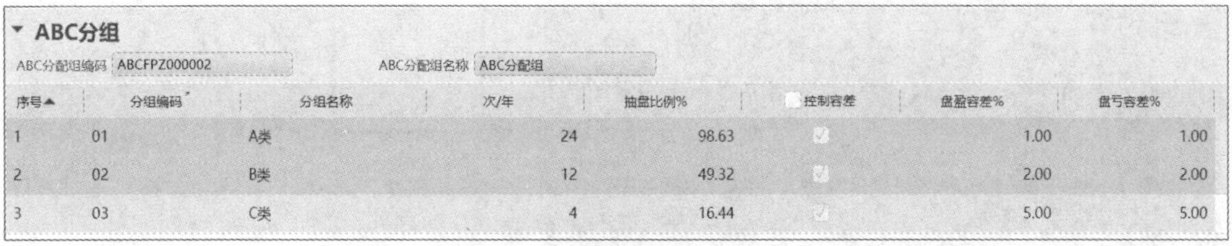

图 6-235　新增周期盘点计划 2

3. 总公司仓管员生成周期盘点表

以用户名"总公司仓管员_2022001",密码"888888"登录金蝶云星空系统,执行【供应链】—【库存管理】—【周期盘点】—【周期盘点计划列表】命令。勾选新增的周期盘点计划,单击【业务操作】按钮,选择【生成周期盘点表】,在弹出的"处理结果"窗口中可以看到"物料周期盘点表生成成功"的信息,如图6-236所示。

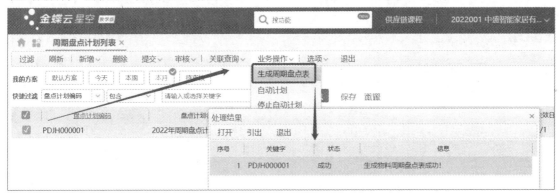

图6-236 生成物料周期盘点表

4. 总公司仓库主管审核周期盘点表

以用户名"总公司仓库主管_2022001",密码"888888"登录金蝶云星空系统,执行【供应链】—【库存管理】—【周期盘点】—【物料周期盘点表列表】命令。打开新增的物料周期盘点表进行查看,核对计划盘点日期无误后依次单击【提交】【审核】按钮完成该物料周期盘点表的审核,如图6-237所示。

图6-237 审核物料周期盘点表

5. 总公司仓管员执行物料盘点作业

仓库主管对物料周期盘点表审核之后,系统会根据设定的周期盘点计划,随机抽盘生成盘点作业,如图6-238所示。

仓管员会在计划盘点当天打开物料盘点作业界面,单击【获取账存数】按钮,打印物料盘点作业。然后根据物料盘点作业上的盘点明细信息对仓库进行实际盘点,再将实际盘点数量录入到系统中,系统将会自动更新库存并生成盘盈或盘亏单。

注：由于该操作需要修改服务器主机时间，因此这部分内容无须操作，了解流程即可。

图6-238 物料盘点作业

第7章 财务核算

存货核算是供应链系统与财务系统相连的一个重要环节，供应链系统中的各种单据都要通过核算与结转来完成成本的确认。本章将对前一章所发生的业务进行财务核算，完成供应链业务处理的核算和应收应付处理，实现企业业务、财务一体化的完整管理。

操作视频

任务一 应收应付处理

↗ 任务描述

中盛智能家居有限公司的会计人员根据企业发生的采购业务生成应付单，根据企业发生的销售业务生成应收单。

↗ 任务分析

应收、应付主要是记录公司与客户和供应商之间的贸易往来，记录公司应收客户多少款、应付供应商多少款的账目。应收、应付本质上是企业的债权和债务。应收、应付是在竞争激烈的市场经济条件下，企业为了市场发展、提高产品的市场占有率所产生的。

采购业务类型有标准采购、直运采购、VMI采购等；销售业务类型有标准销售、寄售、直运销售等。在金蝶云星空系统中，根据不同的业务，需要采用不同的方式完成应收应付处理。

↗ 任务实施

1. 标准采购业务应付

下面以结算供应商北京瑞安科技有限公司的标准采购业务为例。

案例背景回顾：2022年1月11日，中盛智能家居有限公司采购员进行配额采购，向供应商北京瑞安科技有限公司采购了150台智能投影仪，每台含税单价为1000元，整单打了九折优惠，由上海分公司进行收货，统一由总公司进行结算。1月17日，上海分公司收到货物检验后，将150台智能投影仪做入库处理。1月18日，总公司会计人员收到供应商北京瑞安科技有限公司开具的采购发票，发票总金额为135,000元。

（1）以用户名"总公司会计_2022001"，密码"888888"登录金蝶云星空系统，选择组织"中盛智能家居有限公司_2022001"，执行【财务会计】—【应付款管理】—【采购应付】—【应付单】命令，打开应付单新增界面，先选择供应商为"北京瑞安科技有限公司"，再单击【选单】按钮，在弹出的"选择单据"窗口中选择"采购入库单"，单击【确定】按钮，如图7-1所示。

图 7-1 应付单-选单界面 1

(2) 在采购入库单列表中，勾选采购入库单，单击【返回数据】按钮，如图 7-2 所示。

图 7-2 应付单-选单界面 2

(3) 选单完成之后，在应付单的"基本"页签和"明细"页签下可以看到采购入库单的物料信息及财务信息都已带入到应付单里面，将业务日期修改为"2022/1/18"，核对物料信息和价税合计无误后，依次单击【保存】【提交】【审核】按钮，完成该标准采购业务的应付处理，如图 7-3 所示。

图 7-3 审核应付单

2. 直运业务应付

案例背景回顾：2022 年 1 月 9 日，中盛智能家居有限公司采购员收到武汉分公司销售员的采购申请，于是向供应商深圳富翰电子科技有限公司下达直运采购订单，采购 80 台智能电动按摩椅，由供应商直接向客户发运货物。1 月 21 日，总公司会计人员收到供应商深圳富翰电子科技有限公司开具的增值税发票，发票总金额为 135,000 元。

（1）以用户名"总公司会计_2022001"，密码"888888"登录金蝶云星空系统，选择组织"中盛智能家居有限公司_2022001"，执行【财务会计】—【应付款管理】—【采购应付】—【应付单】命令，打开应付单新增界面，先选择供应商为"深圳富翰电子科技有限公司"，再单击【选单】按钮，在弹出的"选择单据"按钮窗口中选择"采购订单"，单击【确定】按钮。在采购订单列表中，勾选采购日期为"2022/1/9"的直运采购订单，单击【返回数据】按钮，如图 7-4 所示。

图 7-4　应付单-选单界面(直运业务)

（2）选单完成之后，在应付单的"基本"页签和"明细"页签下可以看到采购订单的物料信息及财务信息都已带入到应付单里面，将业务日期修改为"2022/1/21"，核对物料信息和价税合计无误后，依次单击【保存】【提交】【审核】按钮，完成该直运采购业务的应付处理，如图 7-5 所示。

图 7-5　审核应付单(直运业务)

3. VMI 业务应付

案例背景回顾：2022 年 1 月 11 日，总公司采购员确认供应商广州君信电子科技有限公司发来的建议订单，由供应商补货一批智能音箱和智能台灯到供应商仓库里，供总公司销售。月末，中盛智能科技有限公司根据产品的使用量与供应商广州君信电子科技有限公司进行结算。1 月 31 日，总公司会计人员收到供应商广州君信电子科技有限公司开具的增值税发票，发票总金额为 113,400 元。

(1) 以用户名"总公司会计_2022001"，密码"888888"登录金蝶云星空系统，选择组织"中盛智能家居有限公司_2022001"，执行【财务会计】—【应付款管理】—【采购应付】—【应付单】命令，打开应付单新增界面。单击【选单】按钮，在弹出的"选择单据"窗口中选择"物权转移单"，单击【确定】按钮。在物权转移单列表中，全选所有物权转移单单据，单击【返回数据】按钮，如图 7-6 所示。

图 7-6　应付单-选单界面(VMI 业务)

(2) 选单完成之后，在应付单的"基本"页签和"明细"页签下可以看到物权转移单的物料信息及财务信息都已带入到应付单里面，将业务日期修改为"2022/1/31"，核对物料信息和价税合计无误后，依次单击【保存】【提交】【审核】按钮，完成该 VMI 业务的应付处理，如图 7-7 所示。

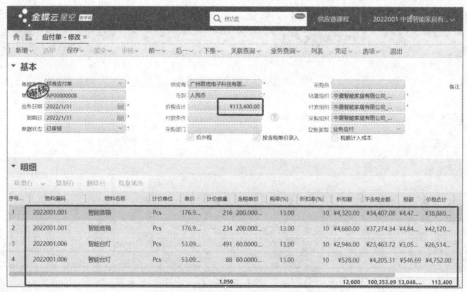

图 7-7　审核应付单(VMI 业务)

4. 标准销售业务应收

下面以结算客户佛山顺乐电器股份有限公司的销售业务为例。

案例背景回顾：2022年1月8日，中盛智能家居有限公司销售员与客户佛山顺乐电器股份有限公司签订销售订单，销售智能音箱450台和智能台灯600台。由于是从供应商仓库取货出库的，因此销售订单类型标记为VMI销售订单，只是为了便于系统识别VMI出库单进行VMI消耗汇总，但实际上该订单流程与标准销售业务流程是一样的，财务核算流程也是一样。1月19日，中盛智能家居有限公司从供应商仓库将货物运送给客户，总公司会计人员根据出库单确认销售收入，并开具发票给客户，发票总金额为315,000元。

(1) 以用户名"总公司会计_2022001"，密码"888888"登录金蝶云星空系统，选择组织"中盛智能家居有限公司_2022001"，执行【财务会计】—【应收款管理】—【销售应收】—【应收单】命令，打开应收单新增界面。先选择客户为"佛山顺乐电器股份有限公司"，再单击【选单】按钮，在弹出的"选择单据"窗口中选择"销售出库单"，单击【确定】按钮。在销售出库单列表中，全选所有销售出库单单据，单击【返回数据】按钮，如图7-8所示。

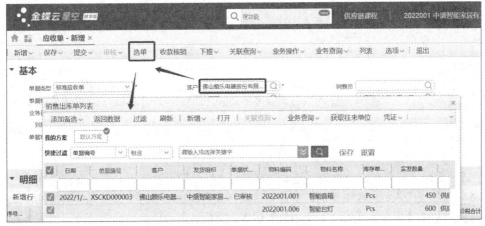

图7-8 应收单-选单界面(标准销售业务)

(2) 选单完成之后，在应收单的"基本"页签和"明细"页签下可以看到销售出库单的物料信息及财务信息都已带入到应收单里面，将业务日期修改为"2022/1/19"，核对物料信息和价税合计无误后，依次单击【保存】【提交】【审核】按钮，完成该销售业务的应收处理，如图7-9所示。

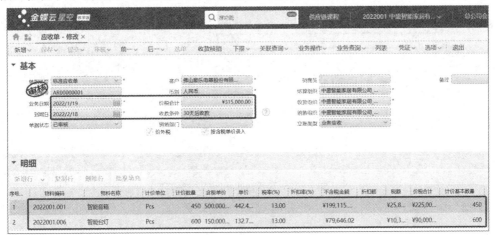

图7-9 审核应收单(标准销售业务)

5. 寄售业务应收

案例背景回顾：2022 年 1 月 15 日，中盛智能家居有限公司与客户深圳佳晨电子商贸有限公司签订了寄售协议，约定每个月底中盛智能家居有限公司会根据寄售商卖出的自动洗手机数量进行结算。月末，深圳佳晨电子商贸有限公司统计共成功卖出 100 台自动洗手机，每台结算含税单价为 100 元。总公司会计人员根据寄售结算单确认销售收入，并开具发票给客户，发票总金额为 10,000 元。

(1) 以用户名"总公司会计_2022001"，密码"888888"登录金蝶云星空系统，选择组织"中盛智能家居有限公司_2022001"，执行【财务会计】—【应收款管理】—【销售应收】—【应收单】命令，打开应收单新增界面。单击【选单】按钮，在弹出的"选择单据"窗口中选择"寄售结算单"，单击【确定】按钮。在寄售结算单列表中，勾选寄售结算单单据，单击【返回数据】按钮，如图 7-10 所示。

图 7-10　应收单-选单界面(寄售业务)

(2) 选单完成之后，在应收单的"基本"页签和"明细"页签下可以看到寄售结算单的物料信息及财务信息都已带入到应收单里面，将业务日期修改为"2022/1/31"，核对物料信息和价税合计无误后，依次单击【保存】【提交】【审核】按钮，完成该寄售业务的应收处理，如图 7-11 所示。

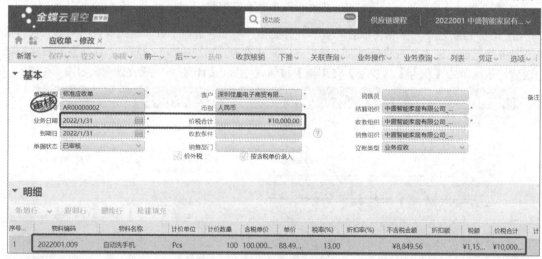

图 7-11　审核应收单(寄售业务)

任务二 存货核算

➚ 任务描述
会计期末需要对中盛智能家居有限公司在 2022 年 1 月发生的所有出入库业务进行存货核算。

➚ 任务分析

1. 存货核算相关概念

存货是指企业在生产经营过程中为销售或耗用而储备的各种资产，包括商品、产成品、半成品、在产品及各种材料、燃料、包装物、低值易耗品等。在企业经营过程中，总是在不断地购入、耗用或销售存货，因此每个会计期间都要进行存货核算。存货的核算是企业会计核算的一项重要内容，正确计算存货购入成本，反映和监督存货的收发、领退和保管情况，促进企业提高资金的使用效果。

存货核算是指企业存货价值(即成本)的计量，用于工商业企业存货出入库核算，存货出入库凭证处理，核算报表查询，期初期末库存余额处理及相关资料的维护。存货核算将在各业务系统流转的存货进行统一核算，并通过会计凭证，将存货价值反映到财务会计报表中。

2. 存货核算业务

根据企业的不同业务划分不同的存货核算业务类型，如采购入库核算、入库成本暂估、委外入库核算、出库成本核算及其他存货核算。

(1) 采购入库核算是指将企业日常经营活动中采购物料或商品所发生的费用，包括购买价款及可归属于存货成本的相关采购费用，如关税、运输费、装卸费、保险费等，按照核算规则计入对应物料或商品的入库成本。

(2) 入库成本暂估，主要用来对本期发票未到的入库单进行估价，系统是通过入库成本维护来完成的。

(3) 委外入库核算是指企业接收委外加工产品入库后，需要对该部分产品核算成本。委外加工产品的成本包括两大部分：一是耗用委外发出物料的材料成本；二是支付给加工厂商的加工费用及附加费用，如运费、装卸费用等。

(4) 出库成本核算是指根据物料的入库成本及期初余额按照确定的计价方法核算出其出库成本。出库成本核算支持加权平均法、移动平均法、先进先出法及个别计价法。

(5) 其他存货核算是指对企业日常经营活动中的一些特殊业务进行存货出入库成本核算，如库存状态转换、形态转换、批号调整、组装拆卸等业务。

➚ 任务实施

1. 新增采购费用应付单

中盛智能家居有限公司向供应商北京瑞安科技有限公司采购智能投影仪 150 台，发生了采购运费共 2 000 元，总公司会计新增应付单信息如表 7-1 所示。

表 7-1 应付单信息

单据类型	供应商	业务日期	到期日
费用应付单	北京瑞安科技有限公司	2022/1/16	2022/1/16
费用项目	计价数量	含税单价(元)	税率
运费	1	2 000	13%

以用户名"总公司会计_2022001",密码"888888"登录金蝶云星空系统,选择组织"中盛智能家居有限公司_2022001",执行【财务会计】—【应付款管理】—【采购应付】—【应付单】命令。在"基本"页签下,单据类型选择为"费用应付单",供应商为"北京瑞安科技有限公司",业务日期为"2022/1/16",到期日为"2022/1/16"。在"明细"页签下,费用项目为"运费",计价数量为"1",含税单价为"¥2,000",税率为"13%",所有信息录入完成后,依次单击【保存】【提交】【审核】按钮,如图7-12所示。

图7-12 新增费用应付单

2. 采购费用分配

总公司会计将上述采购费用应付单的金额分配到对应的采购入库单上,将采购费用计入采购入库的存货成本。

(1) 以用户名"总公司会计_2022001",密码"888888"登录金蝶云星空系统,选择组织"中盛智能家居有限公司_2022001",执行【成本管理】—【存货核算】—【存货核算】—【采购费用分配】命令。单击【应付单】按钮,在弹出的"列表过滤"窗口中单击【确定】按钮,如图7-13所示。

图7-13 采购费用分配1

(2) 单击【库存单据】按钮,在"列表过滤"窗口的"条件"页签下,设置过滤条件为:"单据头-供应商""等于""北京瑞安科技有限公司",单击【确定】按钮,如图7-14所示。

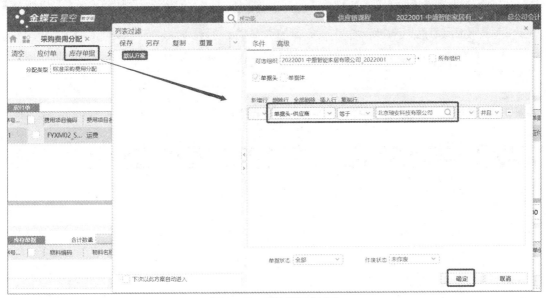

图 7-14 采购费用分配 2

(3) 勾选应付单和库存单据,单击【分配】按钮,在弹出的"处理结果"窗口中可以看到"分配成功"的信息,如图7-15所示。

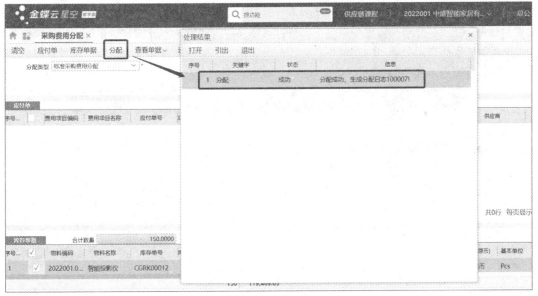

图 7-15 采购费用分配 3

❖ 注意:

费用应付单只能分配一次,而库存单据可以分配多次。若采购费用分配错误,可在钩稽日志查询中进行反钩稽。

(4) 分配完成之后,单击【查看单据】按钮,选择【钩稽日志】,可查看钩稽日志,如图 7-16

所示。钩稽日志查询结果如图 7-17 所示。

图 7-16　查看钩稽日志 1

图 7-17　查看钩稽日志 2

3. 采购入库核算

（1）以用户名"总公司会计_2022001"，密码"888888"登录金蝶云星空系统，选择组织"中盛智能家居有限公司_2022001"，执行【成本管理】—【存货核算】—【存货核算】—【采购入库核算】命令。在"核算组织设置"页签下，核算体系名称为"财务会计核算体系"，核算组织名称为"中盛智能家居有限公司_2022001"，会计政策名称为"中国准则会计政策"，设置完成后单击【下一步】按钮，如图 7-18 所示。

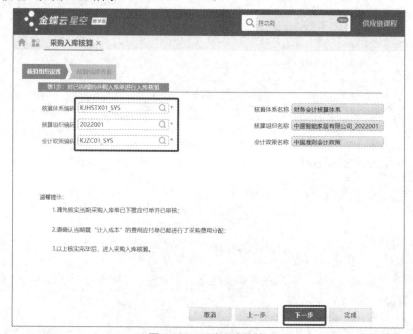

图 7-18　采购入库核算

(2) 在“核算结果查看”页签下，单击【入库成本维护】按钮，如图 7-19 所示，查看采购入库单成本核算信息，如图 7-20 所示。

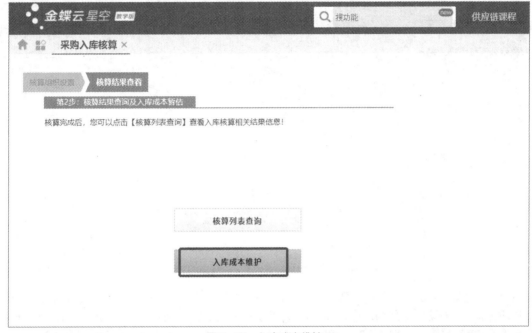

图 7-19　入库成本维护 1

序号...	单据编号	单据行号	物料编码	物料名称	规格型号	批号	仓库	存货类别	基本单位	数量	单价	金额
1	CGRK00001	1	2022001.007	扫地机器人			华南总仓	产成品	Pcs	127	¥796.460157	¥101,150.44
2	CGRK00001	2	2022001.008	自动洗碗机			华南总仓	产成品	Pcs	20	¥1,991.150500	¥39,823.01
3	CGRK00001	3	2022001.011	无线吸尘器			华南总仓	产成品	Pcs	79	¥477.876076	¥37,752.21
4	CGRK00004	1	2022001.003	智能摄像机			华南总仓	产成品	Pcs	165	¥79.867273	¥13,178.10
5	CGRK00005	1	2022001.003	智能摄像机			华南总仓	产成品	Pcs	200	¥84.070800	¥16,814.16
6	CGRK00006	1	2022001.003	智能摄像机			华南总仓	产成品	Pcs	83	¥84.070843	¥6,977.88
7	CGRK00007	1	2022001.002	智能门锁			华南总仓	产成品	Pcs	90	¥461.946889	¥41,575.22
8	CGRK00008	1	2022001.002	智能门锁			华南总仓	产成品	Pcs	76	¥504.424737	¥38,336.28

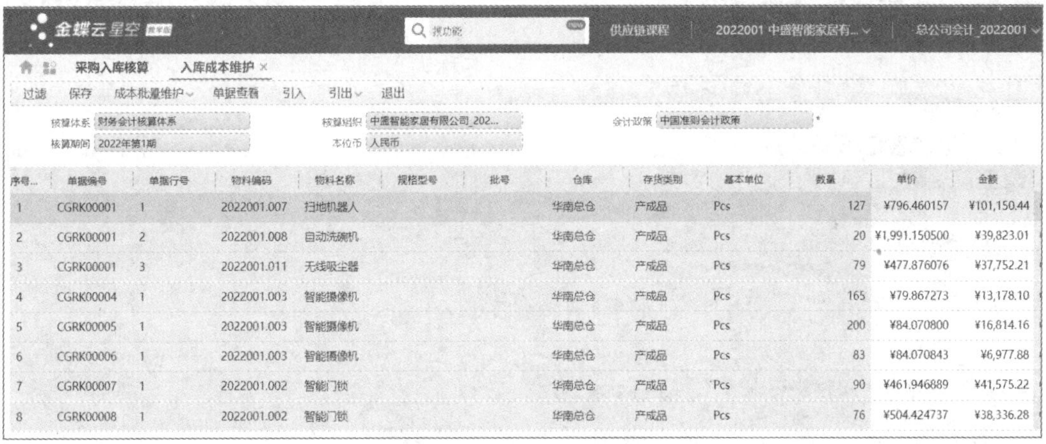

图 7-20　入库成本维护 2

4. 出库成本核算

(1) 以用户名“总公司会计_2022001”，密码“888888”登录金蝶云星空系统，选择组织“中盛智能家居有限公司_2022001”，执行【成本管理】—【存货核算】—【存货核算】—【出库成本核算】命令。在“选择范围”页签下，核算体系为“财务会计核算体系”，核算组织为“中盛智能家居有限公司_2022001”，会计政策为“中国准则会计政策”，设置完成后单击【下一步】按钮，如图 7-21 所示。

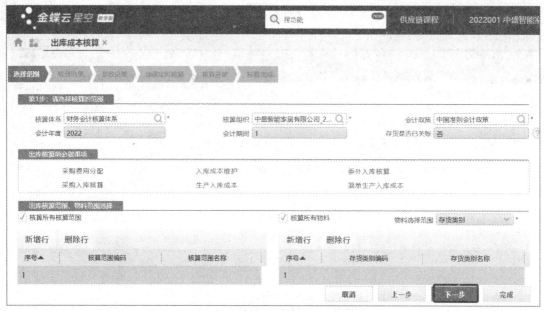

图 7-21 出库成本核算界面"选择范围"页签

(2) 在"参数设置"页签下，勾选"写成本计算过程""出库单据生成凭证后重新核算不生成成本调整单""自动进行采购入库核算"，设置完成后单击【下一步】按钮，如图 7-22 所示。

图 7-22 出库成本核算界面"参数设置"页签

(3) 出库成本核算完成后，可在核算完成界面下点击查看相关报表信息，例如核算单据查询、存货收发存汇总表、存货收发存明细表等，如图 7-23 所示。

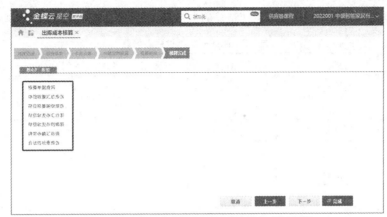

图 7-23 出库成本核算界面"核算完成"页签

(4) 在出库成本核算完成界面上,单击【存货收发存汇总表】按钮,打开存货收发存汇总表界面,在界面上可看到中盛智能家居有限公司在 2022 年第一期的收发存总体信息,包括期初余额、本期收入、本期发出、期末结存汇总信息,如图 7-24 所示。

图 7-24 存货收发存汇总表界面

任务三 组织间结算

↗ 任务描述

月末,考虑到对分公司进行绩效考核,各分公司会计需要对涉及的跨组织业务进行组织间结算。

↗ 任务分析

总公司对分公司的绩效考核基本以收入和利润为导向,通过组织间结算生成组织间的应收应付单,明确分公司的收入与支出。

在第 6 章任务一调拨销售业务中,北京分公司接单后发现智能音箱库存不足,与上海分公司沟通后由上海分公司发货给客户,该业务属于跨组织销售业务,因此需要进行组织间结算。

↗ 任务实施

1. 组织间结算价目表

中盛智能家居有限公司对下属的分公司采用利润中心核算方式进行考核,因此需要对各个利润中心设置组织间结算关系,并定义组织间结算的价目表。组织间结算价目表信息如表 7-2 所示。

表 7-2 组织间结算价目表信息

物料编码	物料名称	含税单价(元)	税率	生效日期	失效日期
学号.001	智能音箱	200	13%	2022/1/1	2100/1/1
学号.002	智能门锁	600	13%	2022/1/1	2100/1/1
学号.003	智能摄像机	100	13%	2022/1/1	2100/1/1
学号.004	智能投影仪	1000	13%	2022/1/1	2100/1/1
学号.006	智能台灯	60	13%	2022/1/1	2100/1/1
学号.007	扫地机器人	1000	13%	2022/1/1	2100/1/1
学号.008	自动洗碗机	2500	13%	2022/1/1	2100/1/1
学号.009	自动洗手机	50	13%	2022/1/1	2100/1/1
学号.010	无线充电宝	40	13%	2022/1/1	2100/1/1
学号.011	无线吸尘器	600	13%	2022/1/1	2100/1/1
学号.012	空气净化器	400	13%	2022/1/1	2100/1/1
学号.013	抑菌洗手液	15	13%	2022/1/1	2100/1/1
学号.014	充电套装	30	13%	2022/1/1	2100/1/1
学号.015	电池	2	13%	2022/1/1	2100/1/1

(1) 以用户名"信息管理员_2022001",密码"888888"登录金蝶云星空系统,执行【供应链】—【组织间结算】—【价格资料】—【组织间结算价目表列表】命令,单击【新增】按钮进入组织间结算价目表新增界面。在"基本信息"页签下,名称为"组织间结算价目表",勾选"含税",生效日为"2022/1/1",失效日为"2100/1/1"。在"明细信息"页签下,按照表 7-2 组织间结算价目表信息录入物料、含税单价和税率,所有信息录入完成后,依次单击【保存】【提交】【审核】按钮,如图 7-25 所示。

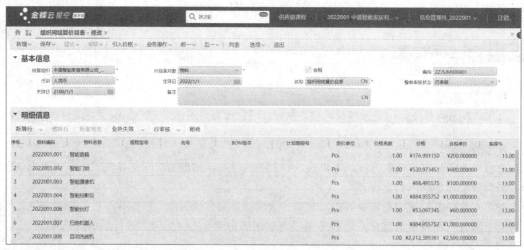

图 7-25 新增组织间结算价目表

(2) 在组织间结算价目表界面,单击【业务操作】按钮,选择【分发】,在弹出的"业务资料分发向导"窗口中的"权限检查"页签下,单击【下一步】按钮,在"选择分发组织"页签下,勾选所有分公司,单击【下一步】按钮,在"分发结果"页签下可以看到分发成功的信息,如图7-26所示。

图7-26 组织间结算价目表分发

2. 组织间结算关系

组织间结算关系如表7-3所示。

表7-3 组织间结算关系

会计核算体系	供货方(核算组织)	接收方(核算组织)	结算价目表	业务背景
利润中心核算体系	北京分公司_学号	上海分公司_学号	组织间结算价目表	跨组织销售 库存调拨
	北京分公司_学号	成都分公司_学号		
	北京分公司_学号	武汉分公司_学号		
	上海分公司_学号	北京分公司_学号		
	上海分公司_学号	成都分公司_学号		
	上海分公司_学号	武汉分公司_学号		
	成都分公司_学号	北京分公司_学号		
	成都分公司_学号	上海分公司_学号		
	成都分公司_学号	武汉分公司_学号		
	武汉分公司_学号	北京分公司_学号		
	武汉分公司_学号	上海分公司_学号		
	武汉分公司_学号	成都分公司_学号		

以用户名"信息管理员_2022001",密码"888888"登录金蝶云星空系统,选择组织"中盛智能家居有限公司_2022001",执行【供应链】—【组织间结算】—【组织间结算关系】—【组织间结算关系列表】命令,单击【新增】按钮进入组织间结算关系新增界面。在"基本信息"页签下,会计核算体系为"利润中心核算体系"。在"结算关系明细"页签下,按照表7-3 组织间结算关系信息录入供货方和接收方。在"价格来源"页签下,结算价目表名称为"组织间结算价目表",如图7-27所示。

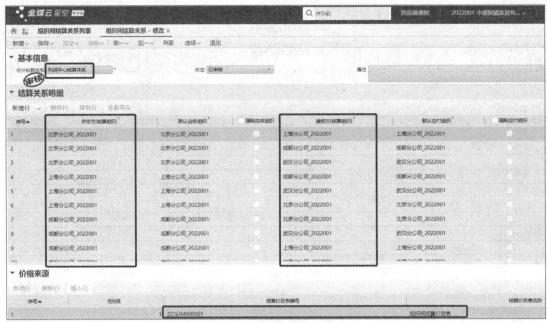

图 7-27 新增组织间结算关系

3. 进行组织间结算

(1) 以用户名"北京分公司会计_2022001",密码"888888"登录金蝶云星空系统,执行【供应链】—【组织间结算】—【结算清单】—【创建结算清单】命令。在"选择范围"页签下,会计核算体系为"利润中心核算体系",核算组织为"北京分公司_2022001",起始日期为"2022/1/1",截止日期为"2022/1/31",设置完成后单击【下一步】按钮,如图 7-28 所示。

图 7-28 创建结算清单 1

(2) 在"参数设置"页签下,勾选"结算业务对方组织自动生成结算清单""有结算价格的应收结算清单自动审核""审核应收结算清单联动审核应付结算清单",设置完成后单击【下一步】按钮,如图 7-29 所示。

图 7-29　创建结算清单 2

（3）在"结算取价来源"页签下，单击【下一步】按钮，如图 7-30 所示。

图 7-30　创建结算清单 3

（4）在"结算中间结果"页签下，勾选"含税"，并输入智能音箱的含税单价为"￥200"、智能摄像机的含税单价为"￥100"，税率输入"13%"，所有价格信息输入完成后单击【下一步】按钮，如图 7-31 所示。

图 7-31　创建结算清单 4

（5）在"结算完成"页签下，可以看到"创建结算清单成功"的信息，也可以查询已生成的结算清单，如图 7-32 所示。

图 7-32 创建结算清单 5

4. 北京分公司应付处理

(1) 以用户名"北京分公司会计_2022001",密码"888888"登录金蝶云星空系统。执行【财务会计】—【应付款管理】—【采购应付】—【应付单】命令,打开应付单新增界面。单击【选单】按钮,在弹出的"选择单据"窗口中选择"应付结算清单_物料",单击【确定】按钮。在弹出的"应付结算清单_物料列表"窗口中,勾选前面生成的应付结算清单_物料,单击【返回数据】按钮,如图 7-33 所示。

图 7-33 应付单-选单界面

(2) 在应付单"基本"页签下,业务日期为"2022/1/31",核对价税合计为"100,000",信息录入完成后,依次单击【保存】【提交】【审核】按钮完成该单据的审核,如图 7-34 所示。

图 7-34 应付单审核

5. 上海分公司应收处理

(1) 以用户名"上海分公司会计_2022001",密码"888888"登录金蝶云星空系统,执行【财务会计】—【应收款管理】—【销售应收】—【应收单】命令,打开应收单新增界面。单击【选单】按钮,在弹出的"选择单据"窗口中选择"应收结算清单_物料",单击【确定】按钮。在弹出的"应收结算清单_物料列表"窗口中,勾选前面生成的应收结算清单_物料,单击【返回数据】按钮,如图 7-35 所示。

图 7-35 应收单-选单界面

(2) 在应收单"基本"页签下,业务日期为"2022/1/31",核对价税合计为"100,000",信息录入完成后,依次单击【保存】【提交】【审核】按钮完成该单据的审核,如图 7-36 所示。

图 7-36 应收单审核

第 8 章 供应商协同

供应商协同一般又称为供应商协同门户或供应商协同平台,它是在供应链运作中,面向核心企业及其供应商构建的供应业务协作平台。供应商协同的总体目标是充分整合供应链资源,帮助供需双方进行实时高效的业务协同,不断提高供应链的竞争力。

操作视频

传统采购适应不了变化越来越大、竞争越来越激烈的市场,其在企业中的弊端变得越来越明显:在采购过程中供应商和企业之间的信息是封闭的,使得双方无法有效共享信息,从而影响采购效率,造成采购和库存成本的增加;双方通过社交软件、传真等方式进行沟通交流,沟通效率低,信息经常出现不对等的情况;对产品品质、交货期的控制难度大,等等。而供应商协同平台的出现很好地解决了以上问题,利用供应商协同平台可实现信息实时共享、业务数据传递,建立有效的沟通渠道,实现供应与生产的高度配合,提高企业与供应商的作业效率。通过供应商与企业建立伙伴关系,针对生产和市场的变化,敏捷应对、随需而动,构建企业具有竞争力的供应链体系,实现供需双方的在线业务协同,最后达到双赢的目的。

金蝶云供应商协同模块主要功能包括信息协同、寻源协同、订单协同、交货协同、库存协同等功能。供应商协同总体流程如图 8-1 所示。

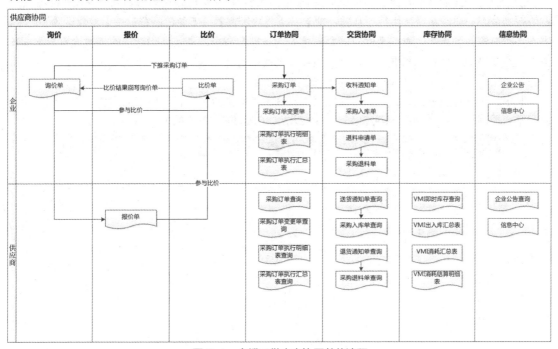

图 8-1 金蝶云供应商协同总体流程

本章节将从信息协同、报价协同、订单协同、交货协同和库存协同这 5 个方面展开,阐述企业如何实现与供应商之间的业务协作。

任务一　基础设置

↗ 任务描述

中盛智能家居有限公司为了实现供应商协同，借助供应商协同平台提高双方的工作效率，需要为供应商注册供应商协同平台的用户账号。参与供应商协同有三家供应商，分别是广州君信电子科技有限公司、深圳富翰电子科技有限公司和深圳杰胜科技有限公司。

↗ 任务分析

供应商协同平台是企业与供应商之间进行业务协同的基础系统。企业可以在此平台上建立自身的供应链体系，实现供需双方的在线业务协同。金蝶云供应商协同平台是基于金蝶云 BOS 开发，且与金蝶云采用相同的数据中心，保障了企业数据与供应商数据的实时性和一致性。同时，基于 BOS 强大的开发能力，为企业的个性化应用提供良好的技术支撑。

为了充分整合供应链资源，帮助供需双方进行实时高效的业务协同，中盛智能家居有限公司决定实现供应商协同，因此需要为供应商设置用户账号，方便企业与供应商进行实时信息共享和业务协同。其中，由于供应商只跟总公司有业务往来，所以供应商用户账号应该是建立在总公司下面的，这样才能与总公司实现信息共享，另外，供应商用户账号必须绑定对应的供应商信息，系统才会严格按照供应商进行数据隔离。

↗ 任务实施

1. 启用供应商协同平台

供应商协同参数属于数据中心级参数，需要登录系统管理界面进行设置。以管理员(administrator)身份登录金蝶云星空系统，执行【基础管理】—【公共设置】—【参数设置】—【参数设置】命令，进入【参数设置】界面。执行【供应链】—【采购管理】命令，进入采购管理的参数设置界面。单击"供应商协同"页签，在供应商协同参数设置页面，勾选"启用供应商协同平台"，选择默认的服务器及站点名称，单击【保存】按钮，如图 8-2 所示。

其中，访问地址示例中的地址即供应商用户登录供应商协同平台所使用的网址，本案例供应商协同平台的网址为："http://SERVER-E553BC67/K3Cloud/HTML5/SCPindex.aspx"。

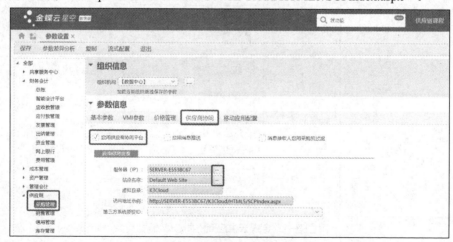

图 8-2　启用供应商协同平台

2. 设置供应商用户

信息管理员依据业务需求,需要维护供应商协同平台上的用户信息,具体的供应商用户信息如表 8-1 所示。

表 8-1 供应商用户信息

供应商用户名称	供应商	组织	角色
广州君信电子科技有限公司_学号	广州君信电子科技有限公司	中盛智能家居有限公司_学号	供应商业务员、供应商协同用户管理员
深圳富翰电子科技有限公司_学号	深圳富翰电子科技有限公司	中盛智能家居有限公司_学号	供应商业务员、供应商协同用户管理员
深圳杰胜科技有限公司_学号	深圳杰胜科技有限公司	中盛智能家居有限公司_学号	供应商业务员、供应商协同用户管理员

(1)【企业端】：以用户名"信息管理员_2022001",密码"888888"登录金蝶云星空系统,切换组织为"中盛智能家居有限公司_2022001",执行【供应链】—【供应商协同】—【基础资料】—【供应商用户】命令,单击【新增】按钮进入用户新增界面。在"基本"页签下,用户名称输入"广州君信电子科技有限公司_2022001",供应商选择"广州君信电子科技有限公司"。单击角色编码查询按钮打开角色列表,选择"供应商业务员"和"供应商协同用户管理员"。信息录入完毕后单击【保存】按钮,完成供应商用户账号的新增,如图 8-3 所示。

图 8-3 设置供应商用户

(2)参考上述步骤,继续新增供应商用户"深圳富翰电子科技有限公司_2022001"和"深圳杰胜科技有限公司_2022001",新增结果如图 8-4 所示。

图 8-4 供应商用户列表

❖ **注意：**

所有新建用户的初始密码都为"888888"，如想更改密码，可在供应商用户界面上先选择用户，再单击【密码策略】按钮，选择【重置密码】，即可更改密码。

3. 登录供应商协同平台

【供应商】：信息管理员新建供应商用户账号之后，供应商就可以登录账号进入供应商协同平台，在供应商协同平台上实现与企业的业务协同。下面以登录供应商广州君信电子科技有限公司的用户账号为例，打开供应商协同平台，用户名输入"广州君信电子科技有限公司_2022001"(该用户名即前面新增供应商用户名称)，密码输入"888888"，输入验证码，单击【登录】按钮，如图 8-5 所示。登录成功后进入供应商协同平台操作界面，供应商可通过该平台与企业实现信息共享、业务协同，如图 8-6 所示。

图 8-5　供应商协同平台登录界面

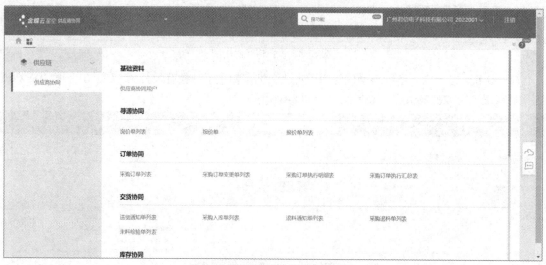

图 8-6　供应商协同平台操作界面

任务二　信息协同

◢ 任务描述

2022年1月9日，中盛智能家居有限公司的采购经理发现物料智能音箱的价格快过期了，需要面向三家合作关系比较好的供应商进行询价采购，保证后续的采购业务正常进行。采购员根据以上业务情况发布企业询价公告。

◢ 任务分析

在企业与供应商的业务协同过程中，如询报价、订单确认与变更、交货协同、财务结算等，都会产生大量的消息(任务消息、监控消息、普通消息和工作流消息等)，这些消息可以集中在供应商的信息中心进行查询和处理，提高业务处理的及时性。此外，企业可以在供应商协同平台上发布公告，供应商通过协同平台在线查询，加强双方的信息共享。

◢ 任务实施

1. 总公司采购员新增企业公告

总公司采购员编辑好物料的询价采购信息，发布企业公告，通知供应商进行报价，具体信息如表8-2所示。

表8-2　企业公告信息

发布时间	到期日期	类型	紧急度
2022/1/9	2100/1/1	通知公告	高
主题		中盛智能家居有限公司一月询价公告1	
内容		现就中盛智能家居有限公司第一季度采购项目中的物料进行询价，我司将于2022年1月9日在供应商协同平台发布询价单，请各位供应商及时查看询价单并进行报价，本次询价的详细内容如下： (一) 采购方式：询价采购 (二) 公告期限：2022年1月9日至2022年1月12日 (三) 最高预算金额：人民币17万元 (四) 询价内容及采购需求 1. 物料名称：智能音箱 2. 采购数量：600 3. 到货日期：2022年1月18日 (五) 业务咨询 1. 联系人：莫女士 2. 联系电话：13593264667 注意：每个供应商只能在供应商协同平台中提供一个报价，且报价后不能修改	
适用供应商		广州君信电子科技有限公司 深圳富翰电子科技有限公司 深圳杰胜科技有限公司	

(1)【企业端】：以用户名"总公司采购员_2022001"，密码"888888"登录金蝶云星空系统，选择组织"中盛智能家居有限公司_2022001"，执行【供应链】—【供应商协同】—【寻源管

理】—【企业公告】命令,单击【新增】按钮进入企业公告新增界面。发布时间为"2022/1/9 10:02:17",到期日期为"2100/1/1"。(由于企业公告的到期日期会影响供应商是否可以看到该公告信息,因此案例将到期日期设置比较大,目的是保证案例的连贯。现实企业是根据实际情况去设置到期日期的。)

类型为"通知公告",紧急度为"高"。在"详细内容"页签下,主题为"中盛智能家居有限公司一月询价公告1",内容如表 8-2 所示。信息录入完成后,企业公告界面如图 8-7 所示。

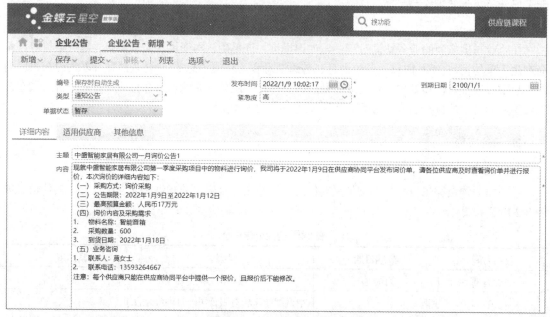

图 8-7 企业公告新增界面

(2)在"适用供应商"页签下,单击供应商查询按钮打开供应商列表,勾选"广州君信电子科技有限公司""深圳富翰电子科技有限公司""深圳杰胜科技有限公司",单击【返回数据】按钮,如图 8-8 所示。输入完成后依次单击【保存】【提交】【审核】按钮完成该企业公告的审核。

图 8-8 企业公告审核界面

2. 供应商查看企业公告

【供应商】:以广州君信电子科技有限公司为例,以用户名"广州君信电子科技有限公司_2022001",密码"888888"登录金蝶供应商协同平台,执行【供应链】—【供应商协同】—【信息协同】—【企业公告】命令，在企业公告查看界面中可以看到信息如图 8-9 所示。

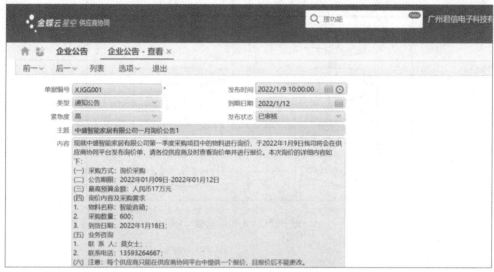

图 8-9　供应商查看企业公告

任务三　寻源协同

➤ 任务描述

2022 年 1 月 9 日，中盛智能家居有限公司采购员发布询价公告后登录系统对该采购项目进行报价协同，要求价格有效期为一年。

➤ 任务分析

采购寻源方式主要有询报价、招投标、在线竞价三种方式，其中询报价是一种较常见的寻源方式。金蝶云供应商协同系统支持询报价的寻源方式。

询价采购是指对几个供货商(通常至少三家)的报价进行比较以确保价格具有竞争性的一种采购方式。询价采购的特点：

(1) 邀请报价的供应商数量至少为三家；

(2) 只允许供应商提供一个报价。每一供应商或承包商只许提出一个报价，而且不许改变其报价。不得同某一供应商或承包商就其报价进行谈判。报价的提交形式，可以采用在线报价、电传或传真形式；

(3) 报价的评审应按照买方公共或私营部门的良好惯例进行。采购合同一般授予符合采购实体需求的最低报价的供应商或承包商。

企业为了增加对商品采购价格的了解渠道、降低采购价格成本，通常会在采购过程中进行多家比较或性价对比，从而最终选出最优供应商进行交易。系统关于询报价的流程为：企业新增询价单向供应商进行询价，供应商在供应商协同平台上同步收到企业发来的询价信息并进行确认、填写报价单。到了报价截止时间后，企业根据询价单下推比价单，系统会自动根据供应商的报价进行排序。企业根据比价结果得出最终合作的供应商，由询价单下推生成采购订单，而供应商可以在供应商协同平台上确认最终的采购结果。询报价流程如图 8-10 所示。

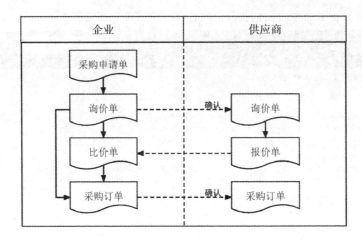

图 8-10　询报价流程

任务实施

1. 总公司采购员新增采购申请单

2022年1月9日，为了保证库存供应及时，采购员进行定期采购，申请采购智能音箱600台，需要在系统中录入采购申请单，具体信息如表8-3所示。

表8-3　采购申请单信息

申请日期	物料名称	申请数量	要货日期
2022/1/9	智能音箱	600	2022/1/18

【企业端】：以用户名"总公司采购员_2022001"，密码"888888"登录金蝶云星空系统，选择组织"中盛智能家居有限公司_2022001"，执行【供应链】—【采购管理】—【采购申请】—【采购申请单列表】命令，单击【新增】按钮进入采购订单新增界面。在"基本信息"页签下，申请日期为"2022/1/9"。在"明细信息"页签下，单击物料编码查询按钮打开物料列表，选择"智能音箱"，申请数量为"600"，要货日期为"2022/1/18"。输入完成后依次单击【保存】【提交】按钮完成该采购申请单的新增，如图8-11所示。

图 8-11　新增采购申请单

2. 总公司采购主管审核采购申请单

【企业端】：以用户名"总公司采购主管_2022001"，密码"888888"登录金蝶云星空系统，选择组织"中盛智能家居有限公司_2022001"，执行【供应链】—【采购管理】—【采购申请】—【采购申请单列表】命令。勾选前面新增的采购申请单，单击【审核】按钮，如图8-12所示。

图 8-12　审核采购申请单

3. 总公司采购员新增询价单

询价单是整个询报价流程的起点，通过货比三家，以合理的价格进行采购，有效降低采购成本。询价单信息如表8-4所示。

表 8-4　询价单信息

询价日期	报价截止日期	价格生效日期	价格失效日期
2022/1/9	2022/1/12	2022/1/9	2023/1/9
适用供应商		广州君信电子科技有限公司 深圳富翰电子科技有限公司 深圳杰胜科技有限公司	

(1)【企业端】：以用户名"总公司采购员_2022001"，密码"888888"登录金蝶云星空系统，选择组织"中盛智能家居有限公司_2022001"，执行【供应链】—【采购管理】—【采购申请】—【采购申请单列表】命令。勾选审核的采购申请单，单击【下推】按钮，在弹出的"选择单据"窗口中选择"询价单"，单击【确定】按钮，如图8-13所示。

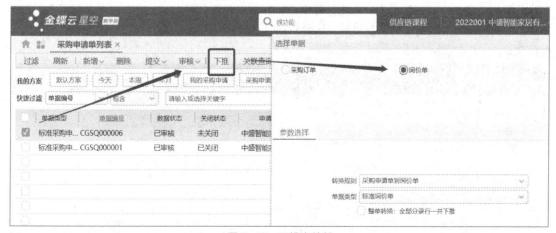

图 8-13　下推询价单

(2) 在询价单"基本信息"页签下,询价日期为"2022/1/9",报价截止日期为"2022/1/12",价格生效日期为"2022/1/9",价格失效日期为"2023/1/9"。在"适用供应商"页签下,单击【新增行】按钮,单击供应商编码查询按钮打开供应商列表,选择"广州君信电子科技有限公司""深圳富瀚电子科技有限公司""深圳杰胜科技有限公司"。输入完成后依次单击【保存】【提交】【审核】按钮完成该询价单的新增及审核,如图8-14所示。

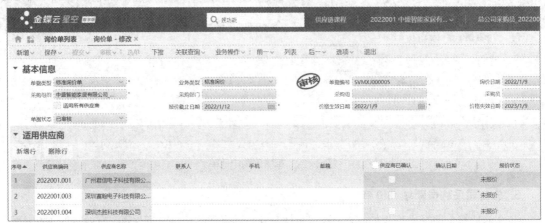

图8-14 新增询价单并审核

4. 供应商填写报价单

三家供应商收到询价信息后,分别登录系统进行查询,找到上述询价单进行报价,报价单信息如表8-5所示。

表8-5 报价单信息

报价日期	2022/1/10		
供应商	广州君信电子科技有限公司	深圳富瀚电子科技有限公司	深圳杰胜科技有限公司
含税单价(元)	200	210	195

(1)【供应商】:以广州君信电子科技有限公司为例。以用户名"广州君信电子科技有限公司_2022001",密码"888888"登录金蝶供应商协同平台,执行【供应链】—【供应商协同】—【寻源协同】—【询价单列表】命令。双击打开中盛智能家居有限公司于2022年1月9日发布的询价单,查看询价信息后单击【确认】按钮,如图8-15所示。供应商确认信息后企业端会实时更新询价单信息。

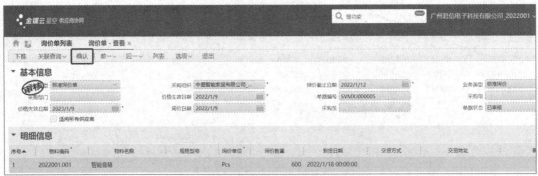

图8-15 确认询价单

(2) 询价单确认后退出询价单查看界面，返回询价单列表界面，勾选询价单，单击【下推】按钮，在弹出的"选择单据"窗口中选择"报价单"，单击【确定】按钮后进入报价单新增界面。在报价单"基本信息"页签下，报价日期修改为"2022/1/10"。在"明细信息"页签下，含税单价输入"￥200"，输入完成后依次单击【保存】【提交】【审核】按钮完成该报价单，如图8-16所示。

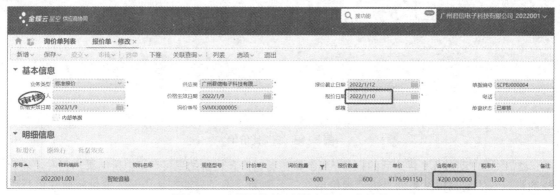

图8-16　广州君信电子科技有限公司报价单

(3) 参考上述步骤，收到询价信息的另外两家供应商在供应商协同平台进行报价。最后三家供应商的报价状态都将回写到企业端的询价单上，其中未审核或已作废的报价单将不在企业端显示。

(4)【企业端】：以用户名"总公司采购员_2022001"，密码"888888"登录金蝶云星空系统，选择组织"中盛智能家居有限公司_2022001"，执行【供应链】—【供应商协同】—【寻源管理】—【询价单列表】命令。打开前面下推的询价单，在"适用供应商"页签下，可以查看到三家供应商已确认完成报价，如图8-17所示。(确认日期和报价日期为系统当前日期，不影响后续案例流程。)

图8-17　中盛智能家居有限公司询价单

5. 总公司采购员新增比价单

2022年1月12日，企业采购员查看到所有供应商已全部报价，因此在系统上对供应商的报价进行对比，选择价格最低的供应商进行交易。

(1)【企业端】：以用户名"总公司采购员_2022001"，密码"888888"登录金蝶云星空系统，选择组织"中盛智能家居有限公司_2022001"，执行【供应链】—【供应商协同】—【寻源管理】—【比价表列表】命令，单击【新增】按钮进入比价单新增界面。单击【选单】按钮，在弹出的

"选择单据"窗口中选择"询价单",单击【确定】按钮。在弹出的"询价单列表"窗口中,勾选中盛智能家居有限公司于 2022 年 1 月 9 日发布的询价单,单击【返回数据】按钮,如图 8-18 所示。

图 8-18　新增比价单

(2) 系统自动对各个供应商的报价从低到高进行排序,比价结果可在询报价结果栏查看,被选择的供应商的询报价结果为"更新询价单",否则为"不予采纳"。由于三家供应商在供货质量、供货服务和供货能力等各方面相差不多,因此就以价格作为最终评判依据,采纳供应商深圳杰胜科技有限公司的报价,依次单击【保存】【提交】【审核】按钮完成该比价单的审核,如图 8-19 所示。

图 8-19　审核比价单

❖ **注意:**

系统是基于供应商的报价高低进行比价,进而给出建议结果,实际企业可以按照具体情况调整最终的询报价结果。

6. 总公司采购员新增采购订单

2021 年 1 月 12 日,总公司采购员货比三家之后,选出最优供应商下达采购订单。

【企业端】:以用户名"总公司采购员_2022001",密码"888888"登录金蝶云星空系统,选择组织"中盛智能家居有限公司_2022001",执行【供应链】—【供应商协同】—【寻源管理】—【询价单列表】命令。勾选中盛智能家居有限公司于 2022 年 1 月 9 日发布的询价单,单击【下推】按钮,在弹出的"选择单据"窗口中选择"采购订单",单击【确定】按钮,进入采购订单新增界面。在采购订单"基本信息"页签下,供应商是进行比价后确定的深圳杰胜科技有限公司,采购日期修改为"2022/1/12",输入完成后依次单击【保存】【提交】按钮完成该采购订单的新增,如图 8-20 所示。

图 8-20　新增采购订单

7. 总公司采购主管审核采购订单

以用户名"总公司采购主管_2022001",密码"888888"登录金蝶云星空系统,选择组织"中盛智能家居有限公司_2022001",执行【供应链】—【采购管理】—【订单处理】—【采购订单列表】命令。勾选前面提交的采购订单,单击【审核】按钮,如图 8-21 所示。

图 8-21　审核采购订单

8. 供应商确认采购订单

中盛智能家居有限公司已经确定向深圳杰胜科技有限公司采购 600 台智能音箱,并已经生成采购订单。这时,深圳杰胜科技有限公司登录供应商协同平台后就可以同步查询到企业下达的采购订单。

【供应商】:以用户名"深圳杰胜科技有限公司_2022001",密码"888888"登录金蝶供应商协同平台,执行【供应链】—【供应商协同】—【订单协同】—【采购订单列表】命令。双击打开采购日期为"2022/1/12"的采购订单,在"交货信息"页签下,确认交货日期为"2022/1/18",确认收货数量为"600",确认意见为"确认",输入完成后依次单击【保存】【确认】按钮,如图 8-22 所示。供应商通过对采购订单的确认操作,来明确供应商已接受采购订单。

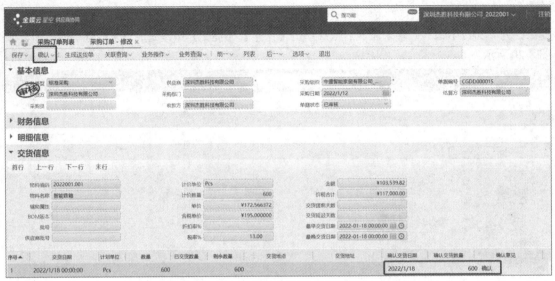

图 8-22 供应商对采购订单进行确认

任务四 订单协同

⟶ 任务描述

2022 年 1 月 13 日,由于中盛智能家居有限公司对智能音箱的需求有所变动,需要在购买 600 台的基础上加购 200 台,由于订单尚未完成,采购员可以对采购订单作变更处理。

⟶ 任务分析

采购订单是存货在采购业务中流动的起点,详细记录企业物流的流动轨迹,是采购业务管理的核心。通过它可以直接向供应商订货并可查询采购订单的收货情况和订单执行状况,通过采购订单的关联跟踪,采购业务的处理过程可以一目了然。

因此,订单协同是企业与供应商之间非常重要的业务协同。通过企业与供应商进行实时在线的订单协同,将采购订单信息、订单变更信息和订单执行情况实时在线反馈给供应商,能够提高供应商业务处理速度,提升整个供应链的执行效率。

⟶ 任务实施

1. 信息管理员启用订单变更单

【企业端】:以用户名"信息管理员_2022001",密码"888888"登录金蝶云星空系统,选择组织"中盛智能家居有限公司_2022001",执行【供应链】—【采购管理】—【参数设置】—【采购管理系统参数】命令。在"基本参数"页签下,选择"启用订单变更单",单击【保存】按钮,如图 8-23 所示。

图 8-23 启用订单变更单

2. 总公司采购员新增采购订单变更单

(1)【企业端】：以用户名"总公司采购员_2022001"，密码"888888"登录金蝶云星空系统，选择组织"中盛智能家居有限公司_2022001"，执行【供应链】—【采购管理】—【订单处理】—【采购订单列表】命令。勾选需要变更的采购订单，单击【下推】按钮，在弹出的"选择单据"窗口中选择"采购订单变更单"，单击【确定】按钮，进入采购订单变更单新增界面，如图 8-24 所示。

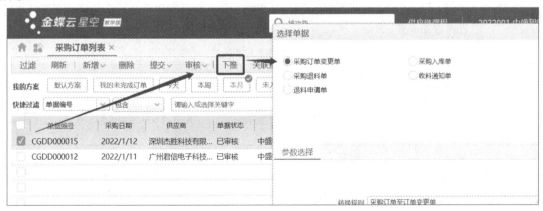

图 8-24 下推采购订单变更单

(2) 在采购订单变更单"基本信息"页签下，日期为"2022/1/13"，变更原因为"需求有所变动"。在"明细信息"页签下，新采购数量输入"800"，输入完成后依次单击【保存】【提交】按钮完成该采购订单变更单的新增，如图 8-25 所示。

图 8-25 新增采购订单变更单

3. 总公司采购主管审核采购订单变更单

【企业端】：以用户名"总公司采购主管_2022001"，密码"888888"登录金蝶云星空系统，选择组织"中盛智能家居有限公司_2022001"，执行【供应链】—【采购管理】—【订单处理】—【采购订单变更单列表】命令。勾选前面提交的采购订单变更单，单击【审核】按钮，如图 8-26 所示。

图 8-26 审核采购订单变更单

4. 总公司采购员发送订单更改消息

2022 年 1 月 13 日，由于总公司采购员更改了采购订单，因此发送消息通知供应商采购订单已发生修改，消息内容如表 8-6 所示。

表 8-6 新建消息相关信息

收件人	深圳杰胜科技有限公司_学号
主题	采购订单数量变更
内容	2022 年 1 月 12 日的采购订单，智能音箱的数量由原来的 600 台变更为 800 台，已生成采购订单变更单，请及时确认

(1)【企业端】：以用户名"总公司采购员_2022001"，密码"888888"登录金蝶云星空系统，选择组织"中盛智能家居有限公司_2022001"，执行【供应链】—【供应商协同】—【信息协同】—【信息中心】命令，选择【发件箱】，单击【新建消息】按钮，如图 8-27 所示。

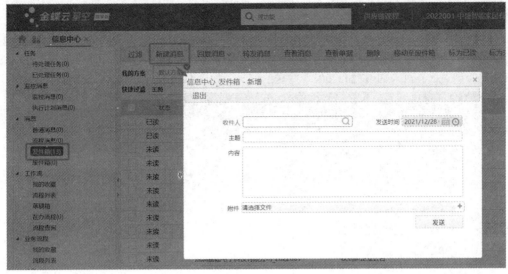

图 8-27 新建消息

(2) 单击收件人查询按钮打开用户列表，单击选择【全部用户】，设置过滤条件为"用户名称""包含""深圳杰胜科技有限公司_2022001"，单击查询按钮，选择供应商用户"深圳杰胜科技有限公司_2022001"，单击【返回数据】按钮，如图 8-28 所示。

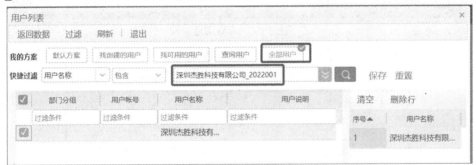

图 8-28 过滤用户

(3) 主题和内容如表 8-6 所示，输入完成后单击【发送】按钮，如图 8-29 所示。

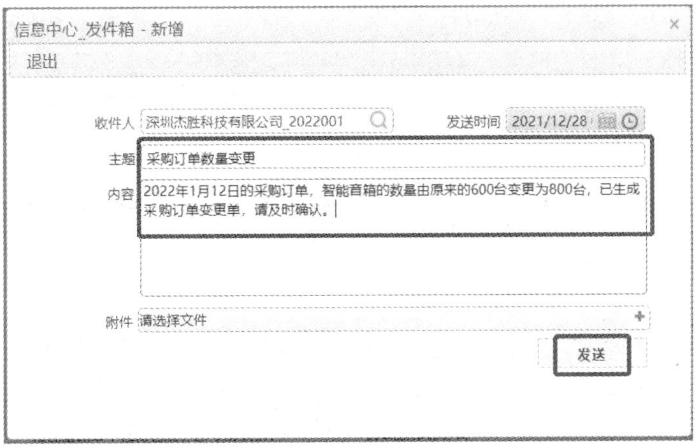

图 8-29 输入并发送消息

5. 供应商接收订单更改信息

(1)【供应商】：以用户名"深圳杰胜科技有限公司_2022001"，密码"888888"登录金蝶供应商协同平台，执行【供应链】—【供应商协同】—【信息协同】—【信息中心】命令。单击【普通消息】查看"总公司采购员_2022001"发送的信息，如图 8-30 所示。

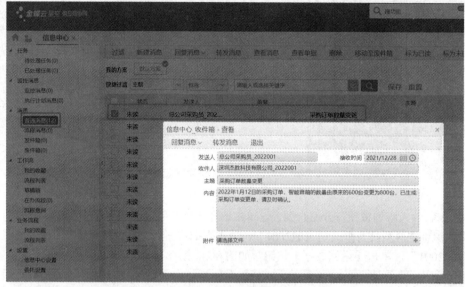

图 8-30 查看消息

(2) 在查看消息界面，单击【回复消息】按钮，回复内容为"好的，收到，订单修改成功，正在备货中"，输入完毕后单击【发送】按钮，如图 8-31 所示。

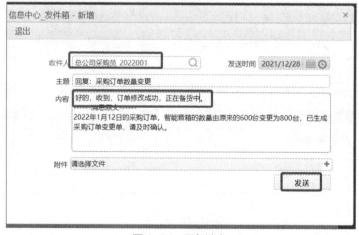

图 8-31 回复消息

6. 供应商确认采购订单变更单

【供应商】：以用户名"深圳杰胜科技有限公司_2022001"，密码"888888"登录金蝶供应商协同平台，执行【供应链】—【供应商协同】—【订单协同】—【采购订单变更单列表】命令。打开新增的采购订单变更单界面，在"交货安排"页签下，确认交货数量为"800"，确认交货日期为"2022/1/18"，确认意见为"已确认"，输入完成后依次单击【保存】【确认】按钮，如图 8-32 所示。

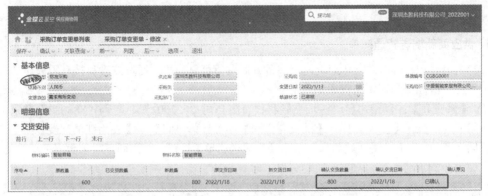

图 8-32　确认采购订单变更单

任务五　交货协同

➔ 任务描述

2022 年 1 月 13 日，深圳杰胜科技有限公司登录供应商协同平台对 800 台智能音箱的采购订单进行确认后，开始备货生产。2022 年 1 月 16 日，货品全部备齐，准备发货，预计 2022 年 1 月 18 日到达。中盛智能家居有限公司收到货品后对全部货品进行检验，发现有 2 个不合格品，需要进行退料处理。

➔ 任务分析

在供应链运作过程中，供应商协同平台在交货协同中起到减少双方沟通成本的作用，信息实时传递且保证及时准确地交货，这对于保障供应链的效率起到至关重要的作用。

供应商在对最终采购订单进行确认后开始备货生产，供应商备齐货品后根据采购订单下推生成送货通知单，根据送货通知单进行发货。企业将会同步收到一张未审核的收料通知单，通知企业准备收料，企业在收到货品后进行检验，合格品入库，不合格品则退料补料。交货协同流程如图 8-33 所示。

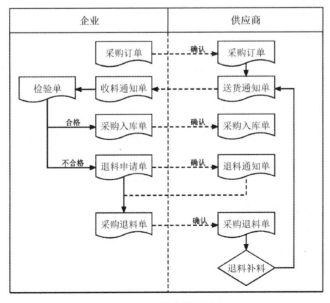

图 8-33　交货协同流程

任务实施

1. 供应商新增送货通知单

2022年1月16日，供应商把货物全部备齐后发货至总公司，深圳杰胜科技有限公司的业务人员登录供应商协同平台新增送货通知单。

(1)【供应商】：以用户名"深圳杰胜科技有限公司_2022001"，密码"888888"登录金蝶供应商协同平台，执行【供应链】—【供应商协同】—【订单协同】—【采购订单列表】命令。勾选采购日期为"2022/1/12"的采购订单，单击【生成送货单】按钮，在协同下推参数界面单击【确定】按钮，如图8-34所示。

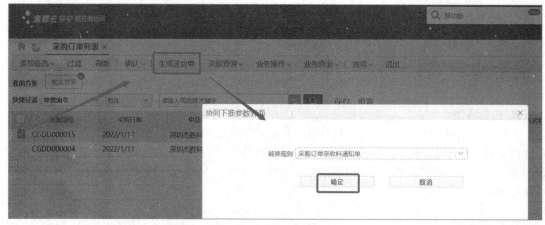

图 8-34　生成送货通知单

(2) 在送货通知单"基本信息"页签下，通知日期为"2022/1/16"。在"明细信息"页签下，预计到货日期为"2022/1/18"，输入完成后单击【保存】按钮，如图8-35所示。

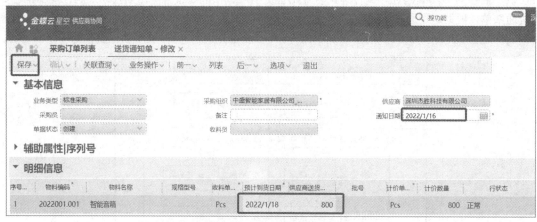

图 8-35　保存送货通知单

2. 总公司采购员审核收料通知单

2022年1月18日，总公司采购员收到供应商的收料通知后，对收料通知单进行审核，以此通知华南总仓准备进行收货检验。

【企业端】：以用户名"总公司采购员_2022001"，密码"888888"登录金蝶云星空系统，选择组织"中盛智能家居有限公司_2022001"，执行【供应链】—【采购管理】—【收料处理】—【收料通知单列表】命令。打开单据状态为"创建"的收料通知单，在基本信息页签下，收料日期为"2022-01-18"。在"明细信息"页签下，仓库选择"华南总仓"。所有信息录入完成后依次单击【保存】【提交】【审核】按钮完成该收料通知单的审核，如图8-36所示。

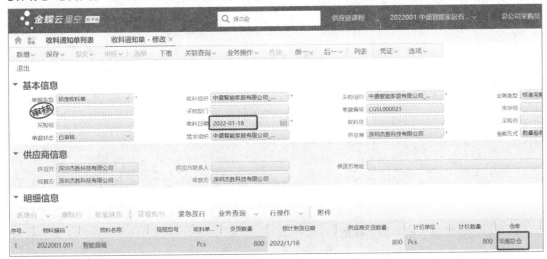

图8-36 审核收料通知单

3. 总公司质检员新增检验单

2022年1月18日，中盛智能家居有限公司在收到全部货物后对货物进行检验，发现其中有2个不合格品，总公司质检员在系统新增检验单记录质检情况。

(1)【企业端】：以用户名"总公司质检员_2022001"，密码"888888"登录金蝶云星空系统，执行【质量管理】—【质量管理】—【日常检验】—【检验单列表】命令，单击【新增】按钮进入检验单新增界面。单击【选单】按钮，在弹出的"选择单据"窗口中选择"收料通知单"，单击【确定】按钮，在弹出的"收料通知单列表"窗口中，勾选已审核的收料通知单，单击【返回数据】按钮，如图8-37所示。

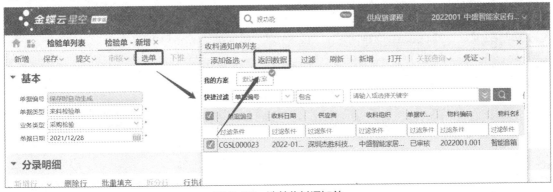

图8-37 选单收料通知单

(2) 在检验单"基本"页签下,单据日期为"2022/1/18"。在"分录明细"页签下,智能音箱的合格数为"798",不合格数为"2",输入完成后依次单击【保存】【提交】【审核】按钮完成该检验单的新增及审核,如图8-38所示。

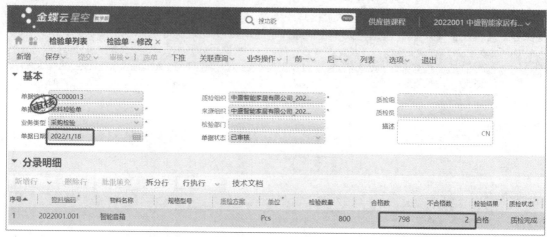

图8-38 审核检验单

4. 总公司仓管员下推采购入库单

2022年1月20日,智能音箱检验完成后,总公司仓管员对合格品进行入库处理,根据收料通知单下推生成采购入库单。

(1)【企业端】:以用户名"总公司仓管员_2022001",密码"888888"登录金蝶云星空系统,执行【供应链】—【采购管理】—【收料处理】—【收料通知单列表】命令。勾选单据日期为"2022/1/18"的收料通知单,单击【下推】按钮,在弹出的"选择单据"窗口中选择"采购入库单",单击【确定】按钮,如图8-39所示。

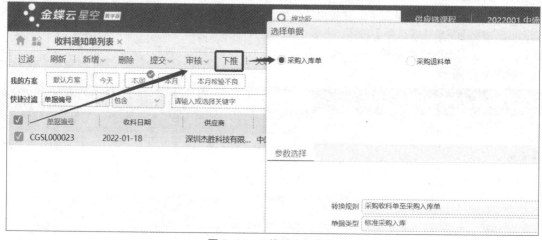

图8-39 下推采购入库单

(2) 在采购入库单"基本信息"页签下,入库日期为"2022/1/20"。在"明细信息"页签下,系统将质检单的合格数已带到入库单的应收数量。输入完成后依次单击【保存】【提交】按钮完成该采购入库单的新增,如图8-40所示。

图 8-40　新增采购入库单

5. 总公司仓库主管审核采购入库单

【企业端】：以用户名"总公司仓库主管_2022001"，密码"888888"登录金蝶云星空系统，执行【供应链】—【采购管理】—【收料处理】—【采购入库单列表】命令。勾选提交的采购入库单，单击【审核】按钮，如图 8-41 所示。

图 8-41　审核采购入库单

6. 供应商确认采购入库单

供应商深圳杰胜科技有限公司在供应商协同平台对采购入库单进行确认，及时了解物料入库情况，便于财务核算和对账。

【供应商】：以用户名"深圳杰胜科技有限公司_2022001"，密码"888888"登录金蝶供应商协同平台，执行【供应链】—【供应商协同】—【交货协同】—【采购入库单列表】命令。勾选新增的采购入库单，单击【确认】按钮，如图 8-42 所示。

图 8-42　确认采购入库单

7. 总公司采购员新增退料申请单

2022年1月20日,质检员检验出有2个不合格的智能音箱,总公司采购员需要进行退料补料处理,因此在系统中新增退料申请单向供应商提出退料申请。

(1)【企业端】：以用户名"总公司采购员_2022001",密码"888888"登录金蝶云星空系统,选择组织"中盛智能家居有限公司_2022001",执行【供应链】—【采购管理】—【退料处理】—【退料申请单列表】命令,单击【新增】按钮进入退料申请单新增界面。单击【选单】按钮,在弹出的"选择单据"窗口中选择"采购订单",单击【确定】按钮。在弹出的"采购订单列表"窗口中,勾选采购日期为"2022/1/12"的单据,单击【返回数据】按钮,如图8-43所示。

图8-43 新增退料申请单1

(2)在退料申请单"基本信息"页签下,退料类型为"检验退料",申请日期为"2022/1/20",退料方式为"退料补料"。在"明细信息"页签下,申请退料数量为"2",输入完成后依次单击【保存】【提交】【审核】按钮完成该退料申请单的新增及审核,如图8-44所示。

图8-44 新增退料申请单2

8. 供应商确认退料通知单

中盛智能家居有限公司在金蝶云星空系统新增退料申请单后,会在供应商协同平台同步生成一张已经审核的退料通知单,供应商深圳杰胜科技有限公司需要进行确认。

【供应商】：以用户名"深圳杰胜科技有限公司_2022001",密码"888888"登录金蝶供应商协同平台,执行【供应链】—【供应商协同】—【交货协同】—【退料通知单列表】命令。勾选审核的退料通知单,单击【确认】按钮,如图8-45所示。通过确认操作可以明确供应商已经收到该退料通知单,供应商能及时了解退料请求并做好接收退料的准备,如有疑问也可以及时和企业沟通。

图 8-45　确认退料通知单

9. 总公司采购员下推采购退料单

2022 年 1 月 21 日，供应商同意退料申请后，由采购员将两件不合格品进行退货，并在系统中下推生成采购退料单，记录退料信息。

(1)【企业端】：以用户名"总公司采购员_2022001"，密码"888888"登录金蝶云星空系统，选择组织"中盛智能家居有限公司_2022001"，执行【供应链】—【采购管理】—【退料处理】—【退料申请单列表】命令。勾选申请日期为"2022/1/20"的退料申请单，单击【下推】按钮，在弹出的"选择单据"窗口中选择"采购退料单"，单击【确定】按钮，如图 8-46 所示。

图 8-46　下推采购退料单

(2) 在采购退料单"基本信息"页签下，退料日期为"2022/1/21"。由于不合格品并没有入库，因此在"明细信息"页签下不用录入仓库信息，仓库数量也不会减少；而当退料类型为库存退料时，则需要录入仓库信息，此时仓库数量会随采购退料单审核而减少。输入完成后依次单击【保存】【提交】【审核】按钮完成该采购退料单的新增及审核，如图 8-47 所示。

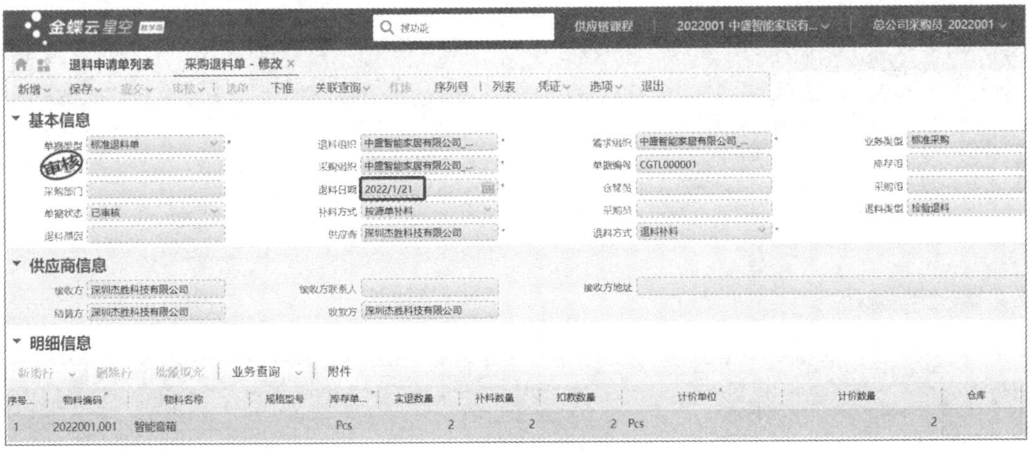

图 8-47　新增采购退料单

10. 供应商确认采购退料单

【供应商】：以用户名"深圳杰胜科技有限公司_2022001"，密码"888888"登录金蝶供应商协同平台，执行【供应链】—【供应商协同】—【交货协同】—【采购退料单列表】命令。双击打开采购退料单，单击【确认】按钮，如图8-48所示。通过确认操作可以明确供应商已收到退料信息，供应商能够及时了解退货情况，便于后续的售后、财务核算和对账。

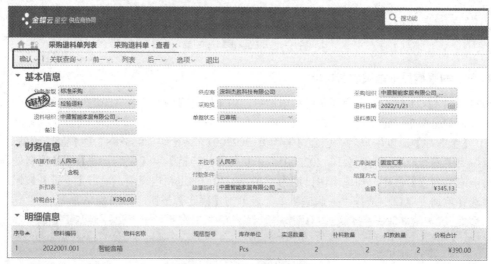

图8-48 确认采购退料单

11. 供应商新增送货通知单(补料)

2022年1月22日，供应商收到企业退回的两台智能音箱，检查无误后重新补发货，深圳杰胜科技有限公司业务人员登录供应商协同平台新增送货通知单。

【供应商】：以用户名"深圳杰胜科技有限公司_2022001"，密码"888888"登录金蝶供应商协同平台，执行【供应链】—【供应商协同】—【订单协同】—【采购订单列表】命令。勾选采购日期为"2022/1/12"的采购订单，单击【生成送货单】按钮，在弹出的协同下推参数界面中单击【确定】按钮，进入送货通知单修改界面。在送货通知单"基本信息"页签下，通知日期为"2022/1/22"。在"明细信息"页签下，预计到货日期为"2022/1/22"。由于原采购订单已入库了798台智能音箱，2台申请了退料补料，因此从采购订单下推生成的送货通知单，系统会自动根据流程修改对应的数量。所有信息录入完成后单击【保存】按钮，如图8-49所示。

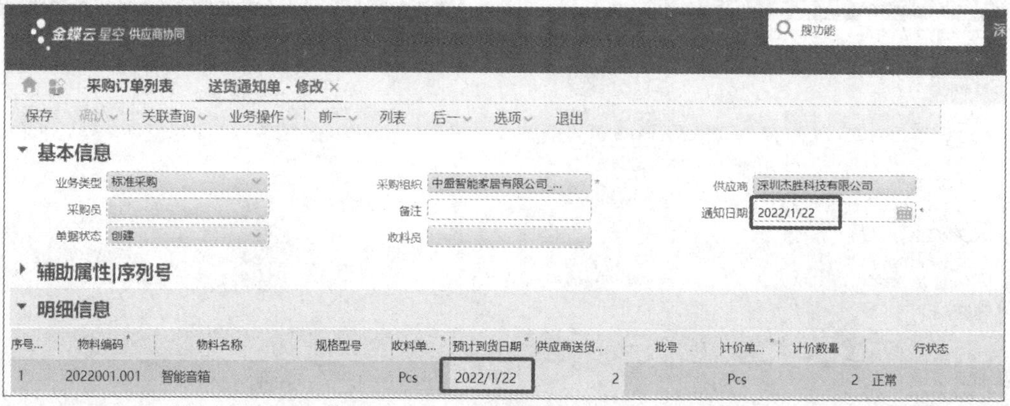

图8-49 新增送货通知单

12. 总公司采购员审核收料通知单(补料)

2022 年 1 月 22 日，总公司采购员收到供应商的收料通知后，对收料通知单进行审核，以此通知华南总仓准备进行收货检验。

【企业端】：以用户名"总公司采购员_2022001"，密码"888888"登录金蝶云星空系统，选择组织"中盛智能家居有限公司_2022001"，执行【供应链】—【采购管理】—【收料处理】—【收料通知单列表】命令。打开单据状态为"创建"的收料通知单，在"明细信息"页签下，仓库选择"华南总仓"，输入完成后依次单击【保存】【提交】【审核】按钮完成该收料通知单的审核，如图 8-50 所示。

图 8-50　审核收料通知单

13. 总公司质检员新增检验单(补料)

2022 年 1 月 22 日，中盛智能家居有限公司对供应商重新发货的两台智能音箱进行检验，检验结果均为合格品，总公司质检员在系统新增检验单记录质检情况。

(1)【企业端】：以用户名"总公司质检员_2022001"，密码"888888"登录金蝶云星空系统，执行【质量管理】—【质量管理】—【日常检验】—【检验单列表】命令，单击【新增】按钮进入检验单新增界面。单击【选单】按钮，在弹出的"选择单据"窗口中选择"收料通知单"，单击【确定】按钮，在弹出的"收料通知单列表"窗口中，勾选已审核的收料通知单，单击【返回数据】按钮，如图 8-51 所示。

图 8-51　选单收料通知单

(2) 在检验单"基本"页签下，单据日期为"2022/1/22"。在"分录明细"页签下，智能音箱的合格数为"2"，输入完成后依次单击【保存】【提交】【审核】按钮完成该检验单的新增及审核，如图 8-52 所示。

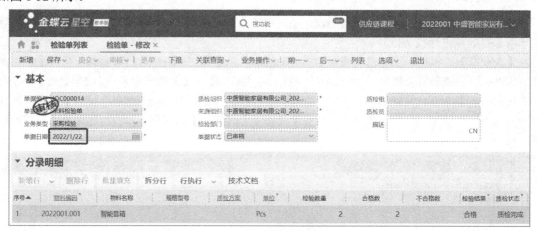

图 8-52　审核检验单

14. 总公司仓管员下推采购入库单(补料)

2022 年 1 月 22 日，补货的智能音箱检验完成后，总公司仓管员对此进行入库处理，根据收料通知单下推生成采购入库单。

【企业端】：以用户名"总公司仓管员_2022001"，密码"888888"登录金蝶云星空系统，执行【供应链】—【采购管理】—【收料处理】—【收料通知单列表】命令。勾选单据日期为"2022/1/22"的收料通知单，单击【下推】按钮，在弹出的"选择单据"窗口中选择"采购入库单"，单击【确定】按钮，进入采购入库单新增界面。在采购入库单"基本信息"页签下，入库日期为"2022/1/22"。输入完成后单击【保存】【提交】按钮完成该采购入库单的新增，如图 8-53 所示。

图 8-53　新增采购入库单

15. 总公司仓库主管审核采购入库单(补料)

【企业端】：以用户名"总公司仓库主管_2022001"，密码"888888"登录金蝶云星空系统，执行【供应链】—【采购管理】—【收料处理】—【采购入库单列表】命令。勾选提交的采购入库单，单击【审核】按钮，如图 8-54 所示。

图 8-54　审核采购入库单

16. 供应商确认采购入库单(补料)

【供应商】：以用户名"深圳杰胜科技有限公司_2022001"，密码"888888"登录金蝶供应商协同平台，执行【供应链】—【供应商协同】—【交货协同】—【采购入库单列表】命令。双击打开采购入库单查看信息，单击【确认】按钮，如图 8-55 所示。

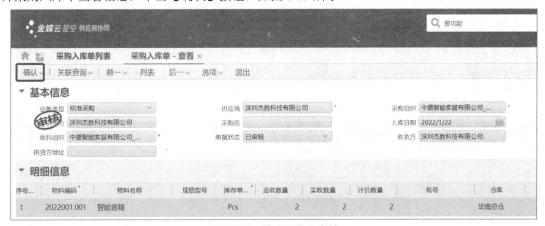

图 8-55　确认采购入库单

任务六　库存协同

↗ 任务描述

供应商广州君信电子科技有限公司作为公司的长期合作伙伴，在 VMI 模式下，借助供应商协同平台可以实时监控库存使用情况和结算情况，全方位提升企业的供应链效率。

↗ 任务分析

随着市场竞争的加剧，为了提升供应链效率，企业和供应商建立了更紧密的战略合作关系，采用更有效的库存管理模式，如 VMI 模式。在此模式中，供应商和用户企业按一定的方式共享企业的库存和耗用数据(对于制造企业，一般指生产领用；对于商贸企业，一般指销售出货)，按照一定的补货策略，自主决定供货计划，对用户企业快速有效地补货。

在 VMI 模式下，供应商需要及时查询 VMI 物料的库存情况和出入库情况，以便进行快速有效的补货。供应商还需要查询 VMI 物料的消耗及结算情况，以便进行财务核算和对账。

任务实施

1. VMI 即时库存查询

【供应商】：以用户名"广州君信电子科技有限公司_2022001"，密码"888888"登录金蝶供应商协同平台，执行【供应链】—【供应商协同】—【库存协同】—【VMI即时库存查询】命令，可以看到当前供应商仓库的物料数量，便于供应商进行快速有效的补货和库存对账，如图8-56所示。

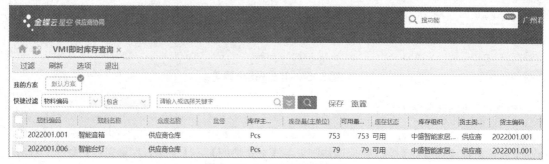

图 8-56　VMI 即时库存查询

2. VMI 出入库汇总表查询

(1)【供应商】：以用户名"广州君信电子科技有限公司_2022001"，密码"888888"登录金蝶供应商协同平台，执行【供应链】—【供应商协同】—【库存协同】—【VMI出入库汇总表】命令。在弹出的"过滤"窗口中，设置查询日期范围起始日期为"2022/1/1"，至"2022/1/31"，设置完成后单击【确定】按钮，如图8-57所示。

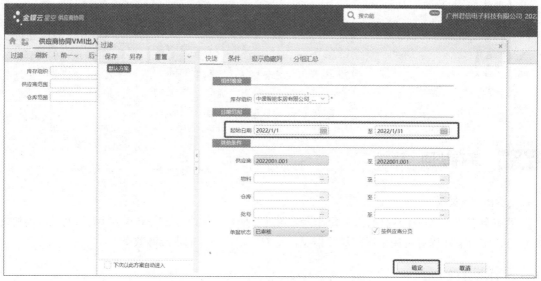

图 8-57　VMI 出入库汇总表"过滤"窗口

(2) 可以查看到供应商仓库在 2022 年 1 月 VMI 物料的出入库情况，便于了解供应商仓库物料收发情况，能与 VMI 消耗汇总表进行核对，如图 8-58 所示。

图 8-58　供应商协同 VMI 出入库汇总表

3. VMI 消耗汇总表查询

【供应商】：以用户名"广州君信电子科技有限公司_2022001"，密码"888888"登录金蝶供应商协同平台，执行【供应链】—【供应商协同】—【库存协同】—【VMI 消耗汇总表】命令。双击打开 VMI 消耗汇总表，单击【汇总信息】页签，可以查看到 2022 年 1 月 VMI 物料消耗的总数量和总价税合计，如图 8-59 所示。

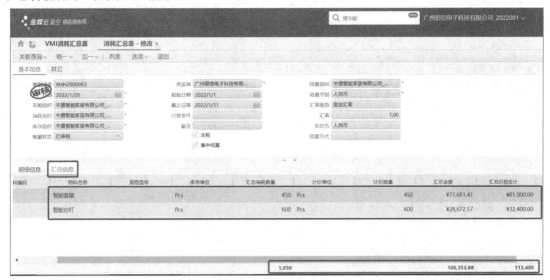

图 8-59　VMI 消耗汇总表

4. VMI 消耗结算明细表查询

(1)【供应商】：以用户名"广州君信电子科技有限公司_2022001"，密码"888888"登录金蝶供应商协同平台，执行【供应链】—【供应商协同】—【库存协同】—【VMI 消耗结算明细表】命令。在弹出的"过滤"窗口中，设置查询日期范围起始日期为"2022/1/1"，至"2022/1/31"，设置完成后单击【确定】按钮，如图 8-60 所示。

(2) 可以查看到 2022 年 1 月 VMI 物料的消耗情况和应付开票情况，便于财务核算和对账，如图 8-61 所示。

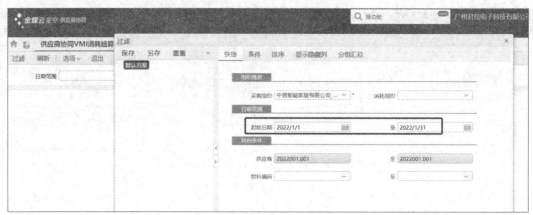

图 8-60　VMI 消耗结算明细表"过滤"窗口

图 8-61　供应商协同 VMI 消耗结算明细表

第 9 章　分　销　管　理

操作视频

随着企业业务的不断扩展，在手工、电话等传统方式下，企业已无法实时监控分销商的经营状况，订货、销售、库存等数据和信息反馈不及时，商品积压、缺货情况时常发生。往来单据、经营数据采集严重滞后导致客户需求和市场信息不能及时返回到总部，进而导致企业制定采购预测和商品调拨计划带有较大的盲目性，经营决策缺乏准确数据和信息支持。随着互联网科技的发展，企业可以通过建立一个权责明晰、流程可控的分销系统，实现全面的信息化管理。通过全面记录企业业务经营活动中所产生的业务数据、往来单据、商品库存等信息，帮助企业实现：实时、准确地获得各地业务数据，使总部对分销网络的经营活动了如指掌，为企业经营管理者提供直接有用的决策支持。

任务一　搭建分销组织机构

↗ 任务描述

中盛智能家居有限公司下设有三个分销商，分别是长沙富康商贸有限公司、郑州美科商贸有限公司、广州力源商贸有限公司。启用金蝶云星空系统之后，中盛智能家居有限公司决定对这三个分销商进行统一管理。

在利用系统进行分销管理之前，中盛智能家居有限公司需要先在系统设置一些基础数据，便于后续的日常业务处理。

↗ 任务分析

对分销商进行管理，需要先设置分销商的基本信息，如组织架构、组织业务委托关系、基础资料控制策略等，以及做各种业务单据需要用到的物料、部门、业务员等，并设定好分销商用户权限。系统管理员在系统中创建三个分销商的组织机构之后，根据供应链上下游协同关系建立中盛智能家居有限公司及其分公司与分销商之间的相互协作关系，分析可知分销商与中盛智能家居有限公司及其分公司之间的业务关系为委托采购。

基础资料控制策略主要应用于基础资料的维护控制及基础资料的组织隔离。中盛智能家居有限公司在此前已经设置了供应商与物料的基础资料控制策略，系统管理员需要在基础资料控制策略的分配目标组织中添加三个分销商组织，以便总公司的信息管理员根据业务需求选择性地将基础资料分配给分销商使用。

将上述内容设置完成后，系统管理员在系统中分别为三个分销商开设账号，即设置用户。除此之外，还需要为总公司分销业务员设置一个用户账号来管理总公司的分销业务。

↗ 任务实施

1. 新增组织机构

分销商组织机构信息如表 9-1 所示。

表 9-1 分销商组织机构信息

组织编码	组织名称	组织形态	核算组织类型	业务组织类型	所属法人
FXS1_学号	长沙富康商贸有限公司_学号	公司	法人	销售职能、采购职能、库存职能、结算职能、收付职能	无
FXS2_学号	郑州美科商贸有限公司_学号	公司	法人	销售职能、采购职能、库存职能、结算职能、收付职能	无
FXS3_学号	广州力源商贸有限公司_学号	公司	法人	销售职能、采购职能、库存职能、结算职能、收付职能	无

(1) 以用户名"administrator"，密码"888888"登录金蝶云星空系统，执行【系统管理】—【组织机构】—【组织机构】—【组织机构】命令，进入组织机构界面，单击【新增】按钮，打开组织机构新增界面。输入组织编码为"FXS1_2022001"、组织名称为"长沙富康商贸有限公司_2022001"，组织形态为"公司"。在"组织分类"页签下，勾选"核算组织"并选择"法人"，勾选"业务组织"并依次勾选其下方的"销售职能""采购职能""库存职能""结算职能""收付职能"这几类业务组织类型。确认信息无误后依次单击【保存】【提交】【审核】按钮完成该组织机构的新增，如图 9-1 所示。

图 9-1 组织机构新增界面

(2) 参考上述步骤，根据表 9-1 分销商组织机构信息表继续新增其他组织机构。完成所有组织机构新增后，返回组织机构查询界面，设置过滤条件为"编码""包含""2022001"，单击查询按钮，可以查询到创建的三家分销商，如图 9-2 所示。

图 9-2　组织机构查询界面

2. 设置组织业务关系

三个分销商与总公司的组织业务关系如表 9-2 所示。

表 9-2　三个分销商与总公司的组织业务关系

业务关系类型	委托方	受托方
委托采购	长沙富康商贸有限公司_学号	中盛智能家居有限公司_学号
	郑州美科商贸有限公司_学号	中盛智能家居有限公司_学号
	广州力源商贸有限公司_学号	中盛智能家居有限公司_学号

❖ 注意：

金蝶云星空系统已内置多种业务关系类型，由于该设置是系统全局设置，因此多人同时操作会引起冲突，建议该操作由一人实施。

(1) 以用户名"administrator"，密码"888888"登录金蝶云星空系统，执行【系统管理】—【组织机构】—【组织关系】—【组织业务关系】命令，进入组织业务关系界面，找到业务关系类型为"委托采购(需求-采购)-受托采购(采购-需求)"的记录，双击打开，如图 9-3 所示。

图 9-3　组织业务关系界面

(2) 进入组织业务关系修改界面，在"按委托方"页签下，单击【新增行】按钮，按照表 9-2 三个分销商与总公司的组织业务关系设置对应的委托方和受托方。设置完成后单击【保存】按钮，如图 9-4 所示。

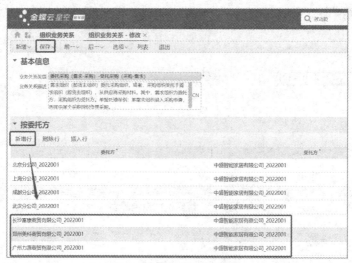

图 9-4 组织业务关系修改

3. 设置基础资料控制策略

分销商的供应商信息与物料信息均由中盛智能家居有限公司来统一分配使用，分销商没有权限创建供应商和物料信息，根据该情况整理的基础资料控制策略如表 9-3 所示。

表 9-3 分销商基础资料控制策略

基础资料	创建组织	目标分配组织
供应商	中盛智能家居有限公司_学号	长沙富康商贸有限公司_学号 郑州美科商贸有限公司_学号 广州力源商贸有限公司_学号
物料	中盛智能家居有限公司_学号	长沙富康商贸有限公司_学号 郑州美科商贸有限公司_学号 广州力源商贸有限公司_学号

（1）以用户名"administrator"，密码"888888"登录金蝶云星空系统，执行【系统管理】—【组织机构】—【基础资料控制】—【基础资料控制策略】命令，进入基础资料控制策略界面。设置快捷过滤条件为"创建组织.编码""包含""2022001"，单击查询按钮，返回两个基础资料控制策略。单击基础资料为"供应商"的记录，如图 9-5 所示。

图 9-5 基础资料控制策略界面

(2) 在基础资料控制策略修改界面，单击【新增行】按钮。在分配目标组织下选择"长沙富康商贸有限公司_2022001""郑州美科商贸有限公司_2022001""广州力源商贸有限公司_2022001"。确认信息无误之后，单击【保存】按钮，如图9-6所示。

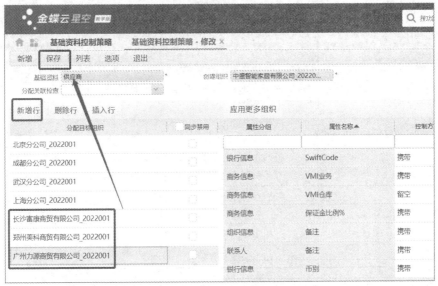

图9-6　基础资料控制策略修改界面

(3) 参考上述步骤，将基础资料为"物料"的基础资料控制策略修改保存好，返回到基础资料控制策略界面，可查询共有14行记录，如图9-7所示。

图9-7　返回基础资料控制策略界面

4. 设置用户

由于分销商的基础资料如物料、供应商、仓库等信息均由中盛智能家居有限公司的信息管理员进行创建或分配，因此需要给信息管理员新增对三个分销商信息管理的权限。设置分销业务员的目的是负责管理中盛智能家居有限公司的分销业务，同时分销业务员可通过系统查看总公司、分公司及分销商的库存信息，方便统筹整个供应链上下游供需平衡。分销管理案例涉及修改补充的用户信息如表 9-4 所示。

表 9-4 用户信息

用户名称	组织	角色
信息管理员_学号	长沙富康商贸有限公司_学号 郑州美科商贸有限公司_学号 广州力源商贸有限公司_学号	全功能角色 Administrator
分销业务员_学号	中盛智能家居有限公司_学号 北京分公司_学号 上海分公司_学号 成都分公司_学号 武汉分公司_学号 长沙富康商贸有限公司_学号 郑州美科商贸有限公司_学号 广州力源商贸有限公司_学号	分销业务员
长沙富康业务员_学号	长沙富康商贸有限公司_学号	分销商
郑州美科业务员_学号	郑州美科商贸有限公司_学号	分销商
广州力源业务员_学号	广州力源商贸有限公司_学号	分销商

(1) 以用户名"administrator",密码"888888"登录金蝶云星空系统,执行【系统管理】—【系统管理】—【用户管理】—【查询用户】命令,进入查询用户界面。设置快捷过滤条件为"用户名称""包含""信息管理员_2022001",单击查询按钮。找到并单击用户名称为"信息管理员_2022001",进入用户修改界面,如图 9-8 所示。

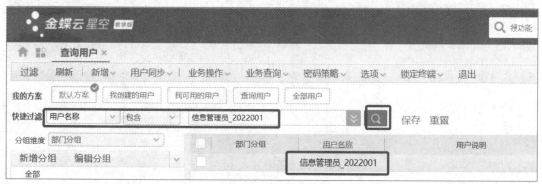

图 9-8 查询用户界面

(2) 在用户修改界面,单击"组织角色"页签下的【新增行】按钮,依次选择组织名称为"长沙富康商贸有限公司_2022001""郑州美科商贸有限公司_2022001""广州力源商贸有限公司_2022001"的组织,并将三个组织分别选择"administrator"和"全功能角色"两个角色。检查每个分销商组织都选择到"全功能角色"和"administrator"两个角色无误后,单击【保存】按钮,如图 9-9 所示。

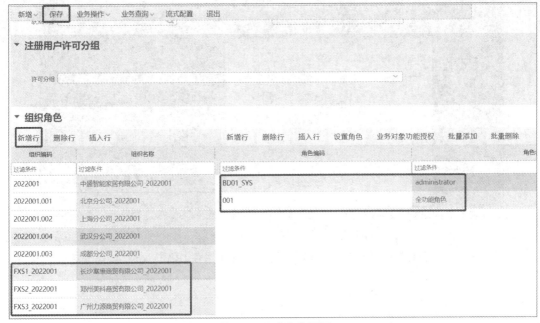

图 9-9　用户修改界面

(3) 返回查询用户界面，单击【新增】按钮，进入用户新增界面。在"基本信息"页签下，填写用户名称为"分销业务员_2022001"。在"组织角色"页签下，单击组织编码查询按钮，打开"组织机构列表"窗口，设置快捷过滤条件为"编码""包含""2022001"，单击查询按钮，全选所有数据，单击【返回数据】按钮，如图 9-10 所示。

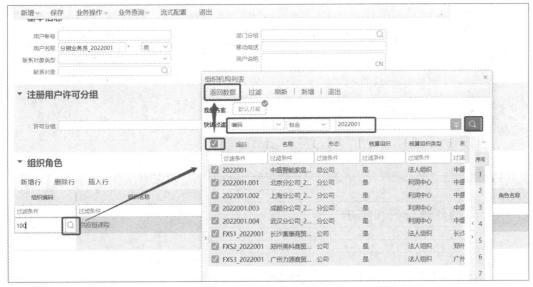

图 9-10　用户新增界面 1

(4) 在右侧添加角色名称为"分销业务员"的角色，然后单击【批量添加】按钮，在弹出的"请选择应用组织："窗口中，全选所有组织，单击【确定】按钮，如图 9-11 所示。

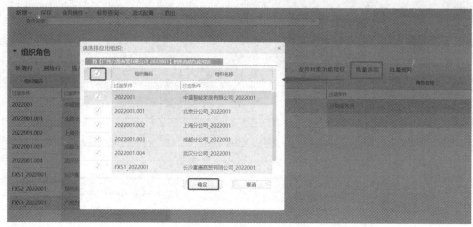

图9-11 用户新增界面2

(5) 检查每个组织都选择到"分销业务员"角色后，单击【保存】按钮，完成"分销业务员_2022001"的用户新增，如图9-12所示。

图9-12 用户新增界面3

(6) 参考上述步骤，根据表9-4的用户实验数据，新增其余三个用户信息。

任务二　分销商基础资料维护

➚ 任务描述

中盛智能家居有限公司在使用金蝶云星空系统来管理分销商之前，需要整理分销商的基础资料并录入系统中，为后续的业务流转做准备。

➚ 任务分析

在开始分销业务之前要先录入与分销业务需求相关的基础资料，例如分销商的物料、供应商、仓库、价目表等信息，为后续的业务流转做准备。中盛智能家居有限公司与分销商之间是合作伙伴关系，分销商一般只做渠道销售，中盛智能家居有限公司其实可以理解成是分销商的"供应商"，因此需要为分销商制定采购价目表,方便分销商在系统中进行要补货管理。另外,中盛智能家居有限公司为激励分销商,可以根据分销商采购数量给予分销商一定的折扣优惠,因此需要在系统中设置采购折扣表。

➜ 任务实施

1. 分配物料信息

分销商销售的商品各有不同,三个分销商的物料信息均由中盛智能家居有限公司的信息管理员统一分配,各分销商的物料信息如表 9-5、表 9-6、表 9-7 所示。

表 9-5　长沙富康商贸有限公司物料信息

使用组织	物料编码	物料名称
长沙富康商贸有限公司_学号	学号.001	智能音箱
	学号.002	智能门锁
	学号.003	智能摄像机
	学号.004	智能投影仪
	学号.005	智能电动按摩椅
	学号.012	空气净化器

表 9-6　郑州美科商贸有限公司物料信息

使用组织	物料编码	物料名称
郑州美科商贸有限公司_学号	学号.004	智能投影仪
	学号.005	智能电动按摩椅
	学号.006	智能台灯
	学号.007	扫地机器人
	学号.008	自动洗碗机
	学号.009	自动洗手机
	学号.012	空气净化器

表 9-7　广州力源商贸有限公司物料信息

使用组织	物料编码	物料名称
广州力源商贸有限公司_学号	学号.007	扫地机器人
	学号.008	自动洗碗机
	学号.010	无线充电宝
	学号.011	无线吸尘器
	学号.012	空气净化器
	学号.014	充电套装
	学号.015	电池

(1) 以用户名"信息管理员_2022001",密码"888888"登录金蝶云星空系统,切换组织为"中盛智能家居有限公司_2021001",执行【基础管理】—【基础资料】—【主数据】—【物料列表】命令,进入物料列表界面,根据表 9-5 长沙富康商贸有限公司物料信息勾选相应的物料,勾选完毕后单击【业务操作】按钮,选择【分配】,在弹出的"请选择分配组织"窗口中,勾选组织名称为"长沙富康商贸有限公司_学号",勾选"分配后自动审核",单击【确定】按钮,完成物料的分配,如图 9-13 所示。

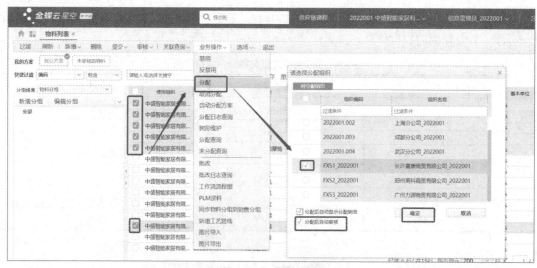

图 9-13 物料分配

(2) 在上个步骤单击【确定】按钮之后,系统会自动弹出物料分配明细情况的界面,在物料列表界面可以看到长沙富康商贸有限公司有 6 个已审核的物料,如图 9-14 所示。

图 9-14 长沙富康商贸有限公司物料列表

(3) 参考上述步骤,完成其余两个分销商对应物料的分配。其余两个公司物料分配明细情况如图 9-15、图 9-16 所示。

图 9-15　郑州美科商贸有限公司物料列表

图 9-16　广州力源商贸有限公司物料列表

2. 分配供应商信息

中盛智能家居有限公司将分销商看成是自身的内部组织来管理，允许分销商向总公司进行采购要货，也允许在总公司的调控下进行分销商之间的库存调拨，因此各分销商与总公司之间互为供应商关系。供应商的信息由信息管理员统一创建并分配，分销商的供应商信息如表 9-8 所示。

表 9-8　供应商信息

供应商编码	供应商名称	供应类别	对应组织	分配组织
学号.013	中盛智能家居有限公司_学号	采购	中盛智能家居有限公司_学号	长沙富康商贸有限公司_学号 郑州美科商贸有限公司_学号 广州力源商贸有限公司_学号
学号.019	长沙富康商贸有限公司_学号	采购	长沙富康商贸有限公司_学号	中盛智能家居有限公司_学号 郑州美科商贸有限公司_学号 广州力源商贸有限公司_学号
学号.020	郑州美科商贸有限公司_学号	采购	郑州美科商贸有限公司_学号	中盛智能家居有限公司_学号 长沙富康商贸有限公司_学号 广州力源商贸有限公司_学号
学号.021	广州力源商贸有限公司_学号	采购	广州力源商贸有限公司_学号	中盛智能家居有限公司_学号 长沙富康商贸有限公司_学号 郑州美科商贸有限公司_学号

(1) 以用户名"信息管理员_2022001",密码"888888"登录金蝶云星空系统,切换组织为"中盛智能家居有限公司_2022001",执行【基础管理】—【基础资料】—【主数据】—【供应商】命令,进入供应商新增界面。编码输入"2022001.019",名称输入"长沙富康商贸有限公司_2022001",对应组织选择"长沙富康商贸有限公司_2022001",信息录入完成后依次单击【保存】【提交】【审核】按钮,完成供应商的新增,如图9-17所示。

图9-17 供应商新增界面

(2) 参考上述步骤,根据表9-8供应商信息,完成另外两个供应商的新增。

(3) 所有供应商信息新增完成后,下面开始分配给使用组织。以分配"中盛智能家居有限公司_2022001"为例,返回供应商列表界面,选择"中盛智能家居有限公司_2022001",单击【业务操作】按钮,选择【分配】,在弹出的"请选择分配组织"窗口中,勾选"长沙富康商贸有限公司_2022001""郑州美科商贸有限公司_2022001""广州力源商贸有限公司_2022001",再勾选"分配后自动审核",单击【确定】按钮,完成该供应商的分配,如图9-18所示。

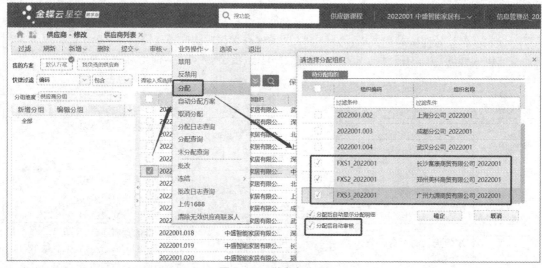

图9-18 供应商分配

(4) 参考上述操作,根据表9-8供应商信息,完成其余供应商的分配。分配后的三个分销商的供应商列表如图9-19、图9-20、图9-21所示。

图 9-19　长沙富康商贸有限公司供应商列表

图 9-20　郑州美科商贸有限公司供应商列表

图 9-21　广州力源商贸有限公司供应商列表

3. 设置仓库信息

仓库信息由信息管理员为分销商创建，分销商的仓库信息如表 9-9 所示。

表 9-9　分销商仓库信息

创建组织	编码	仓库名称	仓库属性
长沙富康商贸有限公司_学号	学号.009	富康总仓	普通仓库
郑州美科商贸有限公司_学号	学号.010	美科总仓	普通仓库
广州力源商贸有限公司_学号	学号.011	力源总仓	普通仓库

(1) 以用户名"信息管理员_2022001"，密码"888888"登录金蝶云星空系统，切换组织为"长沙富康商贸有限公司_2022001"，执行【基础管理】—【基础资料】—【供应链】—【仓库列表】命令，进入仓库列表界面，单击【新增】按钮，进入仓库新增界面。在"组织信息"页签下，创建组织为"长沙富康商贸有限公司_2022001"，编码输入"2022001.009"，仓库名称输入"富康总仓"。在"基本信息"页签下，选择仓库属性为"普通仓库"。信息核对无误后，单击【保存】【提交】【审核】按钮完成该仓库信息的新增，如图 9-22 所示。

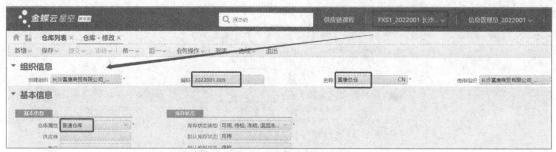

图 9-22 仓库新增界面

(2) 参考上述步骤，根据表 9-9 分销商仓库信息的数据，新增其余两个分销商的仓库信息。

(3) 所有仓库信息新增完成后，返回仓库列表，单击【过滤】按钮，在弹出的"列表过滤"窗口中，可选组织勾选"长沙富康商贸有限公司_2022001""郑州美科商贸有限公司_2022001"和"广州力源商贸有限公司_2022001"，单击【确定】按钮，可选组织设置好之后单击【确定】按钮，如图 9-23 所示。

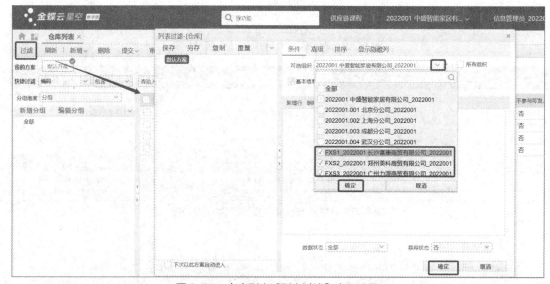

图 9-23 仓库列表"列表过滤"窗口设置

(4) 过滤条件设置好之后，可在仓库列表界面查看刚刚创建好的三条仓库信息，如图 9-24 所示。

图 9-24 仓库列表

4. 设置会计核算体系

分销商的会计核算体系信息如表 9-10 所示。

表 9-10　会计核算体系信息

编码	名称	核算组织	适用会计政策	默认会计政策	下级组织
KJHSTX01_SYS	财务会计核算体系	长沙富康商贸有限公司_学号	中国准则会计政策	中国准则会计政策	长沙富康商贸有限公司_学号
		郑州美科商贸有限公司_学号	中国准则会计政策	中国准则会计政策	郑州美科商贸有限公司_学号
		广州力源商贸有限公司_学号	中国准则会计政策	中国准则会计政策	广州力源商贸有限公司_学号

❖ 注意：

　　金蝶云星空系统已内置"KJHSTX01_SYS"财务会计核算体系，该会计核算体系是默认的、唯一的法人体系，在系统中仅有一个，通过追加核算组织、下级组织的方式实现财务会计核算体系的纳入。由于多人同时操作会引起冲突，因此建议该操作由一人实施。

（1）以用户名"信息管理员_2022001"，密码"888888"登录金蝶云星空系统，切换组织为"中盛智能家居有限公司_2022001"，执行【基础管理】—【基础资料】—【财务会计】—【会计核算体系】命令，单击第一行编码为"KJHSTX01_SYS"的记录，如图 9-25 所示，进入会计核算体系修改界面。

图 9-25　会计核算体系界面

（2）在会计核算体系修改界面，在"核算组织"页签下，单击【新增行】按钮，单击核算组织查询按钮，打开组织机构列表，设置快捷过滤条件为"编码""包含"学号"2022001"，单击查询按钮，勾选"长沙富康商贸有限公司_2022001""郑州美科商贸有限公司_2022001""广州力源商贸有限公司_2022001"，单击【返回数据】按钮，如图 9-26 所示。

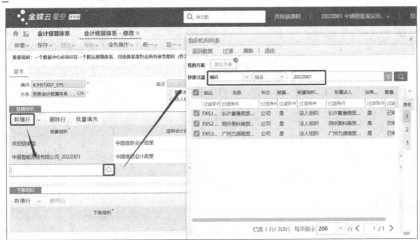

图 9-26　会计核算体系修改界面 1

(3) 返回数据后,先单击上一行的"中国准则会计政策",再单击【批量填充】按钮,就可以看到余下核算组织都填充了"中国准则会计政策",如图9-27所示。

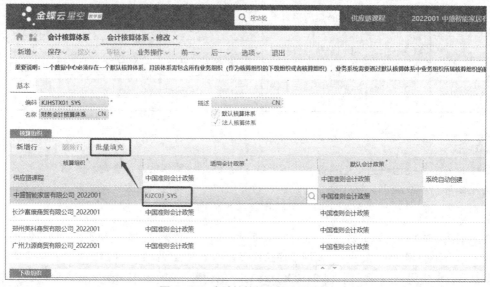

图9-27 会计核算体系修改界面2

(4) 每一个核算组织都必须选择其下级组织,下级组织代表着核算组织核算的范围包括哪些。将三个核算组织的下级组织一一对应选择好之后,单击【保存】按钮。确认核算组织和下级组织是否一一对应,如果一一对应则单击【是】按钮,完成会计核算体系的维护;否则单击【否】按钮,修改内容后再进行保存,如图9-28所示。

图9-28 会计核算体系修改界面3

5. 设置客户信息

为了更好地开展相关业务工作,中盛智能家居有限公司将分销商设置为自己的内部客户,详细信息如表9-11所示。

表 9-11 客户信息

创建组织	客户名称	客户类别	对应组织	结算币别	税率
中盛智能家居有限公司_学号	长沙富康商贸有限公司_学号	内部结算客户	长沙富康商贸有限公司_学号	人民币	13%
	郑州美科商贸有限公司_学号	内部结算客户	郑州美科商贸有限公司_学号	人民币	13%
	广州力源商贸有限公司_学号	内部结算客户	广州力源商贸有限公司_学号	人民币	13%

注意：金蝶云星空系统已内置"KJHSTX01_SYS"财务会计核算体系，该会计核算体系是默认的、唯一的法人体系，在系统中仅有一个，通过追加核算组织、下级组织的方式实现财务会计核算体系的纳入。由于多人同时操作会引起冲突，因此建议该操作由一人实施。

(1) 以用户名"信息管理员_2022001"，密码"888888"登录金蝶云星空系统，切换组织为"中盛智能家居有限公司_2022001"，执行【基础管理】—【基础资料】—【主数据】—【客户列表】命令，单击【新增】按钮进入客户新增界面。创建组织为"中盛智能家居有限公司_2022001"，输入客户名称"长沙富康商贸有限公司_2022001"，在"基本信息"页签下，客户类别选择"内部结算客户"，对应组织选择"长沙富康商贸有限公司_2022001"，如图 9-29 所示。确认信息填入无误后，依次单击【保存】【提交】【审核】按钮完成该客户信息的新增及审核。

图 9-29 客户新增界面

(2) 参考上述步骤，根据表 9-11 客户信息新增其余客户。所有客户信息新增完成后，返回客户列表，可查看建好的三条客户信息，如图 9-30 所示。

图 9-30 客户列表

6. 设置采购价目表

中盛智能家居有限公司对分销商设置了特定的采购价格，各分销商采购价目信息如表 9-12、

表 9-13、表 9-14 所示。

表 9-12 长沙富康商贸有限公司采购价目表

采购组织	名称	价格类型	供应商	默认价目表
长沙富康商贸有限公司_学号	长沙富康采购价目表	采购	中盛智能家居有限公司_学号	是
物料编码	物料名称	含税单价(元)	有效日期	失效日期
学号.001	智能音箱	425	2022/1/1	2022/12/31
学号.002	智能门锁	1275	2022/1/1	2022/12/31
学号.003	智能摄像机	340	2022/1/1	2022/12/31
学号.004	智能投影仪	2125	2022/1/1	2022/12/31
学号.005	智能电动按摩椅	6800	2022/1/1	2022/12/31
学号.012	空气净化器	680	2022/1/1	2022/12/31

表 9-13 郑州美科商贸有限公司采购价目表

采购组织	名称	价格类型	供应商	默认价目表
郑州美科商贸有限公司_学号	郑州美科采购价目表	采购	中盛智能家居有限公司_学号	是
物料编码	物料名称	含税单价(元)	有效日期	失效日期
学号.004	智能投影仪	2125	2022/1/1	2022/12/31
学号.005	智能电动按摩椅	6800	2022/1/1	2022/12/31
学号.006	智能台灯	127.5	2022/1/1	2022/12/31
学号.007	扫地机器人	2143.7	2022/1/1	2022/12/31
学号.008	自动洗碗机	3825	2022/1/1	2022/12/31
学号.009	自动洗手机	85	2022/1/1	2022/12/31
学号.012	空气净化器	680	2022/1/1	2022/12/31

表 9-14 广州力源商贸有限公司采购价目表

采购组织	名称	价格类型	供应商	默认价目表
广州力源商贸有限公司_学号	广州力源采购价目表	采购	中盛智能家居有限公司_学号	是
物料编码	物料名称	含税单价(元)	有效日期	失效日期
学号.007	扫地机器人	2143.7	2022/1/1	2022/12/31
学号.008	自动洗碗机	3825	2022/1/1	2022/12/31
学号.010	无线充电宝	85	2022/1/1	2022/12/31
学号.011	无线吸尘器	1020	2022/1/1	2022/12/31
学号.012	空气净化器	680	2022/1/1	2022/12/31
学号.014	充电套装	51	2022/1/1	2022/12/31
学号.015	电池	4	2022/1/1	2022/12/31

(1) 以用户名"信息管理员_2022001",密码"888888"登录金蝶云星空系统,切换组织为"长沙富康商贸有限公司_2022001",执行【供应链】—【采购管理】—【货源管理】—【采购价目表】命令,打开采购价目表新增界面。输入名称为"长沙富康采购价目表",选择价格类型为"采购",供应商选择"中盛智能家居有限公司_2022001",勾选"默认价目表"。根据长沙富康商贸有限公司采购价目表中的信息选择对应物料并录入对应的含税单价、生效日期和失效日期。所有信息录入完成后,依次单击【保存】【提交】【审核】按钮完成该采购价目表的新增,如图 9-31 所示。

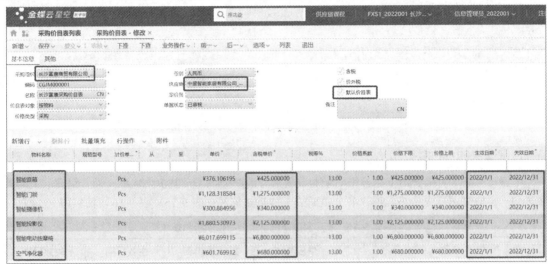

图 9-31　长沙富康商贸有限公司-采购价目表

(2) 参考上述步骤,新增另外两个分销商的采购价目表,新增结果如图 9-32、图 9-33 所示。

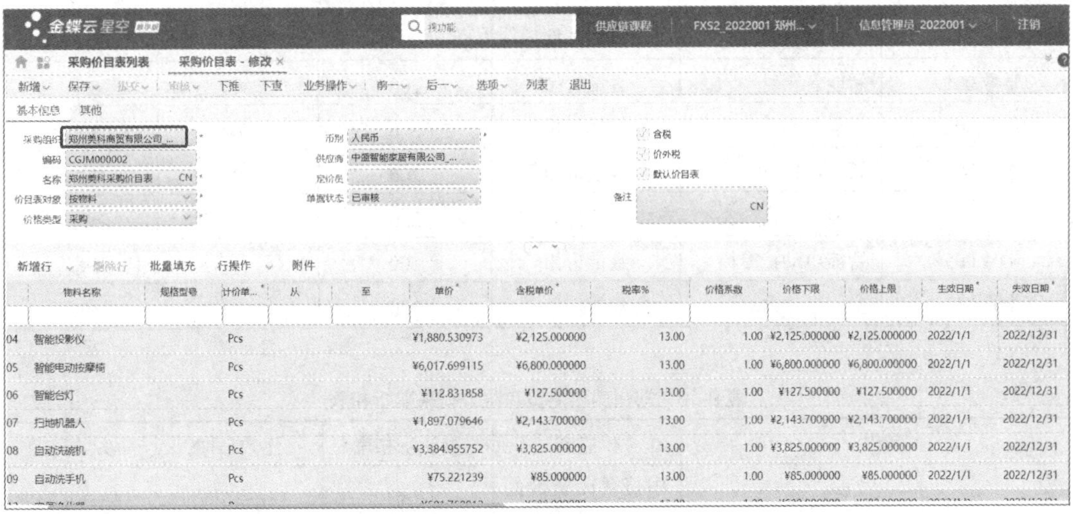

图 9-32　郑州美科商贸有限公司-采购价目表

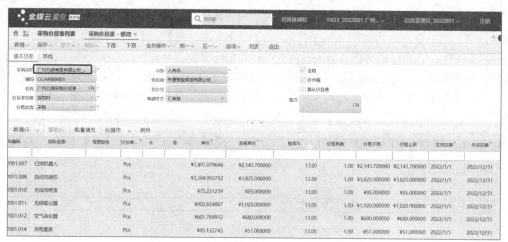

图 9-33　广州力源商贸有限公司-采购价目表

7. 设置采购折扣表

中盛智能家居有限公司依据分销商采购数量给分销商提供了一些价格优惠,当分销商的采购数量达到一定值时可享受价格优惠。各分销商的采购折扣信息如表 9-15、表 9-16、表 9-17 所示。

表 9-15　长沙富康商贸有限公司采购折扣表

名称	供应商	默认折扣表	生效日期	失效日期
长沙富康采购折扣表	中盛智能家居有限公司_学号	是	2022/1/1	2022/12/31

物料		折扣			
物料编码	物料名称	折扣依据	从	至	折扣率
学号.001	智能音箱	数量折扣	200	600	5%
学号.002	智能门锁	数量折扣	300	700	10%
学号.003	智能摄像机	数量折扣	200	500	10%
学号.004	智能投影仪	数量折扣	200	400	5%
学号.005	智能电动按摩椅	数量折扣	100	300	5%
学号.012	空气净化器	数量折扣	200	600	10%

表 9-16　郑州美科商贸有限公司采购折扣表

名称	供应商	默认折扣表	生效日期	失效日期
郑州美科采购折扣表	中盛智能家居有限公司_学号	是	2022/1/1	2022/12/31

物料		折扣			
物料编码	物料名称	折扣依据	从	至	折扣率
学号.004	智能投影仪	数量折扣	200	400	5%
学号.005	智能电动按摩椅	数量折扣	100	300	5%
学号.006	智能台灯	数量折扣	300	600	10%
学号.007	扫地机器人	数量折扣	150	300	10%

(续表)

物料		折扣			
物料编码	物料名称	折扣依据	从	至	折扣率
学号.008	自动洗碗机	数量折扣	100	300	10%
学号.009	自动洗手机	数量折扣	200	400	10%
学号.012	空气净化器	数量折扣	200	600	10%

表9-17 广州力源商贸有限公司采购折扣表

名称	供应商	默认折扣表	生效日期	失效日期
广州力源采购折扣表	中盛智能家居有限公司_学号	是	2022/1/1	2022/12/31

物料		折扣			
物料编码	物料名称	折扣依据	从	至	折扣率
学号.007	扫地机器人	数量折扣	150	300	10%
学号.008	自动洗碗机	数量折扣	100	300	10%
学号.010	无线充电宝	数量折扣	200	400	10%
学号.011	无线吸尘器	数量折扣	150	300	5%
学号.012	空气净化器	数量折扣	200	600	10%
学号.014	充电套装	数量折扣	200	500	10%
学号.015	电池	数量折扣	300	600	10%

(1) 以用户名"信息管理员_2022001",密码"888888"登录金蝶云星空系统,切换组织为"长沙富康商贸有限公司_2022001",执行【供应链】—【采购管理】—【货源管理】—【采购折扣表】命令,打开采购折扣表新增界面。输入名称为"长沙富康采购折扣表",选择价格类型为"采购",供应商选择"中盛智能家居有限公司_2022001",勾选"默认折扣表"。根据长沙富康商贸有限公司采购折扣表中的信息选择对应物料并录入对应的折扣数量区间、折扣率、生效日期和失效日期。所有信息录入完成后,依次单击【保存】【提交】【审核】按钮完成该采购折扣表的新增,如图9-34所示。

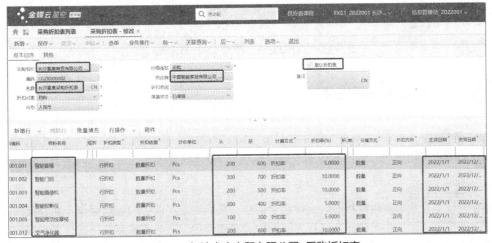

图9-34 长沙富康商贸有限公司-采购折扣表

(2) 参考上述步骤，新增另外两个分销商的采购折扣表，新增结果如图9-35、图9-36所示。

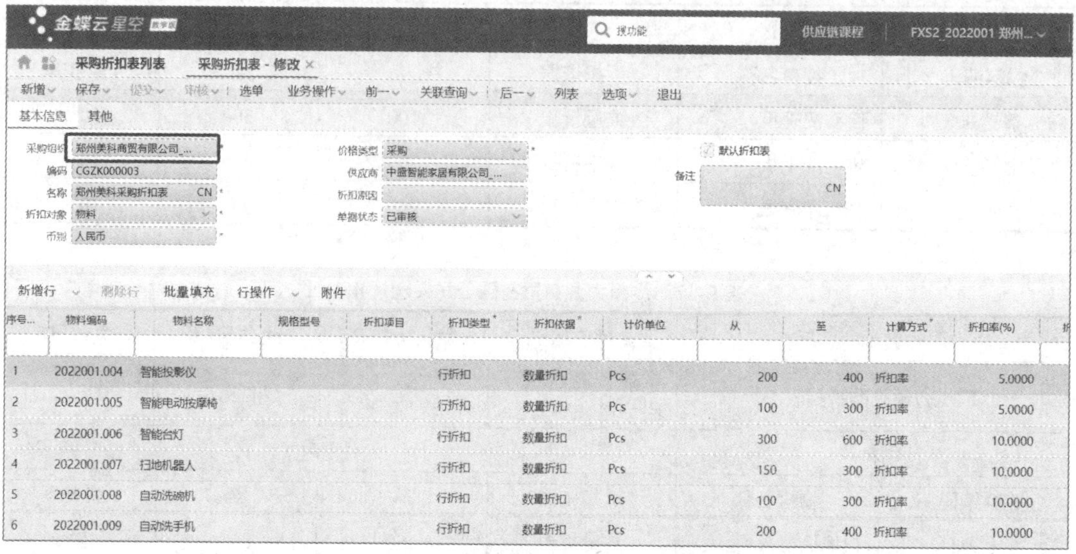

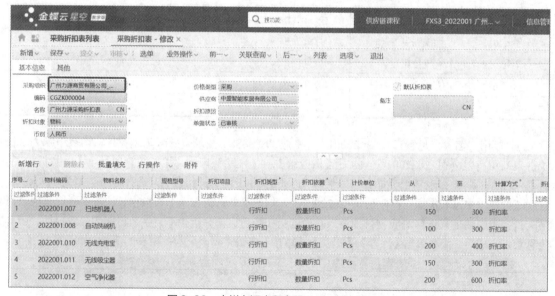

图9-35　郑州美科商贸有限公司-采购折扣表

图9-36　广州力源商贸有限公司-采购折扣表

任务三　库存管理系统初始化

↗ 任务描述
在开始进行分销业务之前，先要完成库存管理系统的初始化操作。

↗ 任务分析
库存管理是企业的基础和核心，支撑企业销售、采购、生产业务的有效运作。库存管理在物料日常出入库控制、保证生产的正常进行方面发挥着重要作用，同时将库存控制在合理水平，为企业提供准确的库存信息。通过对分销商组织进行库存管理，总部可实时监控分销商的经营状况，了解分销商的库存情况，解决信息反馈不及时的问题。

> **任务实施**

1. 启用库存管理系统

中盛智能家居有限公司于 2022 年 1 月 1 日对各分销商公司启用了库存管理系统，具体实验数据如表 9-18 所示。

表 9-18 分销商库存管理系统启用信息

库存组织名称	库存启用日期
长沙富康商贸有限公司_学号	2022/1/1
郑州美科商贸有限公司_学号	2022/1/1
广州力源商贸有限公司_学号	2022/1/1

以用户名"信息管理员_2022001"，密码"888888"登录金蝶云星空系统，执行【供应链】—【库存管理】—【初始化】—【启用库存管理】命令，打开启用库存管理界面，依次勾选"长沙富康商贸有限公司_2022001""郑州美科商贸有限公司_2022001""广州力源商贸有限公司_2022001"，勾选后填入库存启用日期为"2022/1/1"，将所有信息填入完毕后，单击【保存】按钮，库存管理系统启用成功，如图 9-37 所示。

图 9-37 启用库存管理界面

2. 录入期初库存

三个分销商的期初库存分别如表 9-19、表 9-20、表 9-21 所示。

表 9-19 长沙富康商贸有限公司的期初库存数据

库存组织	仓库	物料编码	物料名称	期初数量
长沙富康商贸有限公司_学号	富康总仓	学号.001	智能音箱	200
		学号.002	智能门锁	300
		学号.003	智能摄像机	150
		学号.004	智能投影仪	200
		学号.005	智能电动按摩椅	150
		学号.012	空气净化器	500

表 9-20 郑州美科商贸有限公司的期初库存数据

库存组织	仓库	物料编码	物料名称	期初数量
郑州美科商贸有限公司_学号	美科总仓	学号.004	智能投影仪	100
		学号.005	智能电动按摩椅	130
		学号.006	智能台灯	350
		学号.007	扫地机器人	120
		学号.008	自动洗碗机	100
		学号.009	自动洗手机	150
		学号.012	空气净化器	120

表 9-21 广州力源商贸有限公司的期初库存数据

库存组织	仓库	物料编码	物料名称	期初数量
广州力源商贸有限公司_学号	力源总仓	学号.007	扫地机器人	150
		学号.008	自动洗碗机	120
		学号.010	无线充电宝	300
		学号.011	无线吸尘器	150
		学号.012	空气净化器	120
		学号.014	充电套装	200
		学号.015	电池	300

(1) 以用户名"信息管理员_2022001",密码"888888"登录金蝶云星空系统,切换组织为"长沙富康商贸有限公司_2022001",执行【供应链】—【库存管理】—【初始化】—【初始库存】命令,打开初始库存新增界面。在"基本信息"页签下,仓库选择"富康总仓"。在"明细信息"页签下,根据长沙富康商贸有限公司的期初库存数据录入对应的物料和期初数量。所有信息录入确认无误后,依次单击【保存】【提交】【审核】按钮完成长沙富康商贸有限公司的期初库存数据录入,如图 9-38 所示。

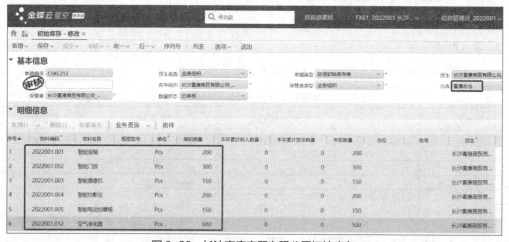

图 9-38 长沙富康商贸有限公司初始库存

(2) 参考上述步骤，录入另外两个分销商的期初库存数据。

3. 库存管理系统结束初始化

以用户名"信息管理员_2022001"，密码"888888"登录金蝶云星空系统，执行【供应链】—【库存管理】—【初始化】—【库存管理结束初始化】命令，确认所有组织的初始库存数据录入审核后，再全选所有组织，单击【结束初始化】按钮，如图9-39所示。

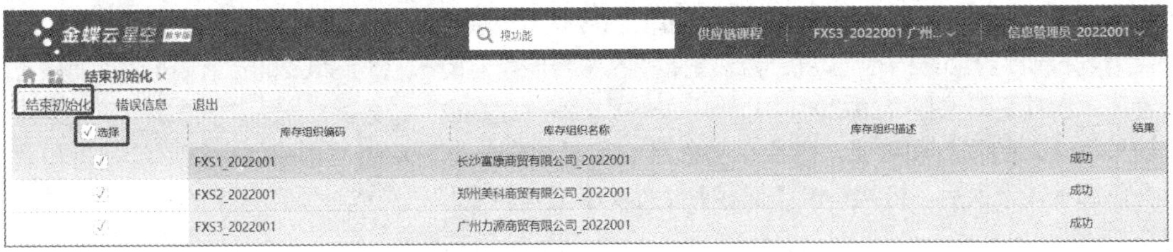

图9-39 库存管理系统结束初始化

任务四　要补货管理

➚ 任务描述

2022年1月3日，广州力源商贸有限公司向中盛智能家居有限公司采购200台无线吸尘器，按照公司的采购价目表和采购折扣表进行结算，要求到货日期为1月7日。中盛智能家居有限公司将货物清点完毕，完成出库，货物从华南总仓发出。1月6日下午，广州力源商贸有限公司将货物清点检验完毕后入库到力源总仓。

➚ 任务分析

总部或者上级渠道对要货渠道进行集中处理，当供货渠道和要货渠道是属于不同独立法人组织时，可以通过生成购销类订单，再通过销售出库和外购入库模式配送给门店或者要货渠道，最后通过出入库单进行应收应付结算。

本案例中分销商首先向中盛智能家居有限公司发出采购订单，中盛智能家居有限公司通过采购订单了解到分销商的订货需求，根据采购订单生成销售订单，此时的单据类型为分销购销订单。中盛智能家居有限公司确认销售订单后根据已审核的销售订单下推生成发货通知单，通知仓库备料出库。将货物清点完毕之后，总公司根据发货通知单下推生成销售出库单，同时分销商会同步收到一张未审核的采购入库单。分销商收到货物，将货物清点完毕，审核采购入库单，确认已收到货物。要补货流程如图9-40所示。

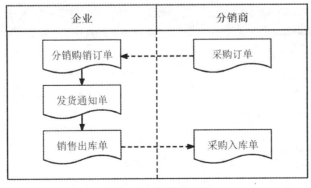

图9-40 要补货流程

任务实施

1. 分销商业务员新增采购订单

2022年1月3日，广州力源商贸有限公司向总部要货：采购200台无线吸尘器，按照公司的采购价目表和采购折扣表进行结算，要求到货日期为1月7日。

以用户名"广州力源业务员_2022001"，密码"888888"登录金蝶云星空系统，执行【供应链】—【采购管理】—【订单处理】—【采购订单】命令，打开采购订单新增界面。在"基本信息"页签下，采购日期为"2022/1/3"，供应商选择"中盛智能家居有限公司_2022001"。在"明细信息"页签下，物料编码选择"2022001.011"，采购数量输入"200"，交货日期为"2022/1/7"。系统会自动根据录入的物料和数量，结合采购价目表和折扣表信息自动填写相应的含税单价和折扣率。所有信息录入无误后，依次单击【保存】【提交】【审核】按钮完成该采购订单的新增及审核，如图9-41所示。

图9-41 分销商业务员新增采购订单

2. 总公司分销业务员新增分销购销订单

2022年1月3日，总公司分销业务员收到分销商的要货申请后，根据分销商的采购信息，查询华南总仓库存足够，于是在系统新增、提交分销购销订单，并由销售主管查看无误后进行审核。

（1）以用户名"分销业务员_2022001"，密码"888888"登录金蝶云星空系统，切换组织为"中盛智能家居有限公司_2022001"，执行【供应链】—【销售管理】—【订单处理】—【销售订单】命令，打开销售订单新增界面。先将单据类型更改为"分销购销订单"，再单击【选单】按钮，在弹出的"选择单据"窗口中选择"采购订单(跨组织)"，单击【确定】按钮，如图9-42所示。

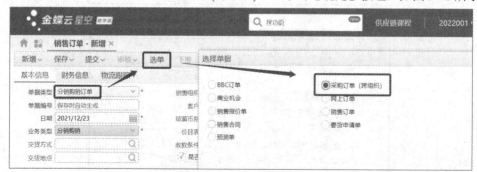

图9-42 分销购销订单选单

(2) 在弹出的"采购订单列表"窗口中，勾选广州力源商贸有限公司的采购订单，单击【返回数据】按钮，如图 9-43 所示。

图 9-43　"采购订单列表"窗口

(3) 返回销售订单新增界面，在"基本信息"页签中，日期修改为"2022/1/3"。在"明细信息"页签中，核对以下信息：物料为"无线吸尘器"、销售数量为"200"、要货日期为"2022/1/7"、价税合计为"193,800"。所有信息核对无误后，依次单击【保存】【提交】按钮完成该销售订单的提交，如图 9-44 所示。

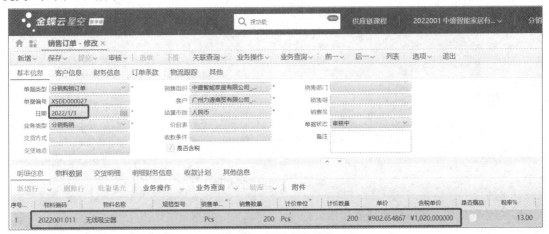

图 9-44　提交销售订单

3. 总公司销售主管审核分销购销订单

以用户名"总公司销售主管_2022001"，密码"888888"登录金蝶云星空系统，执行【供应链】—【销售管理】—【订单处理】—【销售订单列表】命令，打开销售订单列表界面。勾选分销业务员提交的订单，单击【审核】按钮，如图 9-45 所示。

图 9-45　审核销售订单

4. 总公司销售员下推发货通知单

2022年1月3日，分销业务员查询到分销订单已审核，于是在系统将分销购销订单下推生成发货通知单，通知华南总仓进行备货。

以用户名"分销业务员_2022001"，密码"888888"登录金蝶云星空系统，执行【供应链】—【销售管理】—【订单处理】—【销售订单列表】命令，打开销售订单列表界面，勾选已审核的分销购销订单，单击【下推】按钮，选择"发货通知单"后单击【确定】按钮，生成发货通知单。在发货通知单新增界面中，修改单据日期为"2022/1/3"，出货仓库选择"华南总仓"。所有信息确认无误后，依次单击【保存】【提交】按钮完成该发货通知单的提交，如图9-46所示。

图9-46　下推发货通知单

5. 总公司销售主管审核发货通知单

以用户名"总公司销售主管_2022001"，密码"888888"登录金蝶云星空系统，执行【供应链】—【销售管理】—【出货处理】—【发货通知单列表】命令，打开发货通知单列表界面。勾选分销业务员提交的发货通知单，单击【审核】按钮，如图9-47所示。

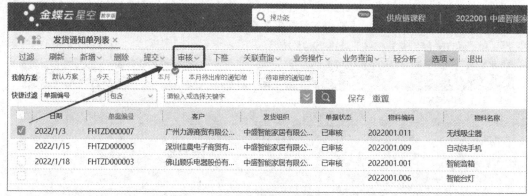

图9-47　审核发货通知单

6. 总公司仓管员下推销售出库单

2022 年 1 月 3 日，总公司仓管员根据发货通知单上面的货物数量信息进行打包发货出库，仓管员通过在系统中新增销售出库单来体现货物所有权的实际转移，并由仓库主管完成审核。

以用户名"总公司仓管员_2022001"，密码"888888"登录金蝶云星空系统，执行【供应链】—【销售管理】—【出货处理】—【发货通知单列表】命令，打开发货通知单列表界面，勾选已审核的发货通知单，单击【下推】按钮，选择"销售出库单"后单击【确定】按钮，生成销售出库单。在销售出库单新增界面中，修改单据日期为"2022/1/3"，核对物料及数量信息无误后，依次单击【保存】【提交】按钮完成该销售出库单的提交，如图 9-48 所示。

图 9-48　下推销售出库单

7. 总公司仓库主管审核销售出库单

以用户名"总公司仓库主管_2022001"，密码"888888"登录金蝶云星空系统，执行【供应链】—【销售管理】—【出货处理】—【销售出库单列表】命令，打开销售出库单列表界面。勾选分销业务员提交的销售出库单，单击【审核】按钮，如图 9-49 所示。销售出库单审核之后，系统会自动给分销商生成一张采购入库单，分销商可根据实际收货情况对采购入库单进行修改。

图 9-49　审核销售出库单

8. 分销商业务员修改并审核采购入库单

2022 年 1 月 6 日，广州力源商贸有限公司将收到的货物清点完毕之后，共有 200 台无线吸尘器入库到力源总仓。由业务人员登录系统修改并审核采购入库单，确认收货。

(1) 以用户名"广州力源业务员_2022001"、密码"888888"登录金蝶云星空系统，执行【供应链】—【采购管理】—【收料处理】—【采购入库单列表】命令，打开采购入库单列表界面。单击单据状态为"暂存"的采购入库单单据编号,如图9-50所示,进入采购入库单修改界面。

图9-50 打开采购入库单

(2) 在采购入库单修改界面,将入库日期修改为"2022/1/6",在"明细信息"页签下,仓库选择"力源总仓",所有信息录入完成后,依次单击【保存】【提交】【审核】按钮完成该采购入库单的修改及审核,如图9-51所示。

图9-51 修改并审核采购入库单

任务五 分销商调拨

↗ 任务描述

郑州美科商贸有限公司近期销售了大量空气净化器,预测空气净化器销售前景良好。2022年1月15日,业务员联系总部要货,对话内容如下。

郑州美科业务员:最近这空气净化器卖得不错,想加购200台空气净化器,总公司这边还有货吗?

总公司分销业务员:(点赞)我这边先查看下库存情况,稍后回复您。

总公司分销业务员查看各个仓库的库存,发现长沙富康商贸有限公司的空气净化器库存异常。总公司当即联系了长沙富康业务员,对话内容如下。

总公司分销业务员:小康,你家这空气净化器是咋回事,怎么积压了这么多库存?

长沙富康业务员:唉呀,最近行情不好,这空气净化器一直卖不出去,之前囤货囤多了。

总公司分销业务员:原来是这样,刚好今天郑州美科那边找我要货,你要不就卖给他们呗,你觉得我这提议咋样？

长沙富康业务员：成啊，解了我燃眉之急呢，感谢！(抱拳)

于是，总公司分销业务员联系了两家分销商，并说明情况，双方进行协商之后，同意调拨。

任务分析

总公司充当一个管理者的角色监控供应链上各个节点的库存，保证供应链处于一个平衡健康的状态。通过实时监控各分销商的库存情况，进行分销商调拨分配管理，可以帮助企业实现渠道内产品的合理分配，强化整体库存控制及补货能力，加快商品周转，提高资金周转率，以保证供应链上各个节点的正常运转。

任务实施

1. 长沙富康业务员新增分布式调出单

2022年1月17日，长沙富康商贸有限公司与郑州美科商贸有限公司沟通协商后进行调拨处理，由业务员在系统录入分布式调出单，记录货物发出信息。

以用户名"长沙富康业务员_2022001"、密码"888888"登录金蝶云星空系统，执行【供应链】—【库存管理】—【库存调拨】—【分布式调出单】命令，打开分布式调出单新增界面。在"基本信息"页签下，调拨类型选择"跨组织调拨"，日期修改为"2022/1/17"，调入库存组织修改为"郑州美科商贸有限公司_2022001"。在"明细信息"页签下，物料编码选择"2022001.012"，调出数量为"200"，调出仓库为"富康总仓"，调入仓库为"美科总仓"。所有信息全部录入完毕后，依次单击【保存】【提交】【审核】按钮完成该分布式调出单的新增及审核，如图9-52所示。

图9-52 分布式调出单

2. 郑州美科业务员新增分布式调入单

2022年1月19日，郑州美科商贸有限公司收到长沙富康商贸有限公司调拨的200台空气净化器，经清点数量无误且无商品损坏之后，由业务员在系统新增分布式调入单，记录货物接收信息。

(1) 以用户名"郑州美科业务员_2022001"、密码"888888"登录金蝶云星空系统，执行【供应链】—【库存管理】—【库存调拨】—【分布式调入单】命令，打开分布式调入单新增界面。在"基本信息"页签下，调拨类型选择"跨组织调拨"，日期修改为"2022/1/19"，调出库存组织修改为"长沙富康商贸有限公司_2022001"。之后单击【选单】按钮，在弹出的"选择单据"窗口中选择"分布式调出单"，单击【确定】按钮。在弹出的"分布式调出单列表"窗口中勾选单据，单击【返回数据】按钮，如图9-53所示。

图 9-53 分布式调入单选单

(2) 在"明细信息"页签下，核对调拨物料、调入数量、调出仓库和调入仓库信息无误后，依次单击【保存】【提交】【审核】按钮完成该分布式调入单的新增及审核，如图 9-54 所示。

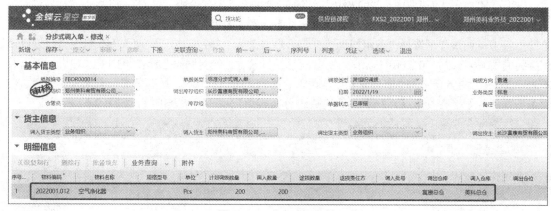

图 9-54 分布式调入单

任务六 分销商评估

↗ 任务描述

定期对分销商进行评估是分销商管理的重要内容。2022 年初，中盛智能家居有限公司分别对三家分销商进行季度评估，考察各个分销商的状况，根据评估结果调整分销商的等级，与上一季度的评估结果进行对比，进而调整对分销商的合作策略。

↗ 任务分析

1. 对分销商进行评估的重要性

分销商是连接消费者与制造商的枢纽，一般而言，当企业选择绩效优异的分销商作为合作伙伴时，这些分销商通常可以为企业节约一定的交易成本、提升库存管理效率、规避投资与交易风险，从而为消费者提供更好的服务，提高企业的信誉；相反，当选择的分销商缺乏信用基础、不遵守市场规则，或者是对分销产品缺乏热情时，该分销商不仅不能发挥出相应的分销作用，而且会给企业带来极大的负面影响。因此，企业需要定期对分销商进行评估，考察分销商的现状，从而确认是否要与某个分销商建立长期稳定的合作伙伴关系。

通过定期对分销商进行考核,企业可以更好地管理分销商,了解分销商的经营情况,发现分销渠道中的问题,企业也可以根据评估结果制定、调整、改进对分销商的政策和奖惩制度。而对于绩效不达标的分销商,企业可以及时提出纠正措施,以便它们提高绩效。

2. 分销商评估步骤

分销商的评估一般有以下步骤:
(1) 制定分销商评估指标;
(2) 决定每个指标的权重;
(3) 给每个指标打分;
(4) 计算综合绩效总分;
(5) 根据评估结果重新划分分销商等级。

↗ 任务实施

1. 制定分销商评估指标

分销商评估指标的选取合理与否直接影响到评估的结果。本案例将从销售业绩、销售管理、销售能力、合作态度及扣分项目等方面对分销商进行评价。

(1) 销售业绩、销售管理、销售能力、合作态度等方面考核:中盛智能家居有限公司综合了各个分销商的情况之后制定了分销商的评估指标,具体评估内容与各项指标的分值如表 9-22 所示。

表 9-22 分销商评估指标

分销商评估指标		
	具体内容	评价标准
一、销售业绩(50分)	与去年同期相比销售增长率(20分)	1. 销售增长率>10%,得 20 分 2. 5%<销售增长率≤10%,得 15 分 3. 0<销售增长率≤5%,得 10 分 4. 销售增长率≤0,得 0 分
	销售目标完成率(30分)	1. 完成率大于 100%,得 30 分 2. 完成率 60%~100%,得分为销售目标完成率×30 分 3. 完成率小于 60%,得 0 分
二、销售管理(20分)	销售订单改动率(10分)	1. 销售订单改动率≤6%,得 10 分 2. 6%<销售订单改动率≤18%,得 8 分 3. 18%<销售订单改动率≤30%,得 6 分 4. 销售订单改动率>30%,得 0 分
	销售预测偏差率(5分)	1. 销售预测偏差率≤20%,得 5 分 2. 20%<销售预测偏差率≤50%,得 3 分 3. 50%<销售预测偏差率<100%,得 2 分 4. 销售预测偏差率≥100%,得 0 分
	市场信息反馈质量(5分)	优:5 分;良:4 分;中:3 分;差:0 分

(续表)

分销商评估指标

具体内容		评价标准
三、销售能力(20分)	销售人员总数(5分)	1. 人数>50，得 5 分 2. 25<人数≤50，得 4 分 3. 0<人数≤25，得 3 分 4. 人数<0，得 0 分
	分配给厂家的销售人员数(5分)	1. 人数>15，得 5 分 2. 10<人数≤15，得 4 分 3. 5<人数≤10，得 3 分 4. 人数≤5，得 2 分
	销售人员培训情况(5分)	优秀：5 分；良好：4 分；一般：3 分；差：0 分
	销售人员素质(5分)	高：5 分；较高：4 分；一般：3 分；低：0 分
四、合作态度(10分)	与公司的配合程度(5分)	高：5 分；较高：4 分；一般：3 分；不配合：0 分
	认同、支持公司经营理念和品牌战略(5分)	十分认同：5 分； 比较认同：4 分； 一般认同：3 分； 完全不认同：0 分
备注	\multicolumn{2}{l}{销售订单改动率 = $\dfrac{\text{用户撤单数量}\times 3 + \text{重大改动订单数量}\times 1.5 + \text{轻微改动订单数量}\times 0.5}{\text{订单数量}} \times 100\%$ 其中，用户撤单数量是指用户因故取消合同的数量，权重系数为 3； 重大改动是指订单的改动影响自己或其他订单的正常交货期，权重系数为 1.5； 轻微改动是指订单的改动不影响自己或其他订单的正常交货期，权重系数为 0.5。}

(2) 扣分项目考核：除了要评估分销商的绩效，还要调查分销商是否有破坏市场秩序的行为，具体评估内容如表 9-23 所示。

表 9-23 扣分项目考核

扣分项目	评价标准
违反价格政策次数	每发生一次，扣 3 分
跨地区销售次数	每发生一次，扣 3 分
回款不及时次数	每发生一次，扣 3 分
客户有效投诉次数	每发生一次，扣 2 分

(3) 分销商评级标准，如表 9-24 所示。

表 9-24 分销商评级标准

得分	级别
大于 90 分且小于等于 100 分	AAA
大于等于 80 分且小于等于 90 分	AA
小于 80 分	A

2. 评价分销商

根据已经建立的分销商评估指标，通过暗访、实地考察、询问分销商等多种渠道收集整理各个分销商各指标的具体数值。将收集的数据与指标的评价标准对比，计算所对应的得分。最后，将各指标的得分加总，扣除扣分项目后得出各分销商的综合得分。

(1) 调查数据：中盛智能家居有限公司经调查后，得出三个分销商对应评估指标的具体数值。分销商各指标数据如表 9-25 所示。

表 9-25 分销商各指标数据

评估指标		长沙富康商贸有限公司	郑州美科商贸有限公司	广州力源商贸有限公司
一、销售业绩(50 分)	与去年同期相比销售增长率(20 分)	3%	12%	9%
	销售目标完成率(30 分)	80%	120%	100%
二、销售管理(20 分)	销售订单改动率(10 分)	8%	5%	7%
	销售预测偏差率(5 分)	40%	15%	35%
	市场信息反馈质量(5 分)	良	优	良
三、销售能力(20 分)	销售人员总数(5 分)	70 人	120 人	100 人
	分配给厂家的销售人员数(5 分)	20 人	75 人	40 人
	销售人员培训情况(5 分)	一般	优秀	良好
	销售人员素质(5 分)	较高	较高	较高
四、合作态度(10 分)	与公司的配合程度(5 分)	较高	高	较高
	认同、支持公司经营理念和品牌战略(5 分)	比较认同	比较认同	比较认同

分销商扣分情况如表 9-26 所示。

表 9-26 分销商扣分情况

扣分项目	长沙富康商贸有限公司	郑州美科商贸有限公司	广州力源商贸有限公司
违反价格政策次数	0	0	0
跨地区销售次数	1	0	0
回款不及时次数	1	0	2
客户有效投诉次数	1	0	0

(2) 计算综合绩效总分：根据调查的各指标数据计算三个分销商的综合绩效得分，由得分得出各个分销商的等级。

步骤如下所示：

根据表 9-22、表 9-23、表 9-25、表 9-26 得出分销商评估各指标的得分和各扣分项目的减分。计算公式如下所示：

综合绩效得分=与去年同期相比销售增长率得分+销售目标完成率得分+销售订单改动率得分+销售预测偏差率得分+市场信息反馈质量得分+销售人员总数得分+分配给厂家的销售人员数得分+销售人员培训情况得分+销售人员素质得分+与公司的配合程度得分+认同、支持公司经

营理念和品牌战略得分-违反价格政策次数×3-跨地区销售次数×3-回款不及时次数×3-客户有效投诉次数×2

以长沙富康商贸有限公司为例：

综合绩效得分=10+24+8+3+4+5+5+3+4+4-0-3-3-2=66

(3) 中盛智能家居有限公司根据调查的各指标数据计算三个分销商的综合绩效得分，由得分得出各个分销商的等级。得出的结果如表9-27所示。

表9-27 分销商评估结果

分销商	得分	评级
长沙富康商贸有限公司	66	A
郑州美科商贸有限公司	98	AAA
广州力源商贸有限公司	80	AA

3. 评估结果对比

将评估数据与上一季度的数据进行对比，找出综合绩效变化比较大的分销商，分析其发生变化的原因。

三个分销商上一季度评估数据如表9-28、表9-29、表9-30所示。

表9-28 上一季度评估结果

分销商	得分	评级
长沙富康商贸有限公司	81	AA
郑州美科商贸有限公司	94	AAA
广州力源商贸有限公司	84	AA

表9-29 上一季度分销商各指标数据

	评估指标	长沙富康商贸有限公司	郑州美科商贸有限公司	广州力源商贸有限公司
一、销售业绩(50分)	与去年同期相比销售增长率(20分)	50%	9%	80%
	销售目标完成率(30分)	100%	110%	100%
二、销售管理(20分)	销售订单改动率(10分)	15%	5%	8%
	销售预测偏差率(5分)	18%	16%	25%
	市场信息反馈质量(5分)	良	优	良
三、销售能力(20分)	销售人员总数(5分)	70人	120人	100人
	分配给厂家的销售人员数(5分)	27人	70人	40人
	销售人员培训情况(5分)	一般	优秀	良好
	销售人员素质(5分)	较高	较高	较高
四、合作态度(10分)	与公司的配合程度(5分)	较高	高	较高
	认同、支持公司经营理念和品牌战略(5分)	比较认同	比较认同	比较认同

表 9-30 上一季度分销商扣分情况

扣分项目	长沙富康商贸有限公司	郑州美科商贸有限公司	广州力源商贸有限公司
违反价格政策次数	0	0	0
跨地区销售次数	0	0	0
回款不及时次数	0	0	1
客户有效投诉次数	0	0	0

将两个季度的评估结果进行对比，相较于上一季度，长沙富康商贸有限公司的综合绩效得分下降非常明显。对比详细的评估指标之后发现，在这一季度长沙富康商贸有限公司没有完成销售目标，而且多次犯规，除此之外，分配给公司的销售人员数量也下降。由此可见，长沙富康商贸有限公司对本公司产品的重视程度降低，再加上违规次数增多，公司应立即与该分销商联系，充分了解分销商的情况，决定是否需要调整与其的合作策略及合作关系。

第10章 模拟练习

目的：掌握建账的基本程序及注意事项，掌握金蝶云星空供应链管理系统日常业务处理工作，熟悉业务的操作流程。

要求：按照下述资料在金蝶云星空系统建立一个账套并对其进行系统设置；根据下述业务资料完成系统操作。

任务一 新建组织机构

(1) 公司机构编码：学号_gzxc

(2) 公司名称：广州星辰_学号

(3) 法人组织、制造型企业

任务二 新建用户

用户信息如表 10-1 所示。

表 10-1 用户信息

用户名称	角色	权限
信息管理员_学号	全能角色	系统所有操作权限

任务三 设置基础资料

1. 设置物料信息

物料信息如表 10-2 所示。

表 10-2 物料信息

物料编码	物料名称	物料属性/存货类别	检验设置	是否VMI业务
学号.001	智能手表	自制/产成品	退货检验	否
学号.002	运动手环	自制/产成品	退货检验	否
学号.003	主板	外购/原材料	来料检验	是
学号.004	显示屏	外购/原材料	来料检验	是
学号.005	触控屏	外购/原材料	来料检验	否
学号.006	喇叭	外购/原材料	来料检验	否
学号.007	听筒	外购/原材料	来料检验	否
学号.008	表带	外购/原材料	来料检验	否
学号.009	卡扣	外购/原材料	来料检验	否
学号.010	电池	外购/原材料	来料检验	否

2. 设置客户信息

客户信息如表 10-3 所示。

表 10-3 客户信息

客户编码	客户名称	客户类别
学号.001	广州利星	普通销售客户
学号.002	广州远达	普通销售客户
学号.003	佛山鑫鸿	寄售客户

3. 设置供应商信息

供应商信息如表 10-4 所示。

表 10-4 供应商信息

供应商编码	供应商名称	是否 VMI
学号.001	广州翔宇	否
学号.002	深圳高维	否
学号.003	东莞永冠	是

4. 设置部门信息

部门信息如表 10-5 所示。

表 10-5 部门信息

部门编码	部门名称	部门属性
学号.001	行政部	管理部门
学号.002	财务部	管理部门
学号.003	采购部	采购部门
学号.004	仓储部	管理部门
学号.005	销售部	销售部门
学号.006	生产部	基本生产部门

5. 设置岗位信息

岗位信息如表 10-6 所示。

表 10-6 岗位信息

岗位编码	岗位名称	所属部门
学号.001	采购员	采购部
学号.002	仓管员	仓储部
学号.003	销售员	销售部

6. 设置员工信息

员工信息如表10-7所示。

表10-7 员工信息

员工编码	员工姓名	就任岗位
学号.001	李飞	采购员
学号.002	王强	仓管员
学号.003	张楠	销售员

7. 设置业务员信息

业务员信息如表10-8所示。

表10-8 业务员信息

业务员类型	职员
采购员	李飞
仓管员	王强
销售员	张楠

8. 设置仓库信息

仓库信息如表10-9所示。

表10-9 仓库信息

仓库编码	仓库名称	仓库属性
学号.001	成品仓	普通仓库
学号.002	原材料仓	普通仓库
学号.003	VMI仓库	供应商仓库
学号.004	客户仓库	客户仓库

9. 设置会计核算体系

会计核算体系信息如表10-10所示。

表10-10 会计核算体系信息

编码	名称	核算组织	适用会计政策/默认会计政策	下级组织
KJHSTX01_SYS	财务会计核算体系	广州星辰_学号	中国准则会计政策	广州星辰_学号

任务四 系统初始化

1. 库存管理系统初始化

广州星辰公司启用库存管理系统,根据表10-11录入库存期初数据,最后进行结束初始化操作。

表 10-11 库存期初数据

仓库	物料编码	物料名称	期初数量
成品仓	学号.001	智能手表	250
	学号.002	运动手环	300
原材料仓	学号.003	主板	50
	学号.004	显示屏	50
	学号.005	触控屏	50
	学号.006	喇叭	100
	学号.007	听筒	100
	学号.008	表带	100
	学号.009	卡扣	100
	学号.010	电池	200

2. 存货核算系统初始化

广州星辰公司采用移动平均法进行存货核算，并完成存货核算系统初始化操作，相关资料如表 10-12、表 10-13 所示。

表 10-12 核算范围

核算体系	核算范围名称	计价方法	划分依据
财务会计核算体系	广州星辰_学号	移动平均法	货主+库存组织
货主名称		库存组织名称	
广州星辰_学号		广州星辰_学号	

表 10-13 初始库存成本数据

物料编码	物料名称	期初数量	期初单价(元)
学号.001	智能手表	250	200
学号.002	运动手环	300	150
学号.003	主板	50	50
学号.004	显示屏	50	30
学号.005	触控屏	50	30
学号.006	喇叭	100	1
学号.007	听筒	100	10
学号.008	表带	100	5
学号.009	卡扣	100	0.2
学号.010	电池	200	0.5

3. 应收款管理系统初始化

广州星辰公司启用应收款管理系统，根据表10-14录入期初数据，最后进行结束初始化操作。

表10-14 期初应收单

单据类型	业务日期	到期日	客户	物料名称	计价数量	含税单价(元)
标准应收单	2021/12/31	2022/1/31	广州远达	智能手表	50	600

4. 应付款管理系统初始化

广州星辰公司启用应付款管理系统，根据表10-15录入期初数据，最后进行结束初始化操作。

表10-15 期初应付单

单据类型	业务日期	到期日	供应商	物料名称	计价数量	含税单价(元)
标准应付单	2021/12/31	2022/1/31	广州翔宇	主板	100	50
				触控屏	100	30

任务五 日常业务

> **注意：**
>
> 以下所有业务均用"信息管理员_学号"完成。

业务一

(1) 2022年1月4日，广州星辰公司与供应商广州翔宇签订采购订单，采购主板和显示屏各200个，含税单价分别为56元和35元，交货日期为2022年1月10日，双方约定货到付款。

(2) 2022年1月8日，广州星辰公司采购员收到供应商发的物流信息后，新增收料通知单通知原材料仓准备收料检验，货物预计在1月9日送达。

(3) 2022年1月9日，广州星辰公司质检员对送达的原材料进行数量清点并检验，检查结果均为合格品。质检员检查完毕之后，仓管员将合格品进行入库处理。

(4) 2022年1月10日，会计进行采购入库核算，并根据采购入库单下推应付单。

业务二

(1) 2022年1月7日，客户广州利星向广州星辰公司进行询价，销售员提供了报价并在系统录入一张销售报价单：智能手表100块，含税单价为550元，生效日为2022年1月7日，失效日为2022年3月31日。

(2) 广州星辰公司经过与客户的多次洽谈后，最终与客户广州利星成功签订销售订单。根据销售报价单下推销售订单，客户采购智能手表100块，含税单价为550元，要货日期为2022年1月14日。

(3) 2022年1月8日，广州星辰公司销售员通知成品仓打包货物，准备发货出库。

(4) 2022年1月9日，仓管员从成品仓打包好100块智能手表运送给客户，并在系统下推销售出库单，记录商品的出库信息。

(5) 2022年1月10日，会计进行出库成本核算，确认销售收入，并根据销售出库单下推应收单。

业务三

(1) 广州星辰公司跟寄售客户佛山鑫鸿签订寄售协议，约定商品智能手表含税单价为 500 元，每个月末客户根据销量与公司进行结算。2022 年 1 月 12 日，广州星辰公司根据客户需求，给客户佛山鑫鸿补货 100 块智能手表，要货日期为 2022 年 1 月 16 日。

(2) 2022 年 1 月 12 日，广州星辰公司将成品仓的 100 块智能手表调拨到客户仓库，由寄售客户代理出售商品，根据销售订单下推生成直接调拨单。

(3) 月末，寄售客户佛山鑫鸿统计共成功卖出 50 块智能手表，与广州星辰公司进行结算。

业务四

(1) 供应商东莞永冠作为广州星辰公司的战略合作伙伴，针对主板和显示屏等原材料进行 VMI 寄存模式管理，达成共同协议。2022 年 1 月 17 日，供应商东莞永冠在得到广州星辰公司确认的基础上实施补货，将 200 个主板运送到供应商仓库，单个主板的含税单价为 50 元，交货日期为 2022 年 1 月 23 日。

(2) 2022 年 1 月 23 日，供应商补货完成，广州星辰公司在系统记录货物入库信息。

业务五

(1) 2022 年 1 月 14 日，客户广州利星收到的货物中有一块智能手表因运输破损申请退货，经过协商后以退货退款进行处理。广州星辰公司销售员需要在系统中新增退货通知单，向成品仓发出退货通知，以便质检员对退货的智能手表进行质检。

(2) 2022 年 1 月 16 日，质检员对退货商品进行质检，质检结果为商品不合格，在系统中记录该质检信息。

(3) 2022 年 1 月 16 日，广州星辰公司仓管员将退货的智能手表存放在成品仓中，根据退货通知单下推销售退货单，用于登记商品退货信息。

业务六

(1) 2022 年 1 月 10 日，广州星辰公司与供应商深圳高维签订采购订单，采购触控屏 200 个，含税单价为 35 元，交货日期为 2022 年 1 月 15 日，双方约定货到付款。

(2) 2022 年 1 月 13 日，广州星辰公司采购员收到供应商发的物流信息后，新增收料通知单通知原材料仓准备收料检验，货物预计在 1 月 15 日送达。

(3) 2022 年 1 月 15 日，广州星辰公司质检员对送达的原材料进行数量清点并检验，检查结果为合格品 199 个，不合格品 1 个。

(4) 2022 年 1 月 16 日，仓管员将合格的 199 个触控屏存入原材料仓。

(5) 2022 年 1 月 17 日，采购员向供应商申请退料，最后双方协商决定将不合格品进行退料退款处理。

业务七

(1) 2022 年 1 月 20 日，仓管员盘点物料后发现表带存在库存积压，公司刚好准备举办促销活动，可以将表带作为赠品进行促销。信息管理员根据以上信息在系统新增物料"运动手环套装"。

(2) 广州星辰公司信息管理员新增组装材料清单：运动手环套装由一块运动手环和一条表带组成。

(3) 2022 年 1 月 21 日，广州星辰公司组装了 200 个运动手环套装，信息管理员根据以上信息在系统录入一张组装拆卸单。

业务八

(1) 2022 年 1 月 30 日，公司进行定期盘点，信息管理员新增盘点方案，盘点方案名称为"2022 年 1 月盘点方案"，盘点范围包括成品仓和原材料仓的所有成品和原材料。

(2) 2022 年 1 月 31 日，信息管理员根据实际盘点情况录入盘点数量，发现原材料主板盘盈 1 块，表带盘亏 2 条。